Maria Gardini

Das große Buch der Handlesekunst

Lebensweg und Schicksal stehen in der Hand

Deutsch von
Helga Greiner und Claudia Weiand

Delphin Verlag

© 1984 by Arnoldo Mondadori Editore S.p.A., Milano.
All rights reserved.
Originaltitel: *Il libro della Mano – personalità e destino attraverso
la chiromanzia*
Für die deutsche Ausgabe:
© 1985 by Delphin Verlag GmbH, München und Zürich.
Alle deutschen Rechte vorbehalten.
Umschlaggestaltung: Christa Manner, München.
Titelfoto: Hinrichs – Bavaria-Verlag, Gauting.
Satz: R. & J. Blank, Composer- & Fotosatzstudio GmbH, München.
Printed by Artes Graficas Toledo, S.A., Spain.
ISBN 3.7735.5232.7
D. L. TO:155 -1985

Inhalt

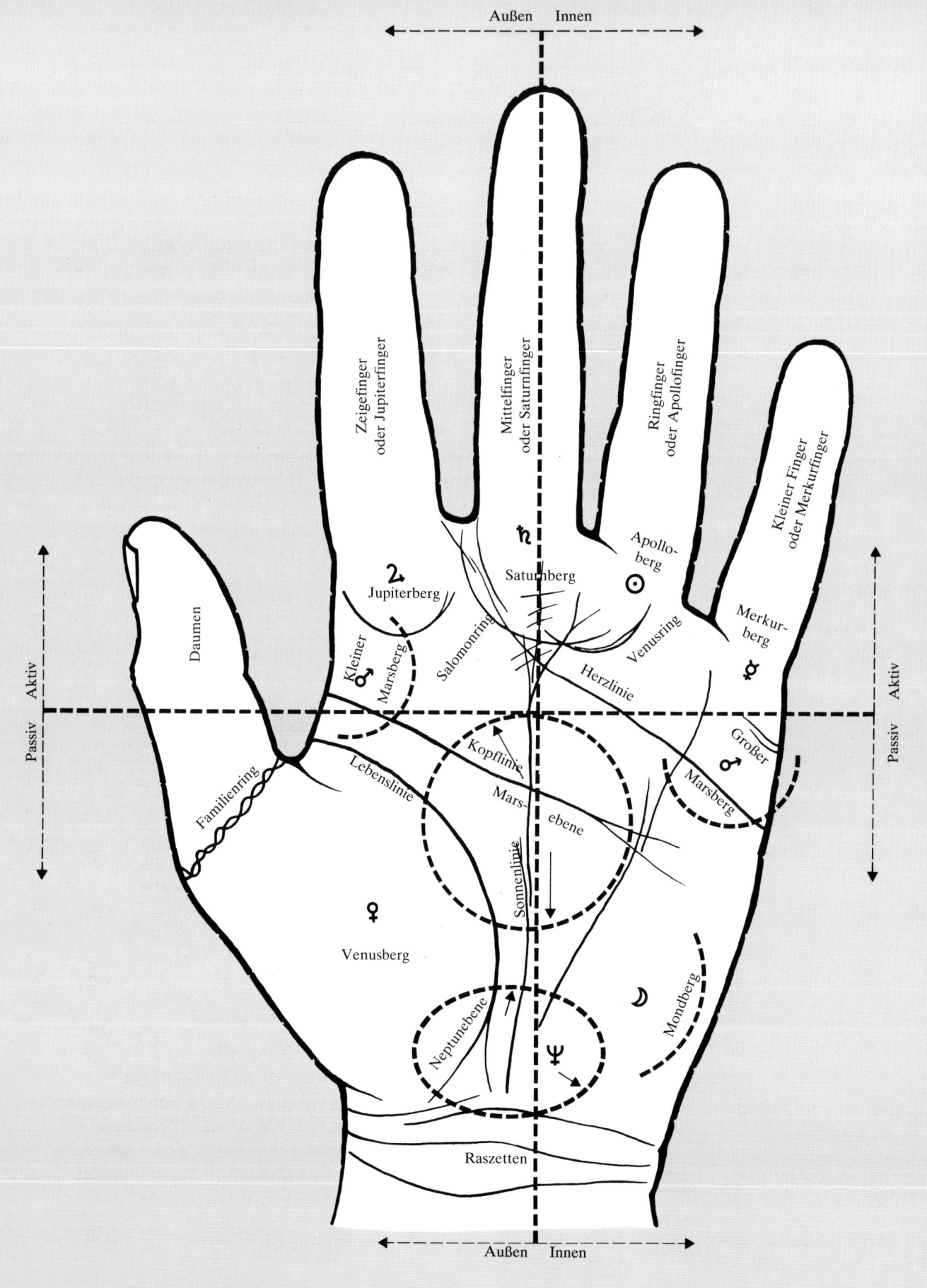

Vorwort

Es gibt mehr Ding' im Himmel und auf Erden,
als Eure Schulweisheit sich träumt, Horatio.
William Shakespeare, Hamlet, 1. Akt

*Eine der ältesten Fragen der Menschheit ist die Frage nach dem Wesen und dem
Schicksal des einzelnen. Schon in frühester Zeit entstand der Gedanke, eine
Antwort darauf in der Hand – in ihrer Form und ihren Linien – zu suchen. So
stößt man in der chiromantischen, chirologischen und chirosophischen Literatur
des öfteren auf Aristoteles, auf Zitate aus der Bibel oder sogar aus den längst
vergessenen Weden. Selbst Heron-Allen, ein britischer Chiromant der
viktorianischen Zeit, der so viel Sorgfalt auf sein 1885 veröffentlichtes Werk*
A manual of cheirosophy *verwandt hatte, verwies auf einen überlieferten
Bericht, demzufolge der weise Aristoteles in Ägypten auf einem Altar, der dem
Gott Thot geweiht war, eine in goldenen Lettern verfaßte arabische Handschrift
über die Lehre von der Hand gefunden und das darin verborgene Wissen seinem
ehemaligen Schüler Alexander weitervermittelt hätte. Dies ist zwar eine Legende,
aber eine beeindruckende Legende – und vielleicht enthält sie ja doch ein
Körnchen Wahrheit. Zumindest ist sie Ausdruck tiefverwurzelter Überzeugungen.
Der Autor von* Physiognomie and Chiromancie *(1653), Richard Saunders, auch
er ein Engländer, stellt bei seiner Aufzählung der »großen Gelehrten und
Anhänger dieses erlesenen Zweiges der Philosophie« unbeirrt nebeneinander:
»Hebräer, Chaldäer, Araber, Inder, Griechen, Römer, Italiener«. Außerdem
sollen »große Staatsmänner diese Wissenschaft geschätzt und gefördert und sich
selbst zu Nutzen gemacht haben – darunter Lucius Cornelius Sulla und Julius
Cäsar. Weiter berichten Sueton und Josephus Flavius, daß Cäsar durch Handlesen
jenen falschen Alexander entlarvt habe, der sich als Sohn des Herodes ausgegeben
hatte.«
Jeder hat wohl schon von »Erfolgen« der Handlesekunst gehört und kann selbst
von einigen erstaunlichen Fällen berichten. Auch ist es wohl kaum weiter
verwunderlich, daß vor allem Männer, die ihr Leben häufig auf dem Schlachtfeld
aufs Spiel setzen mußten, sehr empfänglich waren für jede Methode, die einen
Blick in die ungewisse Zukunft versprach. So diente das prophezeiende Orakel
dem Staat in der Antike als Hilfsmittel bei politischen Entscheidungen. Aber auch
aus jüngerer Vergangenheit sind Erfolge der Handdeutung bekannt. Als Napoleon
sein Schicksal mit dem Josephine Beauharnais' verband, übernahm er auch deren
persönliche Kartenlegerin und Chiromantin, Marie-Anne le Normand, die
vielfach heute noch als die berühmteste Magierin des 19. Jahrhunderts gilt.
Napoleon hieß noch General Bonaparte und besaß nichts als seinen grenzenlosen
Ehrgeiz und seine unermeßlichen Hoffnungen, da sah le Normand bereits aus
einem Aschenabdruck seiner Hand die Hochzeit mit einer schönen Frau voraus,
die zwei kleine Kinder in die Ehe mitbringen würde (Josephine). Sie prophezeite
dem Korsen auch die ersehnte Macht (den Oberbefehl über das republikanische
Heer in Italien) und soviel Ruhm, daß er der »berühmteste aller Franzosen«
werden würde. Zwar schrieb Marie-Anne le Normand dies erst Jahre später nieder,*

aber es gab einen Zeugen dieser Prophezeiung, einen Freund Bonapartes.

Wir brauchen uns jedoch nicht mit zweifelhaften Überlieferungen zu begnügen; so findet sich beispielsweise ein höchst merkwürdiges Dekret Heinrichs VIII. von England, demzufolge die Zigeuner ein Volk sind, »das mit Hilfe unlauterer, ja hinterhältiger Mittel den Leuten weismacht, es könne aus der Hand das Schicksal von Männern und Frauen vorhersagen«. Dieses Dekret machte unterschiedslos alle Zigeuner zu Opfern der Verfolgung. Es wurde erst im späten 18. Jahrhundert unter George III. abgeschafft. Bei genauerer Betrachtung des Wortlautes stellt man jedoch fest, daß weniger die Sache an sich verurteilt wurde, als vielmehr die Art und Weise, wie man sie praktizierte. Shakespeare hatte ganz recht: »Es gibt mehr Ding' . . .«.

In der Verfasserin, Maria Gardini, findet der Leser eine angesehene Expertin ihres Faches. Nach der Erläuterung der elementaren Begriffe Chiromantie, Chirognomie und Chirologie sowie einem Überblick über die Geschichte der Handdeutung weiht sie ihn in die Geheimnisse dieser Kunst ein und gibt ihm Gelegenheit, das erworbene Wissen in Form von praktischen Übungen sogleich zu vertiefen. In den sieben Kapiteln des Buches kann sich der Leser Schritt für Schritt mit den grundlegenden Konzepten und Techniken der Chiromantie vertraut machen. Der Beschreibung der Handformen und Handtypen und der dazugehörenden Interpretationen folgt eine detaillierte Betrachtung, in der die verschiedenen Elemente der Hand analysiert werden: die Finger, die entsprechend einer alten Überlieferung jeweils verschiedenen Gestirnen zugeordnet werden, die Berge und die Ebenen der Handflächen mit ihrer mythologischen Bedeutung, die Zeichen und Linien mit den sie charakterisierenden Namen wie Lebenslinie, Herzlinie, Kopflinie, Schicksalslinie und Ehelinie. Der letzte Teil des Buches ist der eigentlichen Praxis des Handlesens gewidmet. In vier lebhaft geschilderten Fallbeispielen werden das Einfühlungsvermögen und die reiche Erfahrung der Autorin deutlich.

Abschließend sei an dieser Stelle noch auf den großen C.G. Jung verwiesen. Er ging davon aus, daß das Grundkonzept der modernen Biologie, das auf einer enormen Fülle von Forschungsergebnissen und Beobachtungsprotokollen beruhte, keinesfalls die Möglichkeit ausschließen würde, daß die Hand, deren Form und Funktion eng mit der Psyche verbunden seien, auch die psychischen Eigenschaften, also den Charakter des Menschen, sichtbar und daher leicht interpretierbar widerspiegeln könnte.

Die Kunst der Handdeutung und ihre Geschichte

Chiromantie, Chirognomie, Chirologie

Der Begriff *Chiromantie* ist aus der Verschmelzung zweier griechischer Wörter hervorgegangen: *cheir* = Hand, *manteia* = Wahrsagung. Manche bezeichnen die Chiromantie als Wissenschaft, auf jeden Fall jedoch ist sie eine Kunst, die ein eingehendes Studium und eine lange Praxis erfordert. Aber ist es tatsächlich möglich, mit Hilfe der Chiromantie die Zukunft vorherzusagen? Einem Experten kann die aufmerksame Prüfung der ganzen Hand Einblick geben in die Persönlichkeit des Menschen, in Ereignisse, die er in der Vergangenheit erlebte und deren Folgen, in Krankheiten, die er überstanden hat, und solche, für die er anfällig ist, und schließlich in seine Neigungen im allgemeinen. Von diesen Voraussetzungen ausgehend, kann man plausibel auf sein zukünftiges Verhalten schließen. Allerdings hat jeder von uns zwar nur eine Vergangenheit und nur eine Gegenwart, dafür aber eine »unendliche« Anzahl an Zukunftsmöglichkeiten. Logischerweise ist jedoch anzunehmen, daß von diesen unendlich vielen möglichen zukünftigen Wegen einige mit höherer Wahrscheinlichkeit eintreten als andere, und zwar je nach dem bisherigen Gesamtbild der betreffenden Persönlichkeit. So taucht in unserer Überlegung quasi unbemerkt das Wort »Schicksal« auf.

Unser Leben ist vorbestimmt, was geschehen muß, das wird geschehen. Welchen Sinn aber hat es, zukünftige Ereignisse im voraus zu wissen, wenn man sie doch nicht beeinflussen kann? Das ist eine legitime Frage, die aber einen wesentlichen Fehler enthält: Die Existenz des »freien Willens« wird außer acht gelassen, d.h. die Möglichkeit, durch das eigene Verhalten Gefahren abzuwenden oder günstige Gelegenheiten zu nutzen.

Die Unfähigkeit eines Menschen, ein wichtiges Problem vernünftig anzugehen, kann auf den verschiedensten Ursachen beruhen. Häufigste Ursache ist eine angegriffene Gesundheit. Schlechtes Allgemeinbefinden beeinträchtigt die Urteilsfähigkeit, macht objektive Überlegungen und Schlußfolgerungen unmöglich – kurz: Die seelischen Hochs und Tiefs haben immer weniger mit den tatsächlichen äußeren Gegebenheiten zu tun. Meist würde eine einfache Kur dem betreffenden Menschen dazu verhelfen, seine einstige Ausgeglichenheit sehr schnell wieder zu erlangen, doch leider ist ihm sein gesundheitlicher Zustand durchaus nicht immer bewußt, oder aber er mißt ihm keine Bedeutung bei.

Aber auch mangelnde Erfahrung oder unzureichende Selbstkenntnis können Gründe dafür sein, daß man neuen Situationen im Leben vollkommen verwirrt und hilflos gegenübersteht.

Die Aussagen des Chiromanten können dem einzelnen sehr schnell ein gewisses Maß an Selbstkenntnis vermitteln, das ihm dann sicherlich weiterhin von Nutzen sein wird.

Bei den chiromantischen Vorhersagen der Zukunft muß man vernünftigerweise eine Irrtumswahrscheinlichkeit von 20 % annehmen, die allerdings in manchen Fällen durchaus noch unterschritten wird. Aber vermag man denn eine bekannte Zukunft zu ändern? Das Wirkungsfeld eines Chiromanten erstreckt sich nur über ein sehr begrenztes Gebiet und schließt die Veränderung der von den Handzeichen bestimmten Grundstruktur des Menschen nicht ein. Hat ein Mensch schon einmal das Wissen um die Ereignisse, die ihm die Zukunft bringen wird, so vermag er sich geistig darauf vorzubereiten. Natürlich kann er dann versuchen, den Zusammenprall mit der unangenehmen Realität etwas sanfter bzw. weniger schmerzhaft zu gestalten. Sollte diesem Zusammenprall allerdings ein tödlicher Ausgang bestimmt sein, so kann die Vorhersage eines Chiromanten in der Praxis nichts daran ändern.

Heute neigt man dazu, unter *Chirologie* den Komplex an Studien und Erfahrungen zusammenzufassen, der eine vollständige chiromantische Deutung ermöglicht. Diese setzt zwei verschiedene, aber eng miteinander verbundene Fähigkeiten voraus: einmal die *Chirognomie*, also das Studium der Handform, Festigkeit, Farbe und Beweglichkeit, und zweitens die tatsächliche *Chiromantie*, also das Studium der auf der Handfläche befindlichen Linien und der Papillaren auf den Fingerkuppen. Eine chiromantische Gesamtdeutung muß also unzähligen verschiedenartigen Elementen Rechnung tragen, die sie miteinander vergleichen bzw. gegeneinander abwägen muß. Dazu sind Interpretationskünste nötig, die bei dem Handlesenden besondere intuitive Anlagen voraussetzen sowie Intelligenz und die Fähigkeit, viele Elemente zusammenzufassen.

Eine chiromantische Deutung muß die vergangenen und zukünftigen Ereignisse des Lebens, die die Stützpfeiler des Lebensbogens sind, genau bestimmen: Geburt, Liebesbeziehungen, schwere Krankheiten, entscheidende Begegnungen, Tod. Einige dieser Ereignisse sind offenbar unveränderbar. Die Folgen anderer hingegen lassen sich durch entsprechendes Verhalten umgehen, abschwächen oder auch besonders verstärken. Die Komplexität des Sachverhaltes ist klar ersichtlich, und so kann man die Chiromantie sicherlich zu den schwierigsten Künsten rechnen. Jedoch vermag sie demjenigen, der sie ausübt, große Befriedigung zu schenken.

Studie von Händen
*des französischen Malers
Nicolas de Largillière
(Paris, 1956–1746).*

11

Geschichtlicher Abriß der Chiromantie

Die Geschichte der Chiromantie zeigt sich über lange Jahrhunderte hinweg als Geschichte der »Chirosophie«, also als die Geschichte von Meinungen zur Hand, die sich fast alle durch eine Unzahl abergläubischer Vorstellungen gebildet haben. Trotzdem hat die Sammlung dieser tausend und abertausend Erfahrungen den Grundstein zu einem Gedankengebäude gelegt, das noch heute für die moderne Handlesekunst wesentlich ist. Andererseits verlieren sich die Anfänge der Praxis dieser Kunst im Dunkel der Vergangenheit, vor allem da sie aufgrund ihrer esoterischen und sogar religiösen Wurzeln lange nur mündlich überliefert wurde. Sowohl die Esoterik als auch die Prophetie wollten ihre Erfahrungen aber nicht der Allgemeinheit zugänglich machen, sondern sie gaben sie unter dem Siegel der Verschwiegenheit nur an wenige Eingeweihte weiter. Es ist folglich nicht möglich zu sagen, wo und wann die Chiromantie geboren wurde. Modernen Erkenntnissen zufolge ist sie höchstwahrscheinlich im Osten entstanden. In Indien wurde sie mit Bestimmtheit bereits schon 2000 v. Chr. ausgeübt, wie einer Textstelle der *Vasishtha*, einem alten wedischen Schriftstück, eindeutig entnommen werden kann. Daß es sich hierbei um eine sehr verbreitete und angesehene Kunst handelte, zeigt aber auch die Tatsache, daß die antiken Bronzestatuen der Götter die Hauptlinien der Handflächen schematisch wiedergeben.

Auch in der Bibel wird die Chiromantie erwähnt; im Buch Hiob heißt es wörtlich: »Auf alle Menschen Hand drückt er ein Siegel, daß alle Menschen seine Taten spüren.« (Hiob 37,7).

In China gab es schon vor dem vierten Jahrhundert v. Chr. chiromantische Schriften, die mit den modernsten heutigen Erkenntnissen eine überraschende Übereinstimmung zeigen. Beim Lesen dieser alten Texte hat man allerdings das Gefühl, daß sie auf Erkenntnissen und Erfahrungen aus frühesten Zeiten aufbauen und – mehr noch – daß das goldene Zeitalter der Chiromantie in fernster Vergangenheit angesiedelt werden müßte.

In den Westen gelangte die Chiromantie über die alten Griechen, die mit dem Osten Handelsbeziehungen pflegten. Die frühesten schriftlichen Zeugnisse stammen von Aristoteles.

Es handelt sich nur um ziemlich vage Angaben, die aber vermuten lassen, daß die Chiromantie bei den hellenischen Völkern großes Ansehen genoß und von bedeutenden Persönlichkeiten ausgeübt wurde: Hippokrates, Platon, Galen und Aristoteles selbst. Keiner von ihnen hat jedoch chiromantische Schriften verfaßt, was begreiflich ist, da sich die Chiromantie doch gerade wegen ihrer Fähigkeit, die Zukunft vorauszusagen, immer mit einem Schleier des Geheimnisvollen umgeben hat. Die mühsam erworbenen Erkenntnisse wurden Jahrhunderte hindurch nur mündlich weitergegeben. Währenddessen pflegte und nährte die Chiromantie wahrscheinlich ihren Ruf des geheimnisvoll Magischen, der ihr auch noch in den heutigen abergläubischen Vorstellungen anhaftet. Aber auch das hat seinen Grund. Die Weissagungen eines Chiromanten waren niemals öffentlicher Art, wie etwa die biblischen oder die des Propheten Nostradamus, die ganze Völker und Geschichtsepochen betrafen. Auch eine noch so genaue und überlegte Zukunftsschau, die sich auf die Hand stützt, wird sich immer auf das Leben einer einzelnen Person beschränken und ist Ergebnis eines Gesprächs unter vier Augen, das zum Schweigen verpflichtet.

Links: Ausschnitt der Titelseite von Ludicrum chiromanticum *(Jena, 1661).*

Rechts: Illustration des Vorwortes aus Die Kunst Chiromantie, *von dem Deutschen Johann Hortlich, veröffentlicht um 1475.*

Rechts: Interpretationen einiger Handzeichen von Bartolomeus Cocleus, aus seinem Werk L'art de la chiromancie *(1560).*

Ganz rechts: Chiromantische Handkarte (tantrische Kunst des 17. Jahrhunderts).

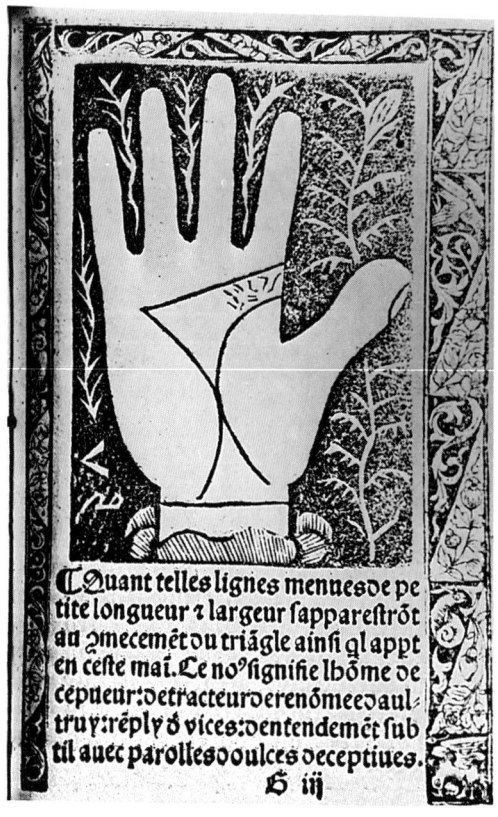

Hinzu kommt, daß es schwierig ist, all die subtilen Eindrücke des gesamten Vorganges in Worte zu fassen und schriftlich niederzulegen: die Vergleiche, die Betrachtungen und die Intuitionen, aus denen sich die eingehende Prüfung einer Hand zusammensetzt.

Die ersten europäischen Handschriften, die sich ausschließlich mit der Chiromantie befassen, stammen aus dem frühen 14. Jahrhundert. Sie sind den heute gebräuchlichen Texten in Inhalt und Nomenklatur so ähnlich, daß wir zu Recht annehmen dürfen, in ihnen nicht nur die persönlichen Erfahrungen des Autors kennenzulernen, sondern einen unschätzbaren Reichtum an alten Erkenntnissen früherer, längst vergessener Chiromanten. Diese alten Texte behandeln bevorzugt die Hauptlinien der Hand, die heute als »Lebenslinie«, »Kopflinie« und »Herzlinie« bezeichnet werden. Erst im späten 15. Jahrhundert tauchen auch die Berge und die Dreiecke auf, während die generellen Proportionen der Hand und die Form der Nägel noch immer nur flüchtig erwähnt werden.

Der erste gedruckte Text der Chiromantie stammt aus dem Jahre 1475. Es handelt sich um das Werk *Die Kunst Chiromantie*, das ein paar Jahrzehnte zuvor von dem Deutschen Johann Hortlich geschrieben worden war. Die beiden folgenden Jahrhunderte hindurch breitete sich die Chiromantie in ganz Europa aus und fesselte die Gelehrten ebenso wie die Alchimie und die Astrologie. Aber während die beiden letztgenannten Disziplinen unter dem wachsenden Einfluß des Rationalismus zu den Wissenschaften Chemie und Astronomie wurden, geriet die Chiromantie ins Abseits. Erst in unserem Jahrhundert bekam sie allmählich ein wissenschaftlicheres Gewand und errang damit auch mehr und mehr wissenschaftliche Glaubwürdigkeit.

Ein Werk der chiromantischen Literatur erlangte unumstrittenes Ansehen, und zwar das Buch *Chiromantia – opus rarissima de aedem chiromantiae* von Bartolomeus Cocleus, einem hochberühmten Chiromanten, der in der Zeit um die Wende zwischen 15. und 16. Jahrhundert in Bologna lebte. Der Ruhm dieses Werkes dürfte auf seine leichte Lesbarkeit zurückzuführen sein, da es inhaltlich weit hinter anderen, weniger bekannten Schriften dieser Zeit zurückbleibt. Zu nennen wäre hier etwa *Chiromantie medicinal* von Ludwig Heinrich Lutz, das eindeutig vom chiromantischen Diagnoseverfahren des Paracelsus inspiriert ist. Ein anderes Buch über die Handlesekunst stammt aus dem Jahr 1653. Sein Autor ist Richard Saunders, und es trägt den Titel *Phisiognomie and Chiromancie, Metoposcopie*. Es setzt sich sehr ernsthaft mit der Chiromantie und anderen Wissenschaften wie der Physio-

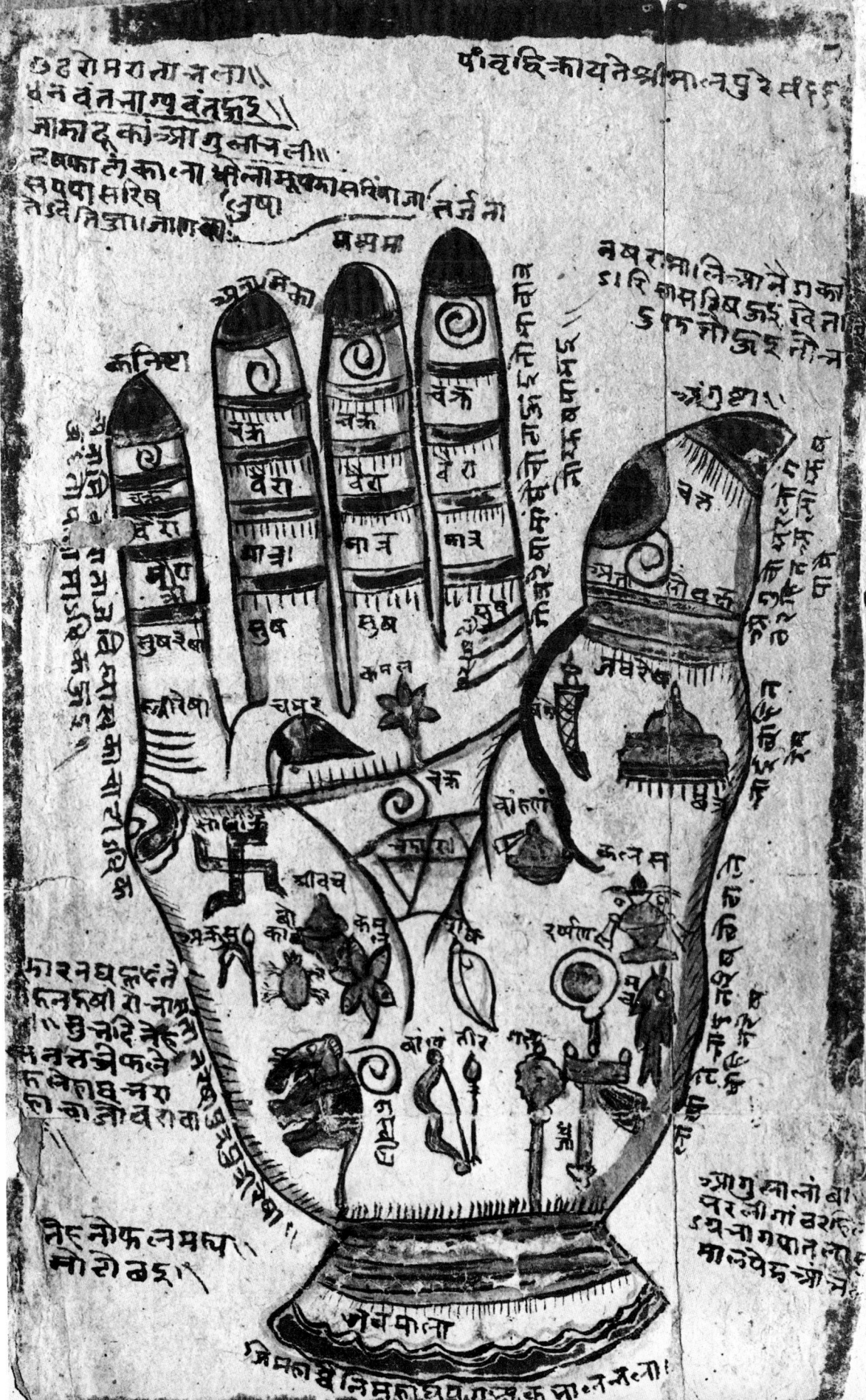

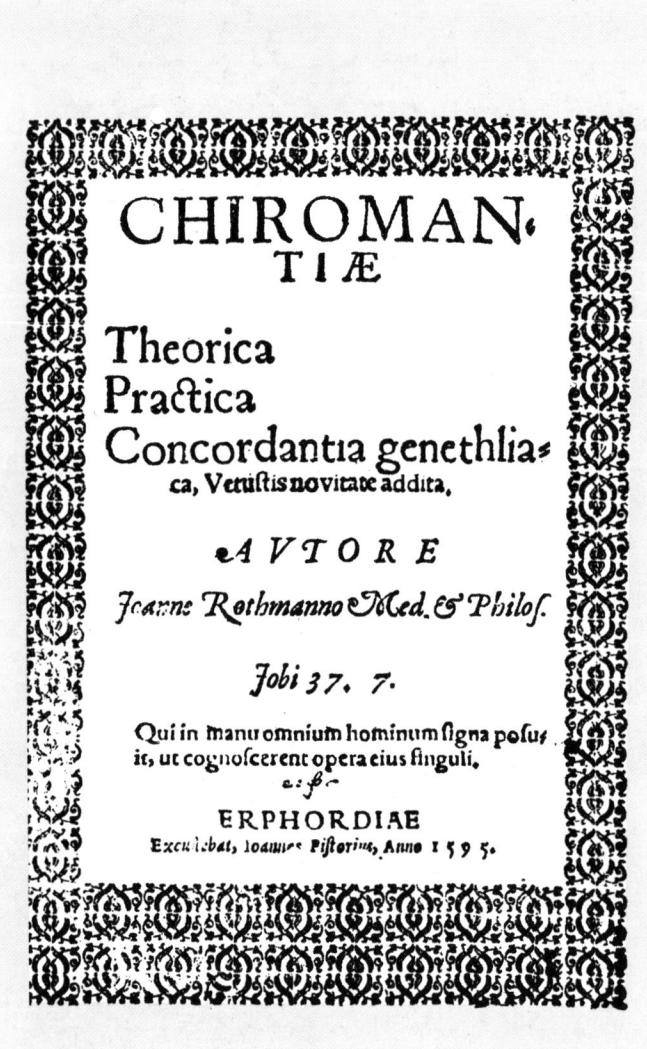

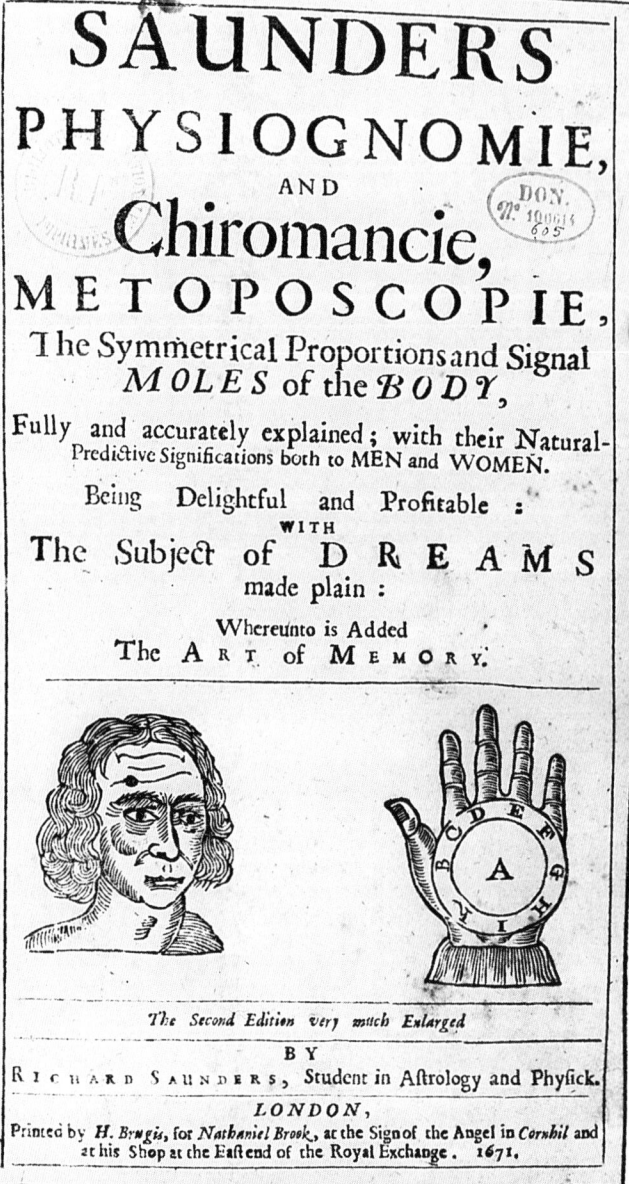

Links oben: Titelseite des Werkes Chiromantiae *von Johann Rothmann (1595).*

Rechts oben: Titelseite von Phisognomie, Chiromancie, Metoposcopie *von Richard Saunders (veröffentlicht in London, 1671).*

Ganz rechts: Ausschnitt aus dem Bild Bauerntanz *von Pieter Bruegel (Wien, Kunsthistorisches Museum).*

gnomie und der Metoposkopie, also dem Studium der Stirnfalten, auseinander. Dieses Werk stellt nicht nur einen ausgezeichneten Überblick über die damaligen Erkenntnisse dar, sondern es kann auch als der erste ernstzunehmende Beitrag zur modernen Chiromantie verstanden werden. Interessanterweise lassen sich in diesem, wie übrigens auch in anderen Werken dieser Zeit, zahllose Beziehungen zwischen der Chiromantie und der Astrologie beobachten. So war auch Saunders in erster Linie Astrologe und erst in zweiter Chiromant. Es besteht kein Zweifel darüber, daß durchaus interessante Verbindungen zwischen den beiden Disziplinen bestehen können und auch tatsächlich bestehen. Die Namen der Berge in den Handflächen, die von einigen Planeten entnommen sind (Jupiterberg, Merkurberg usw.), lassen ersehen, wieviel mehr Einfluß dieser allgemein anerkannten Verwandtschaft zumindest in der Vergangenheit zugeschrieben wurde.

Als im 18. Jahrhundert die Bedeutung von Methodik und Systematik wuchsen, geriet die Chiromantie lange Zeit in Vergessenheit. In jenen Jahren fehlte ein aufgeklärter Chiromant, der fähig gewesen wäre, ihr jene strenge Form zu verleihen, die sie auch in den Augen der damaligen Wissenschaft in anderem Licht hätte er-

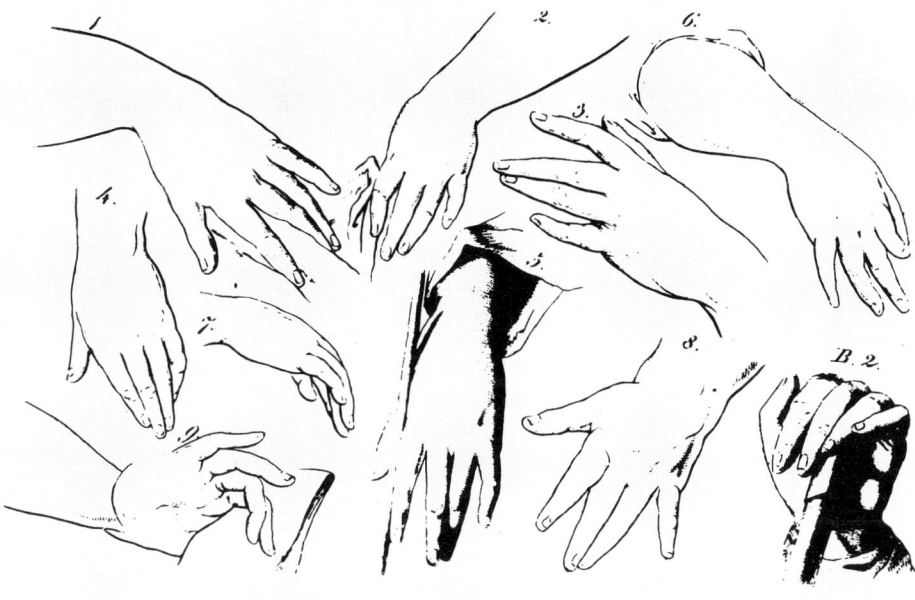

scheinen lassen, was dem genialen Gelehrten Lavater mit seinem Werk beispielsweise im Hinblick auf die Physiognomie gelang. Sein Beitrag zur Chiromantie jedoch war zu bescheiden, und seine Aussagen wurden erst im 19. Jahrhundert beachtet. Tatsache ist, daß die Chiromantie – dank der Werke zweier französischer Gelehrter, D'Arpentigny und Adrien-Adolphe Desbarolles – im 19. Jahrhundert die Phase der reinen Praxis und des Aberglaubens endlich überwinden konnte und jene wissenschaftlichere Ausrichtung erhielt, die sie heute kennzeichnet. Zweifelsohne hat sich D'Arpentigny gleichermaßen um die Handdeutung verdient gemacht wie Lavater um die Physiognomie: Er ist der Vater der Chirognomie. Auch wenn man heute D'Arpentignys Theorie und seine Einteilung der Handform in sieben Grundtypen als überholt ansehen kann, so muß man doch die Stichhaltigkeit und die Genialität seiner Studien anerkennen. Ganz anders beschaffen ist hingegen das Werk von Desbarolles. Dieser hervorragende Kopf war Schriftsteller und Maler, ein großer Chiromant und Autor zahlreicher einschlägiger Bücher. Die moderne Chiromantie verdankt seinen theoretischen Nachforschungen bezüglich der chiromantischen Symbole einen Großteil ihrer »Glaubwürdigkeit«. Sein erstes Buch auf diesem Gebiet trug den Titel *Les mystères de la main*. Es wurde im Jahr 1859 publiziert und hatte seinerzeit einen ungewöhnlichen Erfolg. Aber der Titel dieses Buches läßt auch bereits die Grenzen dieser zweifellos sehr gelehrten Persönlichkeit erkennen. Desbarol-

les' Interesse für den Okkultismus, die Kabbala und den »Einfluß der Sterne« verlieh seiner Forschung über die abstrakten Größen der Chiromantie etwas Geheimnisvolles, was dazu führte, in den Augen der Laien den Wert seiner Theorie der »planetarischen Typen« zu vermindern, obwohl sie sehr stichhaltig war. Trotz alledem kann man seinen Werken einen Einfluß auf die Forschungen fast aller späterer Chiromanten nicht absprechen.

Wir wollen diesen raschen Überblick über die Geschichte der Chiromantie nun beenden und uns der Gegenwart zuwenden. Allerdings sei noch einmal ausdrücklich darauf hingewiesen, daß wir bei diesem überstürzten Lauf quer durch die Jahrhunderte kaum mehr als die Namen einiger hervorragender Chiromanten erwähnen konnten. Diese einzigartigen Persönlichkeiten widmeten ihrer Forschung jedoch einen Großteil ihres Lebens, ohne jedoch von der offiziellen Wissenschaft anerkannt zu werden. Denn dazu hätte es einer systematischen, sachlichen Untersuchung bedurft, die eindeutig und nachweisbar eine Brücke zwischen den Handzeichen und der menschlichen Psyche hergestellt hätte.

Noch eine letzte Anmerkung: Im 19. Jahrhundert wurde der Begriff »Chirologie« eingeführt, um beide Disziplinen, die »Chirognomie« und die »Chiromantie«, in einem Begriff zusammenzufassen. Dieser allerdings nicht ganz exakte Terminus setzt sich wiederum aus zwei griechischen Wörtern zusammen: *cheir* = Hand und *logos* = Rede. Damit wollte man auf die Fä-

Deutsche Karikatur über das Handlesen (Stich aus dem 18. Jahrhundert).

higkeit anspielen, sich mit Hilfe bestimmter Handbewegungen einem Taubstummen verständlich zu machen. Ursprünglich wollte man so den Begriff »Chiromantie« vermeiden. Dieser würde nämlich unweigerlich an Zigeuner und Scharlatane erinnern, die schuld daran waren, daß diese wichtige Untersuchungsmethode in den letzten Jahrhunderten ins Zwielicht geraten war. Heute aber wird die Zahl der Ärzte, die sich auf die Chiromantie stützen, um eine Bestä-

tigung der eigenen Diagnose zu erhalten, immer größer. Und auch Psychiater interessieren sich in zunehmendem Maß für die Chiromantie, um tiefe Traumen bestimmen zu können. Die moderne Chiromantie verfügt über ausgezeichnete Forschungsmittel, obwohl sie immer noch nicht weitgehend genug angewendet wird, um wirklich jede Gelegenheit zu nutzen und auch die tiefsten Schichten der menschlichen Natur zu erforschen.

Die Form der Hand

Ego sum vitis vera. Johannis xv.
Maria magdalena
Index cognitio
medius contritio
medicus confessio
Auricularis satisfac
Polex voluntas dei
Maria martha
Petrus autem erat
Si voluntatem dei scis.
Si malum egisti doleas.
Si vere doles confitearis.
Si confessus es satisfac.
Polex sigt voluntatem dei.
Index significat cognitione.
Medius digit sigt ctritione.
Medicus significat cfessionem.
Auricularis satisfactione.

Die Hand und ihre chirognomischen Typen

Bevor wir uns den Grundlagen für das Studium der Chirologie zuwenden, möchte ich einige wichtige Bemerkungen an alle diejenigen vorausschicken, die sich vorgenommen haben, diese Kunst zu erlernen.

Alles, was in der Chirologie als gesichert gilt, ist das Ergebnis aufmerksamer, im Laufe der Jahrhunderte tausendfach geprüfter Beobachtungen. Daher können wir die Behauptung wagen, daß bestimmte Zeichen sehr wahrscheinlich auf einen bestimmten Charakterzug oder ein zukünftiges Ereignis hinweisen. Unser Vorgehen gleicht dem eines Arztes, der seine Diagnose aus den verschiedenen Anzeichen im Symptomenkomplex des Kranken herleitet, und erreicht auch die entsprechende Erfolgsquote.

Zweifellos hat die Idee, *Fingerabdrücke* als unfehlbare und leicht anwendbare Methode zur Identifizierung zu benutzen, chirosophische Wurzeln. Jeder, der sich mit dem Hautmuster der Fingerbeeren beschäftigt, weiß, daß ihre Papillarlinien bei jedem Menschen verschieden sind und sich auch im Laufe der Jahre niemals verändern – im Gegensatz zu allen oder fast allen anderen Handlinien. Die Papillarlinien auf den Fingerkuppen bilden sich beim Fötus bereits in der 20. Schwangerschaftswoche; von da an begleiten sie uns bis zum Tod. Von diesen Beobachtungen ausgehend, entstand die *Daktylomantie*, die sich zum Ziel gesetzt hat, den menschlichen Charakter an der unwandelbaren Einmaligkeit dieser Signatur (der Fingerabdrücke) zu erforschen.

In ihrer Gesamterscheinung ist keine Hand mit einer anderen Hand identisch, und jedes Schicksal unterscheidet sich von jedem anderen Schicksal, auch wenn ähnliche Linien vorhanden sind.

Wie entstehen diese Zeichen überhaupt? Bleiben sie immer gleich oder verändern sie sich im Laufe der Zeit? Grundsätzlich übt die mit den Händen verrichtete Arbeit keinen oder einen verschwindend geringen Einfluß auf die Entstehung des Linienbildes aus. Die auffälligsten Hauptlinien existieren bereits vor der Geburt, und jeder von uns wird sie – mit leichten Modifikationen – das ganze Leben behalten. Für eine aufmerksame Handschau sind die sehr feinen *Kapillarzeichen* äußerst wichtig, über deren individuelle Entwicklung einige glaubhafte Theorien entwickelt wurden. Eine geht davon aus, daß sich in der Handinnenfläche tausend Nervenenden befinden, die über die Rolandofurche mit dem Vorderlappen des Gehirns verbunden sind (Sitz der bewußten Impulse, der Gedanken, Erinnerung und Vorstellungskraft). Diese Nervenenden, stimuliert von den Gehirnimpulsen dieses Bereiches, führen dann zur Bildung der Kapillarlinien. Wegen ihres kurzfristigen Auftretens dienen sie zur Deutung momentaner Befindlichkeiten, z.B. des Gesundheitszustandes oder einer leichten psychischen Störung. Gibt es ein allgemein gültiges Rezept, nach dem beim Handlesen vorgegangen werden soll? Die Erfahrung lehrt uns, sehr sorgfältig vorzugehen und eine bestimmte Reihenfolge der einzelnen Schritte einzuhalten, um die gewonnenen Erkenntnisse nach und nach zu einem einheitlichen Bild zusammenzufügen.

Man beginnt beim Gesamteindruck der Hand (*Chirognomie*) und vergleicht dann die beiden Hände miteinander.

Nun wird die *Größe* der Hand bestimmt, ihre *Form, Farbe und Konsistenz*. Darauf folgt die Untersuchung der Finger, deren einzelne Glieder und Nägel (*Form, Farbe, Härte, Transparenz usw.*), um zum eigentlichen Studium der Berge und Linien der Hand zu kommen (*Chiromantie*).

Gewöhnlich wird im Singular vom »Handlesen« gesprochen, aber jeder gute Chiromant wird dazu beide Hände nehmen. Normalerweise treten jedoch keine wesentlichen Unterschiede auf, weder in den Handformen noch in den Details. Warum wird nun das Lesen beider Hände empfohlen, wenn doch die Differenzen in der Regel minimal sind? Vor allem, um diese Differenzen zu erkennen. Dieses Motiv ist eher an der Praxis orientiert, wichtiger ist eine Abweichung aus interpretatorischer Sicht. Es gibt zwei ziemlich überzeugende Theorien darüber, welche Bedeutung den Zeichen in der rechten und welche denen in der linken Hand beigemessen werden kann. Nach der ersten Theorie enthält die linke Hand die unbewußten Aspekte und Anlagen, die uns schon seit unserer Geburt begleiten, in der rechten sind die Veränderungen eingeprägt, die jeder einzelne durch die tägliche Konfrontation mit der Realität erfährt.

In der zweiten, moderneren Theorie macht die linke Hand die hirnelektrischen Impulse sichtbar, die direkt dem Unbewußten entstammen und uns somit den intimsten Bereich der Persönlichkeit eines Menschen erblicken lassen. Die rechte Hand dagegen spiegelt die zerebralen Impulse wider, die von der Außenwelt ausgelöst werden. Diese Handlinien sind das Resultat von verarbeiteten Sinneseindrücken sowie von der Anpassung des einzelnen an seine Umwelt.

Der Unterschied zwischen diesen beiden Theorien ist eher formaler als inhaltlicher Art, und nach heutigem Wissensstand liegen beide durchaus im Bereich des Möglichen.

Wir alle wissen, wie verschieden wir die rechte und linke Hand im täglichen Gebrauch anwen-

Die Hand, ein Spiegel der Gesundheit (Deutscher Stich von 1466).

den, und alle oben genannten Überlegungen sind auch auf die sogenannten »Normalen« zugeschnitten. Entspricht nun aber bei Linkshändern das, was über die Rechte berichtet wurde, der Linken, und umgekehrt? Nein, hier stimmt diese Logik nicht, für die Lösung dieses kleinen Problems müssen noch andere Hinweise berücksichtigt werden.

Es kommt auch vor, daß Linien und Berge der beiden Hände fundamentale Unterschiede aufweisen. Hier ist eine äußerst gründliche Betrachtung vonnöten, da der betreffende Mensch mit widersprüchlichen Anlagen und einem labilen Charakter ausgestattet ist.

Heutzutage wird bereits allgemein akzeptiert, daß zwischen der äußeren Erscheinung eines Menschen und seinen psychischen Eigenschaften, seinen Anlagen sowie seiner Persönlichkeit ziemlich exakt definierbare Zusammenhänge bestehen. Das gilt zum Beispiel für die Physiognomie, die anhand der Körperformen den Charakter der Menschen zu deuten versucht, und dies gilt noch mehr für die Chirognomie, die aus der Form, der Größe und anderen Eigenschaften der Hand unabdingbare Elemente für eine umfassende chirologische Untersuchung beisteuert.

Die Chirognomie ist eine sehr alte Kunst. Schon Platon erwähnte sie, indem er sich auf Begriffe und Konzepte stützte, die bereits zu seiner Zeit uralt waren, etwa wenn »äußere Formen der sichtbare Ausdruck innerer Bilder sind, wäre es möglich, über das Studium des menschlichen Äußeren zu den psychischen Ursachen vorzudringen, mit denen sie verbunden sind«. Grundsätzlich wird davon ausgegangen, daß die äußere Erscheinung die innere Realität widerspiegelt, und weil jede Hand einmalig ist, wie die Fingerabdrücke eindeutig beweisen, können wir davon ableiten, daß jeder Mensch sich in seinem Wesen auch von jedem anderen unterscheidet. Jeder Mensch bildet einen einmaligen und unwiederholbaren »Mikrokosmos«, in dem sich die Gesetze des »Makrokosmos« und damit das Geheimnis des Universums spiegeln. Chirognomie und Chiromantie zusammen versuchen zu einem umfassenderen Verständnis des Kosmos beizutragen, indem sie von einem sehr kleinen Element, dem Menschen, ausgehen. Einen ähnlichen Denkansatz vertritt auch die Astrologie; in ihrer Bestrebung, dem Menschen seinen Platz im Weltgefüge zuzuweisen, geht sie jedoch von kosmischen Dimensionen aus. Wie bereits erwähnt, ist die Hand für die Chirognomie das Objekt ihrer Forschungen; von daher scheint es nur logisch, daß sie die verschiedenen Handformen, die am häufigsten vorkommen, zu jenen sieben Grundtypen in Beziehung setzt, in welche man die menschliche Spezies seit frühester Zeit mit erstaunlicher Gültigkeit eingeteilt hat.

Die Grundformen der Hand

Wie wir bereits wissen, gilt der Franzose Casimir d'Arpentigny als Vater der modernen Chirognomie; auf seine gewissenhaften Studien, die Ende des 18. Jahrhunderts entstanden, geht die Einteilung der Hand in sieben Typen zurück, die allen Chirologen als Grundlage dient: *elementare Hand (1); spatelförmige Hand (2); psychische Hand (3); viereckige Hand (4); knotige oder philosophische Hand (5); konische Hand (6); gemischte Hand (7).*

Bevor wir uns ausführlich damit beschäftigen, sollten wir uns kurz noch weiteren Anhaltspunkten widmen, die unserer Untersuchung dienen. Bereits der erste Moment des Kontaktes mit einem Menschen ist aussagekräftig, nämlich wenn wir ihm die Hand zur Begrüßung geben. Dieser erste Händedruck vermittelt bereits schnelle und sehr exakte Erkenntnisse für eine erste Klassifikation. Sehr viel Wert wird auf die »Beschaffenheit der Haut« gelegt, da diese grundlegende Informationen über die Sensibilität enthält. Ist sie zart und weich, haben wir ein Individuum von überfeinerter Sensibilität vor uns, leicht empfindlich und körperlicher Arbeit nicht sehr zugeneigt. Eine harte und rauhe Hand dagegen weist auf einen unsensiblen Menschen mit einem ausgeprägten Sinn für das Praktische hin. Wichtig ist natürlich, den jeweiligen Beruf des Menschen zu berücksichtigen. Einen *elastischen* Hauttyp findet man häufig bei Selbständigen (Ärzte, Rechtsanwälte) oder bei Geschäftsleuten. Sie gehört zu jenen Persönlichkeiten, die ihre Ideen realisieren können. Überraschungen bei diesen Schlußfolgerungen kann es allerdings geben, wenn der Mensch gezwungen ist, einem Beruf nachzugehen, der ihm nicht zusagt.

Ein einziger Blick genügt, um bei normalen Lichtverhältnissen Informationen aus der *Farbe* der Haut zu ziehen, die zwar nicht zur eigentlichen Chirognomie zählt, aber einen Teil des Gesamtbildes ausmacht. Stößt man beispielsweise auf eine von Natur aus sehr weiße Haut – in der Regel eine weibliche –, kann man davon ausgehen, daß es sich hier um eine Persönlichkeit handelt, die nicht zögern wird, ihre Ziele durch Lug und Trug zu erreichen. Hier steht ein Egoist vor uns, der auch grausame Züge haben kann. Eine intensiv rosarot gefärbte Handfläche verrät uns ein Gegenüber, das sich mehr oder weniger gut als Medium eignet.

Weitere Erkenntnisse vermag der Gegendruck einer Hand vermitteln. Ein *fester Händedruck* kann uns zeigen, über wieviel Energie unser

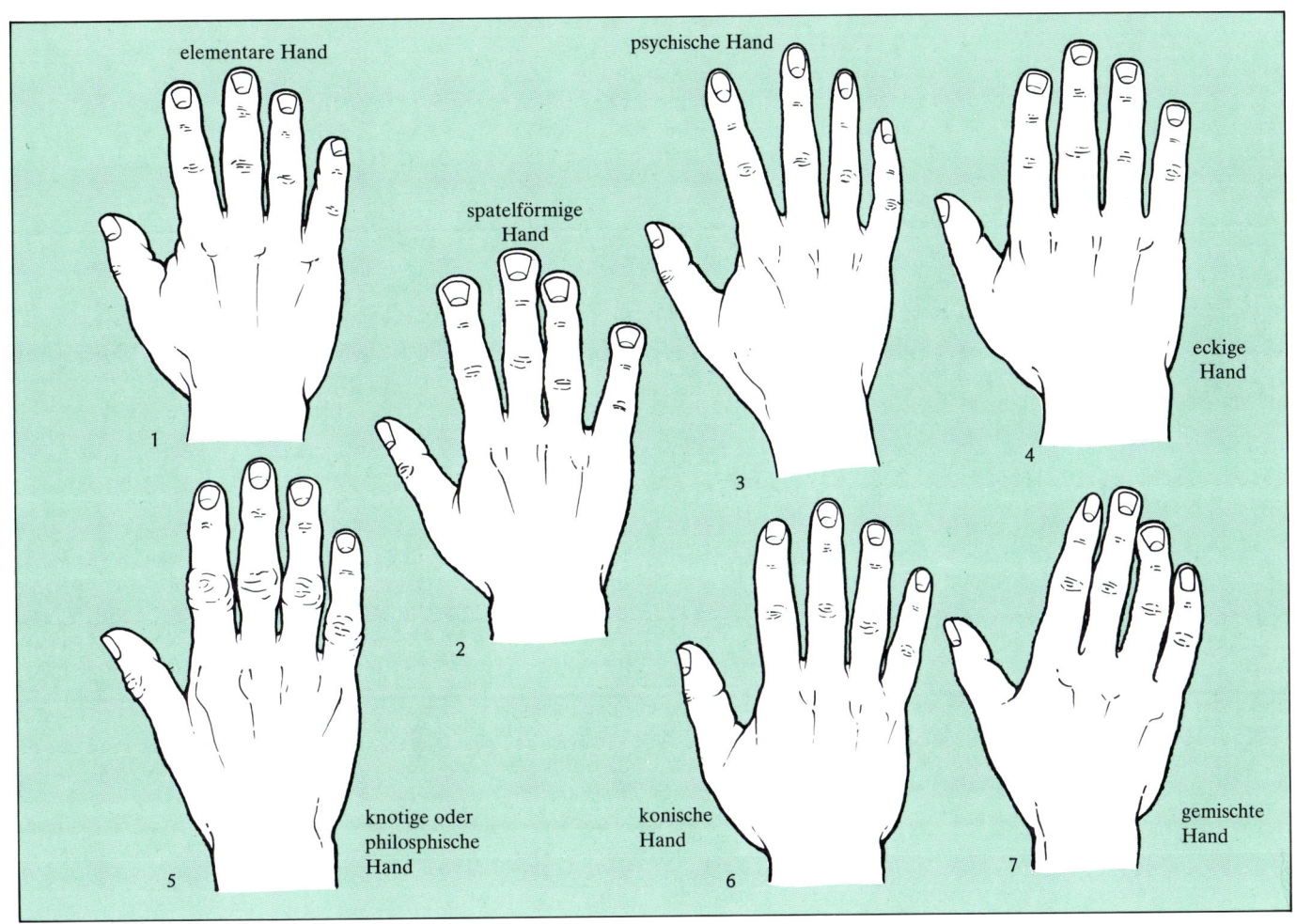

elementare Hand

psychische Hand

spatelförmige
Hand

eckige
Hand

1

2

3

4

knotige oder
philosphische
Hand

konische
Hand

gemischte
Hand

5

6

7

Die Grundformen der Hand:
1 elementare Hand, 2 spatelförmige
Hand, 3 psychische Hand, 4 eckige
Hand, 5 knotige oder
philosophische Hand, 6 konische
Hand, 7 gemischte Hand.

Partner verfügt. Ist aber *kein Druck*, sondern nur eine schlaffe Hand zu spüren, gehört diese zu einem Menschen, der seine Fähigkeiten und Vorstellungen nicht in die Praxis umsetzen kann und zum Selbstbetrug neigt. Ein *leichter Gegendruck* wiederum ist Ausdruck eines Charakters, dem es zwar an Impulsivität, nicht aber an Handlungsfähigkeit fehlt.

Diese Eigenschaften sind häufig bei kranken Menschen zu finden, bei denen geringer Widerstand im Händedruck oft von leichtem Schwitzen begleitet wird. Ein solch flüchtiger Körperkontakt sagt zwar nichts über die Art des Leidens aus, sollte aber als Aufforderung verstanden werden, gründlich nachzuforschen. Wer mit kräftiger, muskulöser Hand spontan einen Händedruck erwidert, gehört zu den Aktiven, deren innere Energie und Kraft sich ständig in äußere Kreativität umwandelt. Bleibt noch die *harte* Hand zu erwähnen, die man sehr selten antrifft und die als Zeichen für energiegeladene Menschen verstanden werden soll, die sich nur an

körperlicher Arbeit oder beim Sport abreagieren können, ansonsten aber eher verschlossen sind.

Ein weiterer wichtiger Punkt ist die *Biegsamkeit* der Hand *(s. S. 33)*. Finger, die sich leicht rückwärts biegen lassen, weisen auf eine vielschichtige, intuitive und geistig bewegliche Persönlichkeit mit scharfem Verstand und der Fähigkeit zur Synthese hin. Je steifer und unflexibler eine Hand, desto einfacher strukturiert ist das Wesen des Menschen, desto undifferenzierter sein Urteilsvermögen.

Hier muß die uralte Lehre der sogenannten »drei Welten einer Hand« erwähnt werden *(8)*. Nach der Überlieferung, deren Wurzeln sich in der Vergangenheit verlieren, bilden die Finger in ihrer vollen Länge die Zone *rationabilis*. Je länger und beweglicher die Finger, desto eher neigt der Mensch zur Spiritualität, besitzt künstlerische Neigungen und einen Hang zum Feingeistigen. Kurze, plumpe Finger hingegen weisen auf mangelnde analytische und intellek-

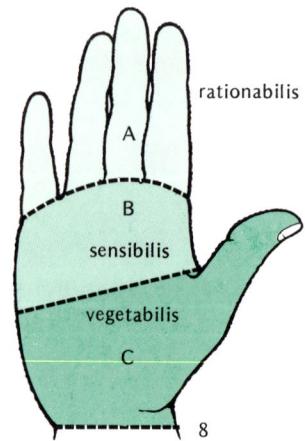

rationabilis

A

B

sensibilis

vegetabilis

C

8

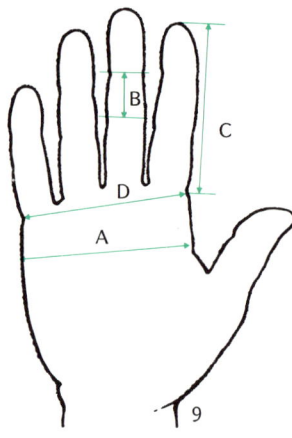

B

C

D

A

9

Die drei Welten der Hand (8):
A *»rationabilis«, die Finger;*
B *»sensibilis«, oberer Teil der*
  Handfläche;
C *»vegetabilis«, unterer Teil der*
  Handfläche.
Die idealen Proportionen der
Hand (9): A = 4 x B, C = D.

tuelle Fähigkeiten hin. Die anschließende Zone *sensibilis* beginnt beim Bogen (so heißt die gedachte Linie, die die Fingerwurzeln bilden), endet ungefähr an der Kopflinie und verbindet so die beiden Marsberge miteinander. Je ausgedehnter dieses Gebiet ist, desto dominanter wird die praktische Seite dieses Menschen sein; hier lassen sich seine gesamten Ambitionen ablesen, sein Wunsch nach sozialer Anerkennung, nach Geld und Macht. Unterhalb dieser Zone liegt der Sektor *vegetabilis*, in dem die tiefsten Instinkte des Menschen identifiziert werden können. Je mehr diese Instinkte von der Vernunft kontrolliert werden, desto kleiner wird diese Fläche der Hand ausfallen. Ein Vergleich zwischen diesen drei Sektoren vermag bereits einen ersten Umriß des Persönlichkeitsbildes zu entwerfen. Erweist sich eine dieser drei Zonen als vorherrschend, wissen wir über die Vorlieben und Neigungen des Menschen Bescheid. Die außergewöhnliche Gültigkeit der mit dieser Theorie gewonnenen Resultate hat einige moderne Forscher dazu bewogen, neue wissenschaftliche Versuche durchzuführen, und dabei hat diese alte Tradition ihre Stichhaltigkeit bewiesen.

Einen weiteren wichtigen Faktor stellt die *Größe* der Hand dar, die im Verhältnis zum Körper beurteilt werden muß. Erscheinen die Hände klein, haben wir eine Persönlichkeit vor uns, die zu schnellen, manchmal zu schnellen Entschlüssen neigt; der Betreffende kann sich zwar eine klare Übersicht komplexer Situationen verschaffen, es entgehen ihm dabei aber meistens die Einzelheiten. Erscheint die Hand im Verhältnis zum Körper hingegen groß, dann legt dieser Mensch viel Wert auf Einzelheiten, von denen er zur Beurteilung des Ganzen ausgeht; er handelt überlegt, entscheidet fast langsam, weil er zu den gründlichen Denkern gehört und alles genau überprüfen muß; außerdem gilt er als guter Beobachter.

Schließen wir diese Reihe allgemeiner Betrachtungen nun mit einer interessanten Anmerkung dazu ab, wie denn eine gut proportionierte Hand aussehen müßte *(9)*? Die Breite der Hand sollte viermal die Länge des zweiten Mittelfingergliedes betragen, und die Länge des Zeigefingers sollte der Entfernung zwischen dem Ansatz des Zeigefingers und dem des kleinen Fingers entsprechen. Diese Idealmaße sind wirklich selten anzutreffen, wer sie besitzt, ist mit besonders begehrenswerten Eigenschaften ausgestattet; so ein Mensch ist mutig, integer, gut und gesund.

Und damit sind wir endlich bei der eigentlichen *Chirognomie* angelangt, das heißt bei der Bewertung der Hand und ihrer Zuordnung zu einer

der sieben Typen, nach der von Graf Casimir d'Arpentigny entwickelten Theorie. So hochinteressant diese von wissenschaftlicher Strenge und Seriosität begleitete Einteilung auch sein mag, sie erscheint uns heute überholt.

Der rasche Wandel von Sitten, Einstellungen und Gebräuchen in unserer heutigen Zivilisation verlangt auch von der Chiromantie ein gewisses Maß an Anpassung. Richtwerte, die noch 1850 ihre Gültigkeit hatten und auf denen sich die Erfahrungen D'Arpentignys aufbauten, nützen uns heute vielfach nichts mehr, auch wenn manche, durch Intuition gewonnene, grundlegende psychologische Erkenntnisse ihren Wahrheitsgehalt nicht eingebüßt haben. Deshalb greift man in der Chiromantie fast immer auf ein anderes Einteilungssystem zurück und bedient sich der Methode von D'Arpentigny nur noch in zweifelhaften oder unsicheren Fällen.

Der deutsche Gelehrte Carl Gustav Carus — auch er lebte Ende des 19. Jahrhunderts, teilte die Hände in vier unterschiedliche Grundformen ein *(10, 11, 12 und 13)*. Dies erscheint wenig, denkt man an die unglaublich vielen, in der Natur vorkommenden Varianten, aber aus zwei oder drei verschiedenen Typen können unzählige Mischformen entstehen und sich dadurch ihre Anzahl beträchtlich steigern. Denken wir nochmals daran, daß unsere Untersuchung nicht nur chirognomischer, sondern auch chiromantischer Art ist. Wir befinden uns im Moment in einer Übergangsphase, und die Hinweise, die wir bis jetzt erhalten haben, werden dann noch einmal anhand der Informationen überprüft werden, die wir den Zeichen der Handfläche, der Interpretation der Berge usw. entnehmen. Das System der Einstufung nach C.G. Carus ist das nützliche Gerüst, das nur noch eine Verkleidung und den letzten Schliff erhält. Jedenfalls basieren die Angaben, die wir aus einer gewissenhaften Interpretation der Carus'schen Einteilung gewinnen können, auf äußerst strengen Kriterien und sind daher auch sehr zuverlässig.

Die vier Grundformen der Hand von Carl Gustav Carus

Carus unterscheidet zwei Arten von Händen, die sich jeweils wieder in zwei Grundtypen einteilen lassen: Da sind einmal Hände, die sich zum kräftigen Zugreifen eignen, worunter die *elementare Hand (10)* und die *motorische Hand (11)* fallen. Der eher taktilen Hand hingegen, die in erster Linie geneigt ist, Dinge tastend wahrzunehmen, werden die *sensible Hand (12)* und die *psychische Hand (13)* zugeordnet.

Die elementare Hand *(10)*

Diese wenig biegsame Hand mit ihrem kräftigen Rumpf und den eher kurzen Fingern zeugt von

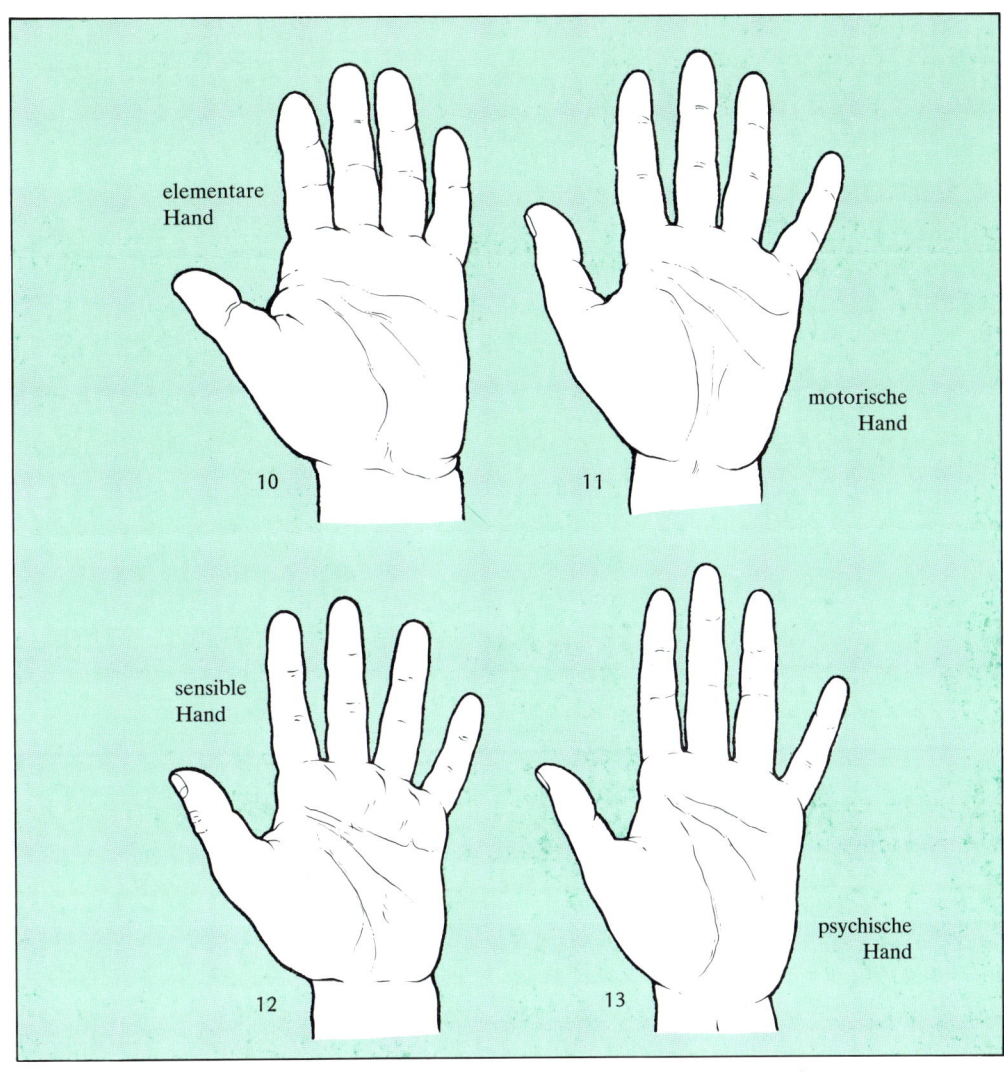

Die vier Grundformen der Hand nach Carl Gustav Carus:
10 *elementare Hand,* 11 *motorische Hand,* 12 *sensible Hand,* 13 *psychische Hand.*

elementare
Hand

10

motorische
Hand

11

sensible
Hand

12

psychische
Hand

13

großer Energie. Wer eine *elementare Hand* hat, besitzt viel Sinn fürs Praktische. Er ist ernsthaft, seine hoch entwickelte Intelligenz ist besonders auf konkrete Dinge ausgerichtet. Gewöhnlich handelt es sich um anpassungsfähige, extrovertierte Menschen. Sie neigen zu Extremen, ihre Gefühle reichen von himmelhoch jauchzend bis zu Tode betrübt. Die Astrologie ordnet diese Temperamente dem Saturn zu; eine analoge chinesische Einteilung bezeichnet diese Handform als *Hand der Erde.*

Heute gibt es eine Strömung in der Chirologie, die sich an die Astrologie anlehnt; die von ihr verfochtene Einteilung der Handform basiert auf den vier Grundelementen der präaristotelischen Philosophie, ohne jedoch die bewährten, traditionellen Konzepte der Chirognomie zu verlassen. Diese in der Antike wesentlichen Elemente Feuer, Luft, Wasser und Erde könn-

ten bei vorsichtiger Handhabung auch in der Chirologie wissenschaftliche Gültigkeit erlangen, zumal ja tatsächlich – wie Salomon Diamont herausgefunden hat – eine Übereinstimmung zwischen Galens Theorie von den vier Elementen und vier Temperamenten einerseits und den neuesten Erkenntnissen der Psychologie andererseits gegeben ist.

Die motorische Hand *(11)*
Auch diese Hand eignet sich zum kräftigen Zugreifen, ist aber weniger grob gebaut; die Finger sind etwas länger, die Hand ist insgesamt weicher und biegsamer. Die starke Zeichnung der Handfläche deutet auf eine sehr intensive Gefühlswelt hin. Diese Hand verrät extrovertierte Menschen, die alles Schöne schätzen. Trotz ihrer Tendenz zum Egozentrismus gelten sie als großzügig. Ihre Begabungen liegen auf der praktischen Seite des Lebens. Es handelt sich

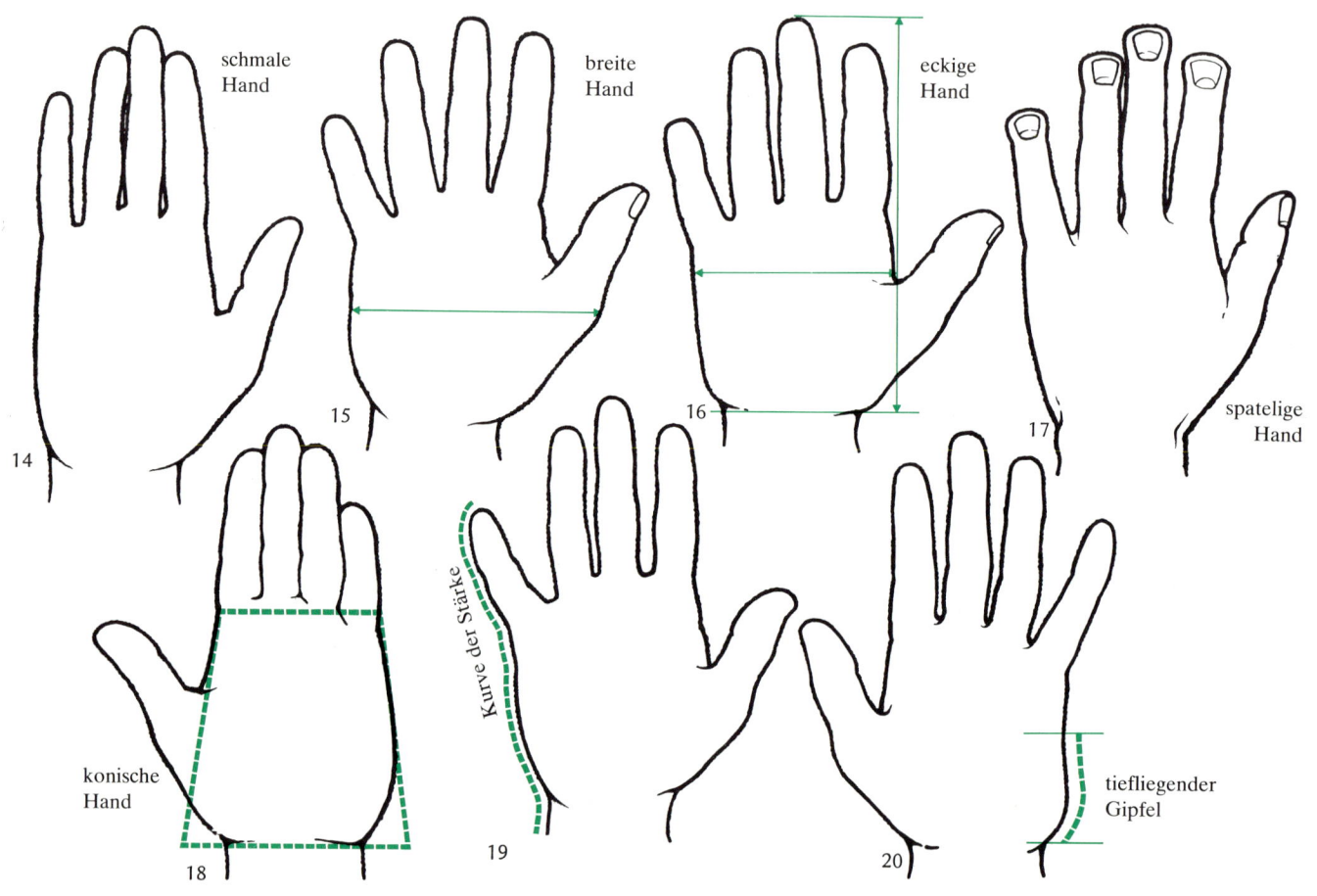

schmale Hand

breite Hand

eckige Hand

spatelige Hand

14

15

16

17

konische Hand

18

Kurve der Stärke

19

20

tiefliegender Gipfel

Klassifikation und Form der Hände:
14 Hand mit schmalem Rumpf,
15 breite Hand, 16 eckige Hand,
17 spatelige Hand, 18 konische
Hand; 19 Handprofil, fälschlicher-
weise oft »Handkante« genannt (der
richtige Begriff ist »Kreativitäts-
kurve« oder »Kurve der Stärke«)
20 Gipfel im unteren Teil des
Handprofils

meist um ehrgeizige Menschen, die nach Erfolg und Macht streben; unter ihnen finden sich Militärs, Berufssportler, Geschäftsleute und oft auch Opernsänger. In China spricht man von der *Hand des Holzes,* in der Astrologie verkörpert sie das Jupiterprinzip.

Die sensible Hand *(12)*

Die sensible Hand zählt nach Carus zu den taktilen Händen. In der Regel ist sie im Verhältnis zum Körper eher klein; ihre zarten Finger und die schnellen, geschmeidigen Bewegungen vermitteln den Eindruck nervöser Energie. Menschen mit dieser Hand mangelt es – trotz ausgeprägter Emotionalität – nicht an Realismus. Zahlreiche feine Linien durchziehen die Handinnenfläche, ihre häufigen Überschneidungen lassen auf einen Hang zur Unstetigkeit schließen. Diese Hand findet sich häufig bei Schauspielern, Tänzern, Grafikern und in der Werbebranche. Die meisten dieser Charaktere sind weniger oberflächlich als sie auf den ersten Blick erscheinen mögen. Die Chinesen bezeichnen die sensible Hand als *Hand des Wassers.* Von der Astrologie wird sie wegen ihrer Flinkheit und Gewandtheit unter das Zeichen des Merkur gestellt.

Die psychische Hand *(13)*

Lange Finger und ein sehr kleiner, geschmeidiger Daumen unterstreichen das insgesamt schlanke Erscheinungsbild. Die Weichheit der Hand kann im Extremfall den Eindruck von Substanzlosigkeit hervorrufen. Die Linien sind äußerst fein und verschlungen und daher nicht leicht zu interpretieren. Bei einem Menschen mit solchen Handlinien kann die Phantasie alle Grenzen sprengen und der Sinn für die Realität gänzlich verlorengehen. Menschen mit einer *psychischen Hand* fehlt oft jeglicher Geschäftssinn; sie weichen den Anforderungen des Lebens gern aus, indem sie sich in eine Traumwelt zurückziehen. So hilflos sie auch erscheinen mögen, wenn sie den richtigen Lebensweg einschlagen, können sie die höchsten Stufen der Erfolgsleiter erklimmen. *Hand des Metalls* nennen die Chinesen diesen Handtyp, und die Astrologie sieht eine Affinität zum Venusprinzip.

Weitere Einteilungskriterien

Der Einstufung von Carus werden nun weitere Anhaltspunkte für eine detailliertere Untersuchung hinzugefügt. Konzentrieren wir also

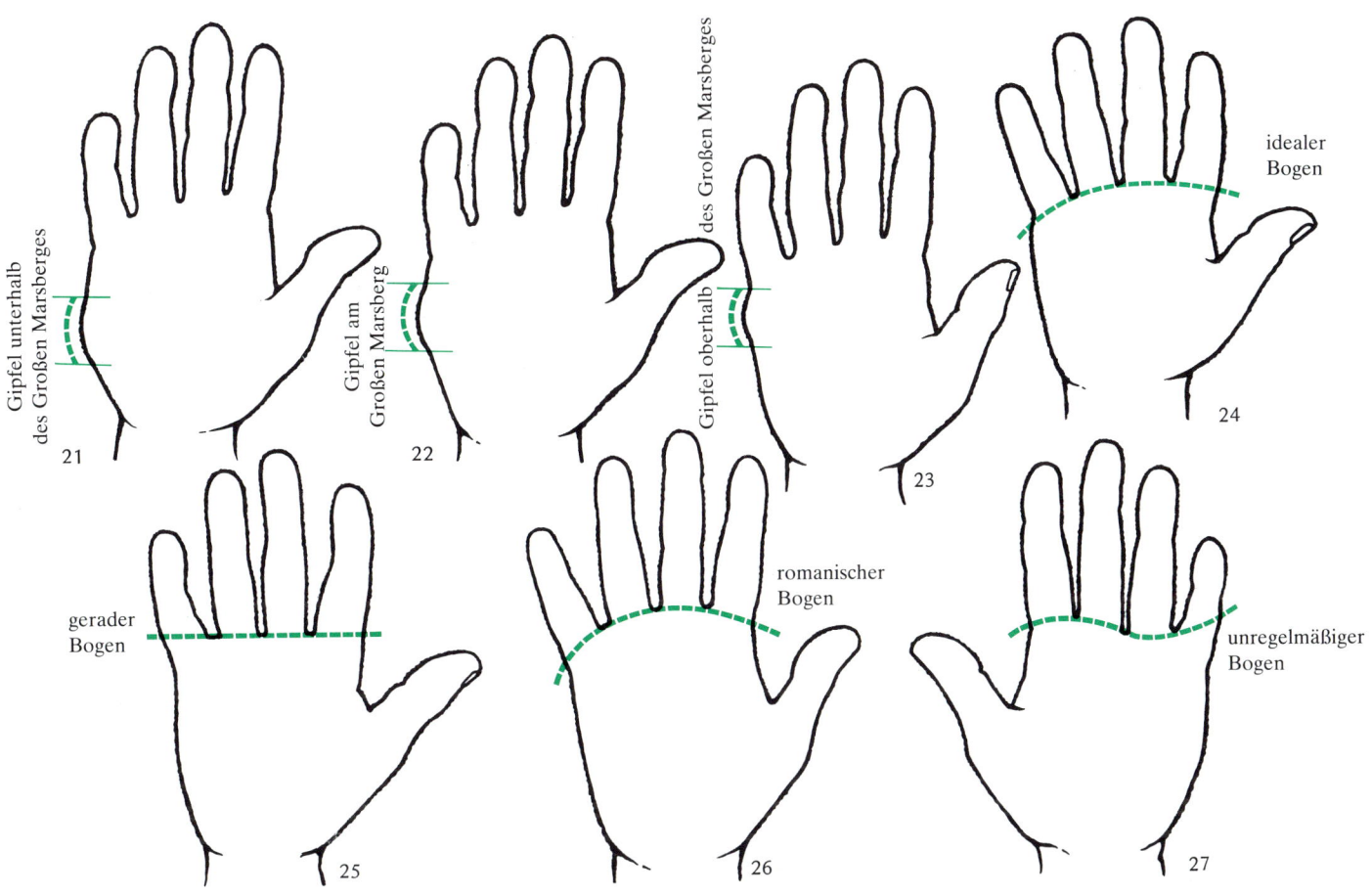

Gipfel unterhalb des Großen Marsberges

Gipfel am Großen Marsberg

des Großen Marsberges

Gipfel oberhalb des Großen Marsberges

idealer Bogen

21

22

23

24

gerader Bogen

romanischer Bogen

unregelmäßiger Bogen

25

26

27

21 Gipfel unterhalb des Großen Marsberges, 22 Gipfel am Großen Marsberg, 23 Gipfel oberhalb des Großen Marsberges, 24 der »ideale« Bogen, 25 der gerade Bogen, 26 runder Bogen oder romanischer Bogen, 27 unregelmäßiger Bogen.

unsere Aufmerksamkeit zusätzlich auf die Struktur der Handfläche, auf die Fingerform sowie auf das Verhältnis zwischen Finger und Handfläche.

Die schmale Hand *(14)*: Die Handfläche wirkt, unabhängig von ihrer Fingerform, auffallend lang und schmal. Sie kann nur zum *psychischen* oder *motorischen* Handtyp gehören und zeugt ebenso von einer Vorliebe für die Einsamkeit wie von einer Abneigung dagegen, mit anderen in einer Gruppe zusammenzuarbeiten. Menschenansammlungen sind diesem Menschen ein Greuel. Er besitzt aber Qualitäten, die ihm den Erfolg im Leben sichern, auch wenn der Weg dahin sehr mühsam sein wird.

Die breite Hand *(15)*: Sie ist das Gegenteil der vorhergehenden und findet sich nur unter den *elementaren* und *sensiblen* Handtypen. Sie ist symptomatisch für großzügige Charaktere, die sich gerne in Gesellschaft befinden und die gute Küche lieben. Diese Menschen geraten oft in Schwierigkeiten, weil sie ihren Mitmenschen zu großes Vertrauen schenken. Sie gelten allgemein als sehr sympathisch und nehmen gerne eine Beschützerrolle ein. Sie brauchen viel Bewegung, müssen ständig etwas zu tun haben und ertragen

das Eingeschlossensein in kleinen, engen Räumen nur schwer.

Die eckige Hand *(16)*: Ihre Handfläche hat eine quadratische Form, d. h. die Entfernung zwischen dem Ansatz des Mittelfingers und dem Handgelenk stimmt mit der Entfernung zwischen der Fingerwurzel des Zeigefingers und der des kleinen Fingers überein. Diese Hand kann bei allen der von Carus festgelegten vier Kategorien vorkommen. Sie ist Ausdruck für einen wachen Geist und zeugt von Verantwortungsbewußtsein.

Menschen mit einer *eckigen Hand* strahlen Sicherheit und Beständigkeit aus und werden häufig ein fester Bezugspunkt. Sie sind offen und aufrichtig.

Die spatelförmige Hand *(17)*: *Spatelförmig* wird eine Hand genannt, deren Handfläche einem Trapez gleicht. Diese Hand verbreitert sich schaufelförmig nach oben, wo ihre breiteste Seite liegt, die von den Fingeransätzen gebildet wird. Sie ist oft bei Personen zu finden, die sich gerne völlig verausgaben und dabei noch erstaunliche Ausdauer beweisen. Ihr Verhalten wirkt sich auf ihre nähere Umgebung oft störend aus, ruft Streitigkeiten und Unverständnis hervor.

Die konische Hand *(18)*: In diesem Fall verjüngt sich die Hand nach oben hin und gleicht dem Trapez der spatelförmigen Hand, nur daß es jetzt auf dem Kopf steht. Die längere Seite verläuft auf der Höhe des Handgelenks. Diese Hand zeugt von der Phantasielosigkeit ihres Besitzers, der kaum von seinen starren, realitätsbezogenen Denkmustern abweichen kann. Solche Hände findet man bei dynamischen Menschen, die in ihrer Arbeit aufgehen, aber ansonsten wenig Unternehmungsgeist vorweisen können. Ihre Stärken liegen in Ausführung und Organisation, selten jedoch im kreativen Bereich.

Die Kreativitätskurve

Wir verweilen noch bei der Handfläche, um ein weiteres wichtiges Element zu betrachten: die Form der *Handkanten (19)*. Als solche bezeichnet man das Profil der Hand, das den kleinen Finger entlang über den Mondberg bis zum Handgelenk verläuft. Natürlich gibt es eine *Handkante der linken Hand* und eine *Handkante der rechten Hand*. Diese Kurvenlinie, auch *Kreativitätskurve* genannt, kann mehr oder weniger ausgeprägt sein; der am stärksten ausgebuchtete Punkt heißt *Gipfel*. Seine Bedeutung ändert sich je nach Lage *(Abb. s. S. 28/29)*.

1. Der Gipfel liegt im unteren Teil des Handrumpfes, in der Nähe des Mondberges *(20)*: Diese Erscheinung ist Ausdruck dafür, daß Kraft und Energie des Menschen überwiegend physischer Natur sind.

2. Der Gipfel liegt etwas höher, aber immer noch unterhalb des großen Marsberges *(21)*: Bei dieser Persönlichkeit herrscht Gleichgewicht zwischen den psychischen und physischen Kräften; sie verfügt über Widerstandskraft und Autorität, hat aber kaum Gerechtigkeitssinn.

3. Der Gipfel liegt am Großen Marsberg *(22)*, was für ausgeprägte Charakterstärke, aber auch für mangelnde körperliche Kraft und geringe Belastbarkeit spricht.

4. Der Gipfel liegt oberhalb des Großen Marsberges *(23)* und läßt somit erkennen, daß der Betreffende nur über psychische Energien verfügt. Ein solcher Mensch verliert sich gern in Phantasieprojekten und besitzt fast keinen Sinn für die Realität.

Oft lassen sich an den beiden Händen eines Menschen auffallende Unterschiede in bezug auf die Lage und Ausprägung der Gipfel feststellen. Erweist sich der Gipfel der linken Hand ausgeprägter, so überwiegen in diesem Menschen die geistigen Kräfte. Die schon erhaltenen Erkenntnisse müssen natürlich diesem Hinweis entsprechend korrigiert werden. Verwendet ein Mensch seine Energien aufgrund äußerer Einflüsse mehr für die praktische Seite seines Lebens, so wird man einen ausgeprägteren Gipfel in der rechten Hand finden.

Der Bogen

Wichtige Anhaltspunkte gibt auch die Stelle, an der die vier Finger (Zeigefinger, Mittelfinger, Ringfinger und kleiner Finger) an den Handrumpf angewachsen sind, der sogenannte *Bogen (24)*. In der Chirognomie wird darunter die gedachte Linie verstanden, die diese vier Fingerwurzeln miteinander verbindet. Man unterscheidet drei verschiedene Erscheinungsformen:

1. Der Bogen bildet eine fast *gerade Linie (25)*. Dies kommt sehr selten vor und drückt eine große Selbstsicherheit des Menschen aus, der sich keinen Fehler erlaubt und sich von keinerlei Hindernissen aufhalten läßt. Er wird nicht einmal die Möglichkeit eines Risikos in sein Handeln einplanen, kann sich aber dann einer gewissen Disziplin unterwerfen, sobald diese in seine ethisch-moralische Vorstellungswelt paßt.

2. Der Bogen gleicht einem Rundbogen, dem sogenannten *Romanischen Bogen (26)*, und gehört zu einem Menschen, der in körperlicher und seelischer Ausgeglichenheit lebt. Er wird immer auf ein harmonisches Verhältnis zu seinen Mitmenschen bedacht sein und immer sein Bestes geben wollen. Er ist logisch und beständig, aber nicht konservativ, sondern immer auf die Zukunft ausgerichtet. Er ist neuen Dingen gegenüber aufgeschlossen, sofern er sie für nützlich hält. Selten aber entstammen solche neuen Ideen seinen eigenen Überlegungen.

3. Der Bogen ist *ungleichmäßig*, d.h. sein Verlauf ist unregelmäßig *(27)*. Der Fingersatz des Zeigefingers und der des kleinen Fingers befinden sich nicht auf der gleichen Höhe. Diesen Bogen finden wir bei Menschen, die in ihren Urteilen wenig objektiv sind und sich ihrer selbst nie ganz sicher fühlen. Diese Menschen können aber auch gegen den Strom schwimmen, häufig eine typische Reaktionsweise derjenigen, die nicht über ein seelisches Gleichgewicht verfügen. Der Erfolg wird hier manchmal nur mit viel Mühe erreicht.

Die Finger

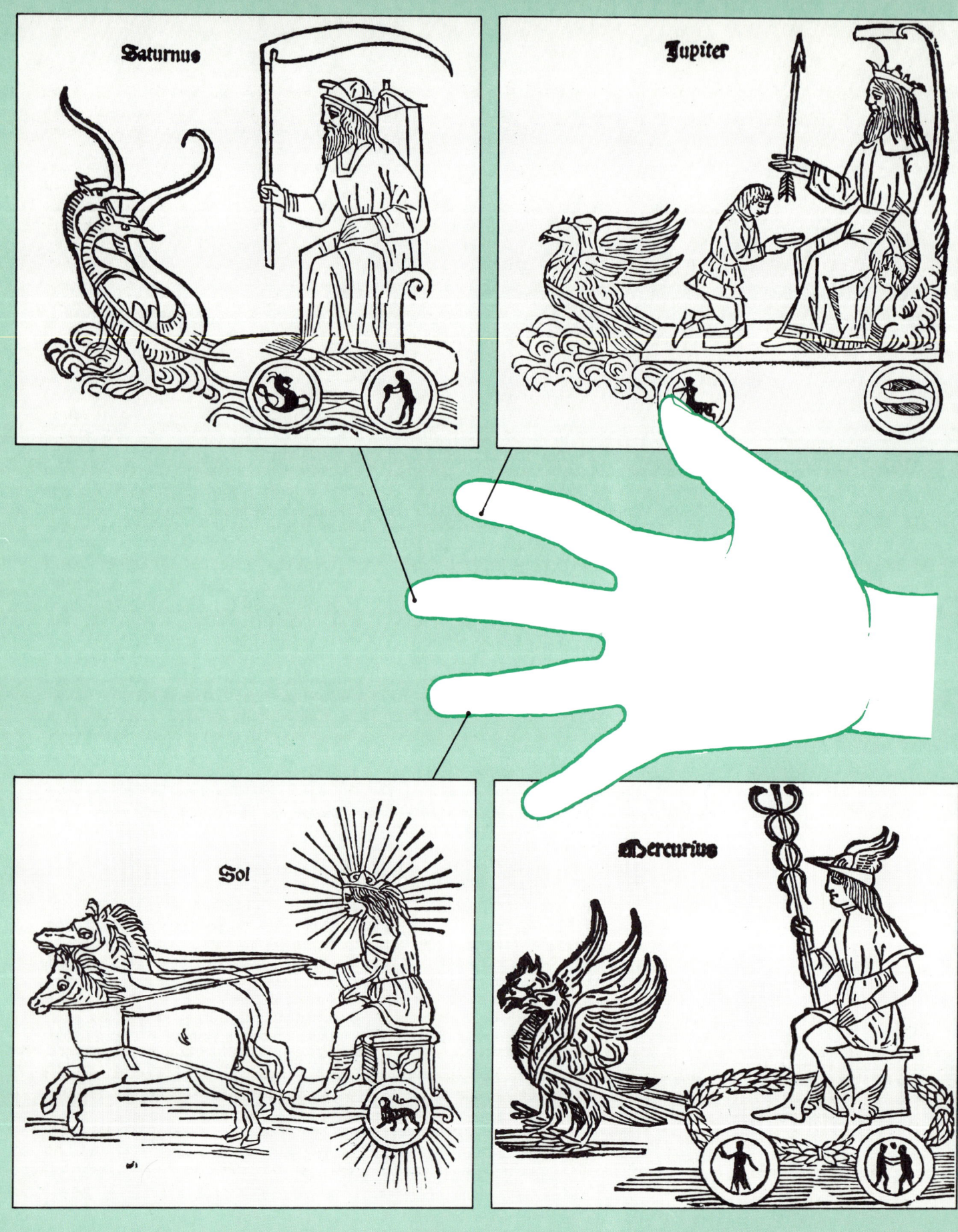

Die Finger, die Welt des Verstandes

Die Finger zählen zu den wesentlichen Elementen der Chirognomie. Eine gründliche Kenntnis dieses Gebietes ist unbedingte Voraussetzung für die Handdeutung. Damit ist man jedoch fähig, mit Leichtigkeit zuverlässige Informationen über wichtige Fragen zu gewinnen. Doch weniger leicht fällt es, diese Kunst zu lernen, da die Unterschiede der einzelnen Formen nicht so klar zutage treten wie man glauben könnte.

Daher sollte man dieses Kapitel mit größter Aufmerksamkeit studieren. Bei der Dreiteilung der Hand in die »drei Welten« repräsentieren die Finger die erste, die geistige Welt, den Bereich des Verstandes. Das ist kein Zufall; man kann daran ablesen, warum sie sich nur beim Menschen zu einer Form entwickelt haben, die sich von der anderer Lebewesen vollkommen unterscheidet.

Um ein verständliches System in dieses Kapitel zu bringen, gehen wir von einer praktisch erprobten Einteilung aus, die sich auf diesem heiklen Gebiet als sehr zuverlässig erwiesen hat. Es liegt also nur an unserer Erfahrung und unserer Fähigkeit zur Beurteilung, ob wir richtig oder falsch ablesen. Gerade jetzt, da wir im Begriff sind, in die tieferen Schichten der chirologischen Forschung einzudringen, muß eins gesagt sein: Wer sich auf eine ernstere Deutung der Hand einläßt, darf nie vergessen, daß die Gefahr groß ist, voreilige, hastige Urteile zu fällen und wichtige Einzelheiten zu unterschätzen oder gar zu übersehen. Natürlich darf man sich von diesem Bewußtsein nicht vollkommen verunsichern und lähmen lassen, aber es sollte einen doch von zu großer Leichtfertigkeit abhalten. Mag die Person vor Ihnen auch beteuern, von dem praktischen Sinn des Orakelspruchs nichts zu halten, sie wird Ihre Worte trotzdem mit einer Mischung aus Furcht und Neugierde erwarten, vielleicht werden diese Worte sie beeindrucken, vielleicht nachhaltig weiterwirken.

Mit dem Wissen, das Ihnen bis hierher auf wenigen Seiten vermittelt wurde, wäre es Ihnen schon jetzt möglich, die Aufmerksamkeit einer kleinen Gesellschaft zu fesseln. Um einem der Anwesenden ein paar überraschende Wahrheiten zu sagen, müßten Sie nur schnell die auffälligsten Merkmale seiner Hand studieren. Das könnte zwar sicher zur Erheiterung der Gesellschaft beitragen, aber Sie sollten der Versuchung widerstehen. Mit einem solchen Spiel, das nur dem Zeitvertreib dient, kann man zwar einen gewissen Eindruck schinden, aber die gezeigte Oberflächlichkeit und Mühelosigkeit könnte nur allzu leicht Enttäuschung hervorrufen und an den zigeunerhaften Nimbus erinnern, der der Chiromantie fälschlicherweise angedichtet wird. Für jedermann hat die Hand fünf Finger, für den

Chirologen jedoch nur vier. Der Daumen wird wegen seiner Bedeutsamkeit eigens behandelt. Nicht ohne Grund sagte William Benham, Autor hervorragender Bücher über die Chiromantie, der Daumen könne nicht »Finger« genannt werden, da er viel mehr sei. Die Rolle, die der Daumen im Verlauf der menschlichen Evolution spielte, ist so fundamental, daß auch eine knappe Definition ein ganzes Buch erfordern würde. Aber sprechen wir erst über die anderen vier Finger, die dem Daumen zur Seite stehen. Dazu gehören: der *Zeigefinger* (auch *Jupiterfinger* genannt), der *Mittel-* (oder *Saturnfinger*) der *Ringfinger* (auch *Apollo-* oder *Sonnenfinger*), der *kleine* (oder *Merkurfinger*). Auch diese Bezeichnungen sollen die Beziehung zur Astrologie deutlich machen. Tatsächlich entsprechen die Eigenschaften, die die Chirognomie den einzelnen Fingern zuordnet, genau den astrologischen Bedeutungen der Planeten, deren Namen sie tragen. Natürlich könnte man die Verbindungen zwischen diesen beiden Künsten in ihrer ganzen Komplexität eingehend beschreiben, aber in unserem Fall würde dies zu weit vom Thema wegführen.

Zusammengefaßt läßt sich hier folgendes sagen: Der Daumen symbolisiert die Persönlichkeitssphäre, der Zeigefinger den Bereich des Ehrgeizes, der Mittelfinger den der Gedanken und Bekanntschaften (ihm ist auch der Bereich der Reisen zugeordnet), der Ringfinger verkörpert die Sphäre der Gefühle und des Besitzes, und der kleine Finger repräsentiert die Welt der familiären Beziehungen und des Geschlechtlichen. Bevor wir gründlich jeden Finger einzeln analysieren, behandeln wir die Merkmale, die allen Fingern gemein sind. Es dreht sich hierbei im Grunde um eine nähere Ausführung des bisher Gesagten.

Die Biegsamkeit

Um herauszufinden, bis zu welchem Punkt und wie leicht sich eine Hand biegen läßt, muß man die Fingerspitzen auf eine ebene Fläche legen. Hierbei sollte man stehen, da man im Sitzen das Handgelenk nicht frei bewegen kann. Unter leichtem Druck senken Sie die Hand in einer Kreisbewegung nach unten, bis der Handteller ganz auf der Fläche aufliegt. Eine Hand kann an folgenden Stellen biegsam sein: an den Gelenken zwischen Nagel- und Mittelglied *(a)*; an den Gelenken zwischen Mittel- und Wurzelglied *(b)*; an den untersten Gelenken, den Wurzelgelenken *(c)*. Der letzte Fall verrät eine eher ausgeglichene Persönlichkeit mit gutem Anpassungsvermögen. Die Stärke des Willens ist nicht gerade hervorstechend, aber von Energielosig-

Allegorie der vier Finger in der Chirologie (der Daumen gilt mehr als ein Finger): der Zeigefinger oder Jupiterfinger, der Mittelfinger oder Saturnfinger, der Ringfinger oder Apollo- oder Sonnenfinger, der kleine Finger oder Merkurfinger.

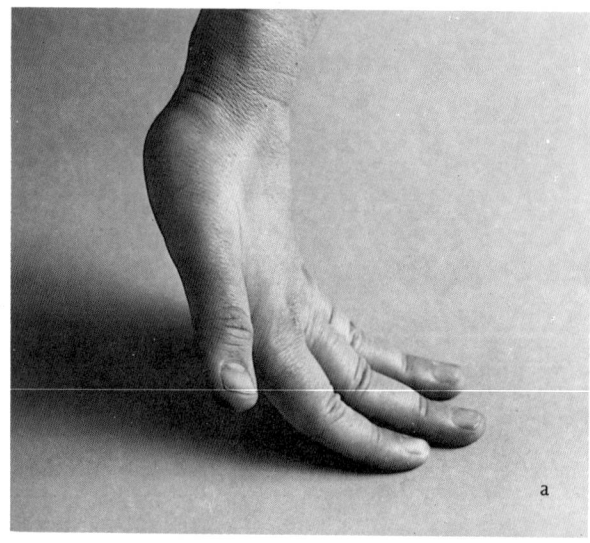

a

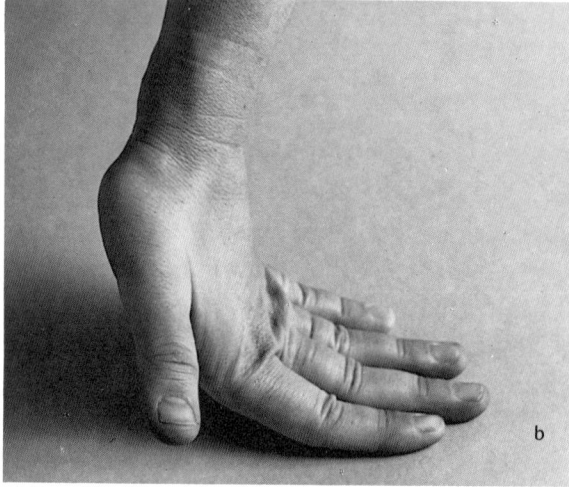

b

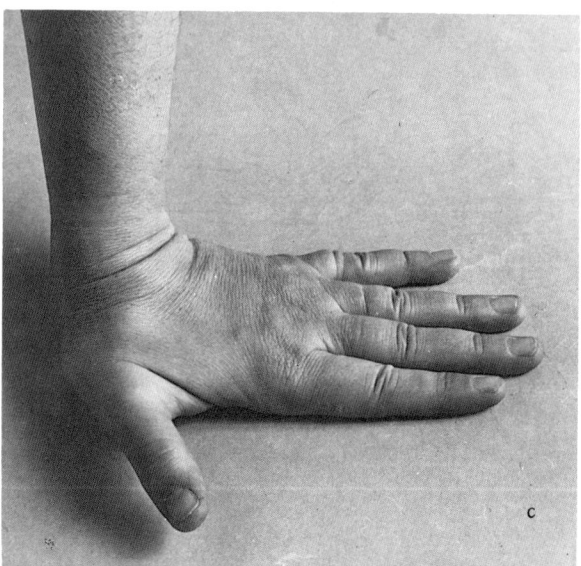

c

keit kann man auch nicht sprechen. Wenn die Flexibilität der Hand ausgesprochen auffällig ist (wie im Fall *b*), haben wir eine Person mit einem ausgeprägten gesunden Menschenverstand vor uns. Bei biegsamen, obersten Gelenken *(a)* darf man mit großer Gewißheit auf einen vorurteilslosen Menschen schließen, der Neuigkeiten gegenüber aufgeschlossen ist und sie auch ausprobiert. Auffallende Gelenkigkeit des Ringfingers offenbart beachtliche künstlerische Neigungen. Die Bedeutung der harten Finger, die gar nicht oder so gut wie gar nicht flexibel sind, haben wir bereits auf den vorangehenden Seiten besprochen.

Die Länge

Die Länge der Finger berechnet man im Verhältnis zum Abstand zwischen Handwurzel und Mittelfingeransatz *(s. Abb. 28, S. 39)*. Von *langen* Fingern spricht man, wenn sie mehr als 80% der Handflächenlänge betragen. Im gegenteiligen Fall nennt man die Finger *kurz*. Diese Maße dürfen aber nicht zu absolut gesehen werden. In Zweifelsfällen hilft eine Betrachtung der gesamten Handkomposition, besonders wenn dabei auch vorher erzielte Erkenntnisse zu Rate gezogen werden. Nach der Feststellung der Länge kommen wir nun zu den Fingerformen *(s. Abb. S. 39)*.

Lange, schlanke Finger (29): Sie sind typisch für Menschen, bei denen die idealistische, phantasievolle, auch oberflächliche Wesensseite die Oberhand über die materiell orientierte, realistische Seite behält.

Lange, dicke Finger (30): Sie verraten einen lebhaften, idealistischen Zug und einen leichten Hang zur Transzendenz und zu poetischer Weltanschauung, wiederum gemildert von einem gewissen Realismus, der die Vorzüge eines materiell abgesicherten, bequemen Lebens verlockend vor Augen führt.

Kurze, dicke Finger (31): Diesen Menschen fehlt jede idealistische Komponente; sie bevorzugen die materiellen Freuden des Lebens wie Komfort und gutes Essen. Wenn sie zu Wohlstand und Reichtum gelangen, werden sie oft zu Kunstsammlern. Nicht nur, weil sie glauben, eine gute Kapitalanlage entdeckt zu haben, sondern weil es sie mit Stolz erfüllt und zugleich Befriedigung schenkt, schöne Dinge zu besitzen.

Kurze, schlanke Finger (32): Diese Menschen eignen sich hervorragend für Schlüsselpositionen in einem Bereich, den sie sich selbst ausgesucht haben. Keine Situation entgleitet ihren Händen, sie sind immer bereit, im fraglichen Moment die Verantwortung zu übernehmen, und sie haben nie Angst davor, sich einer kritischen oder heiklen Situation zu stellen.

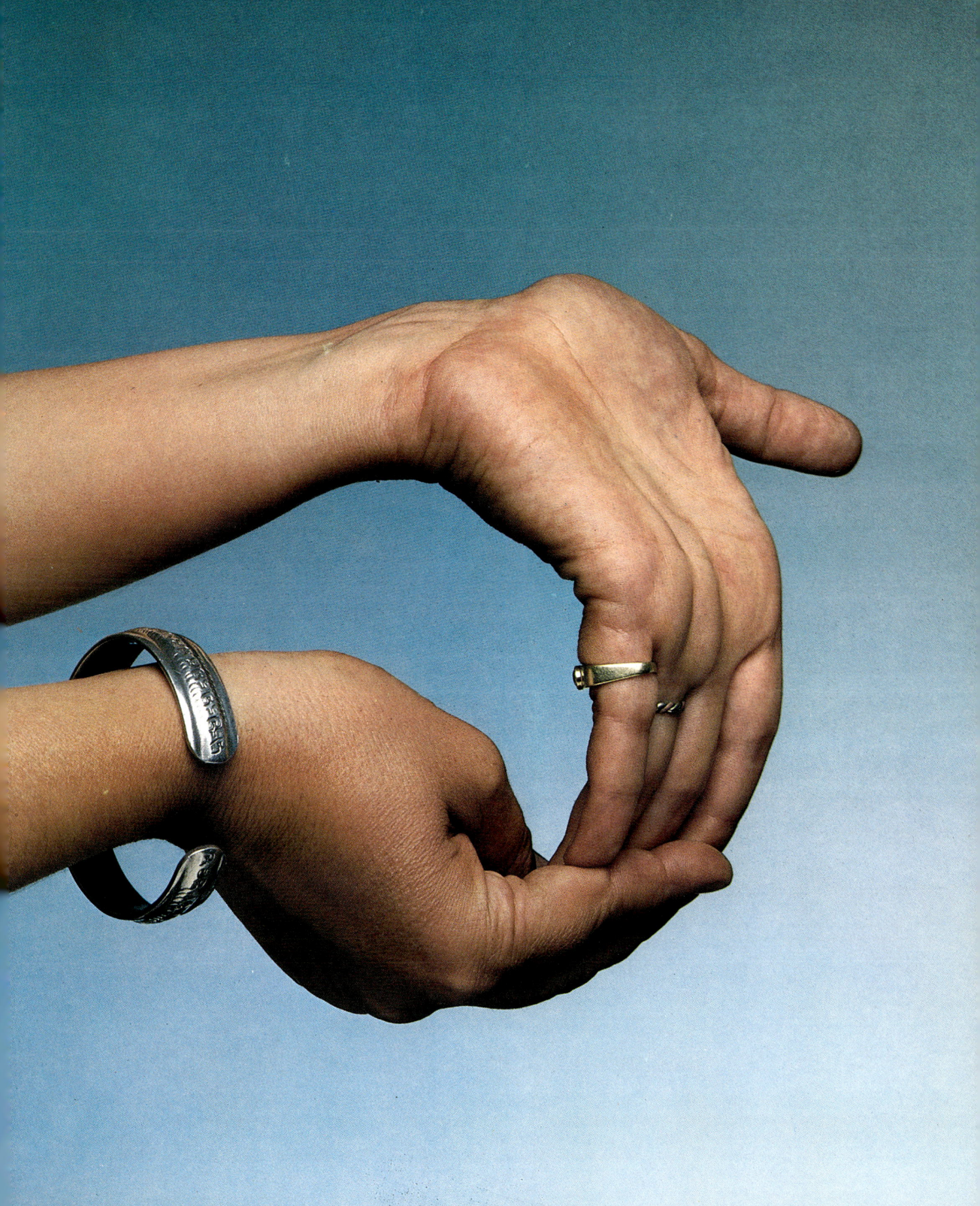

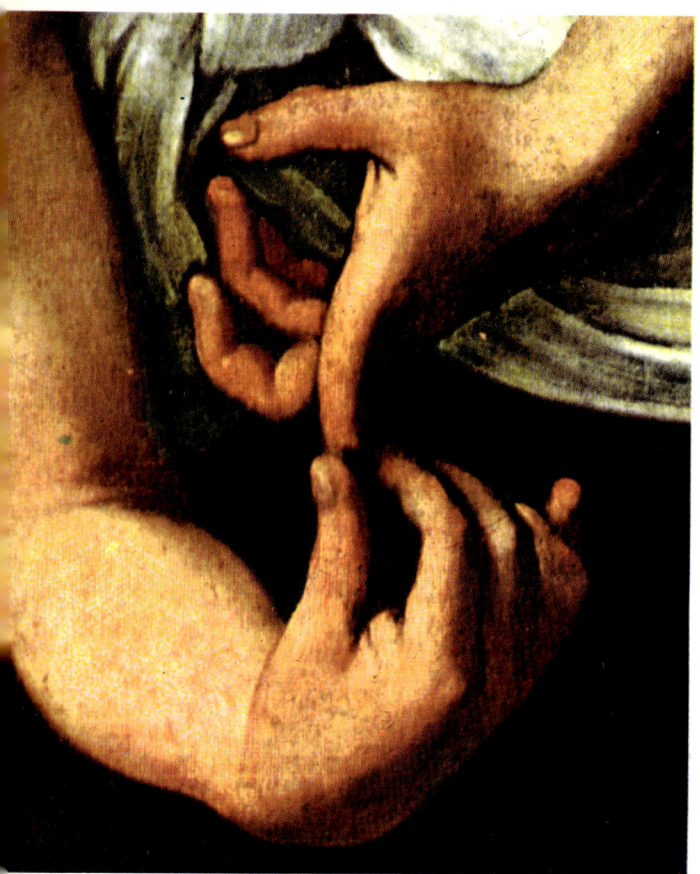

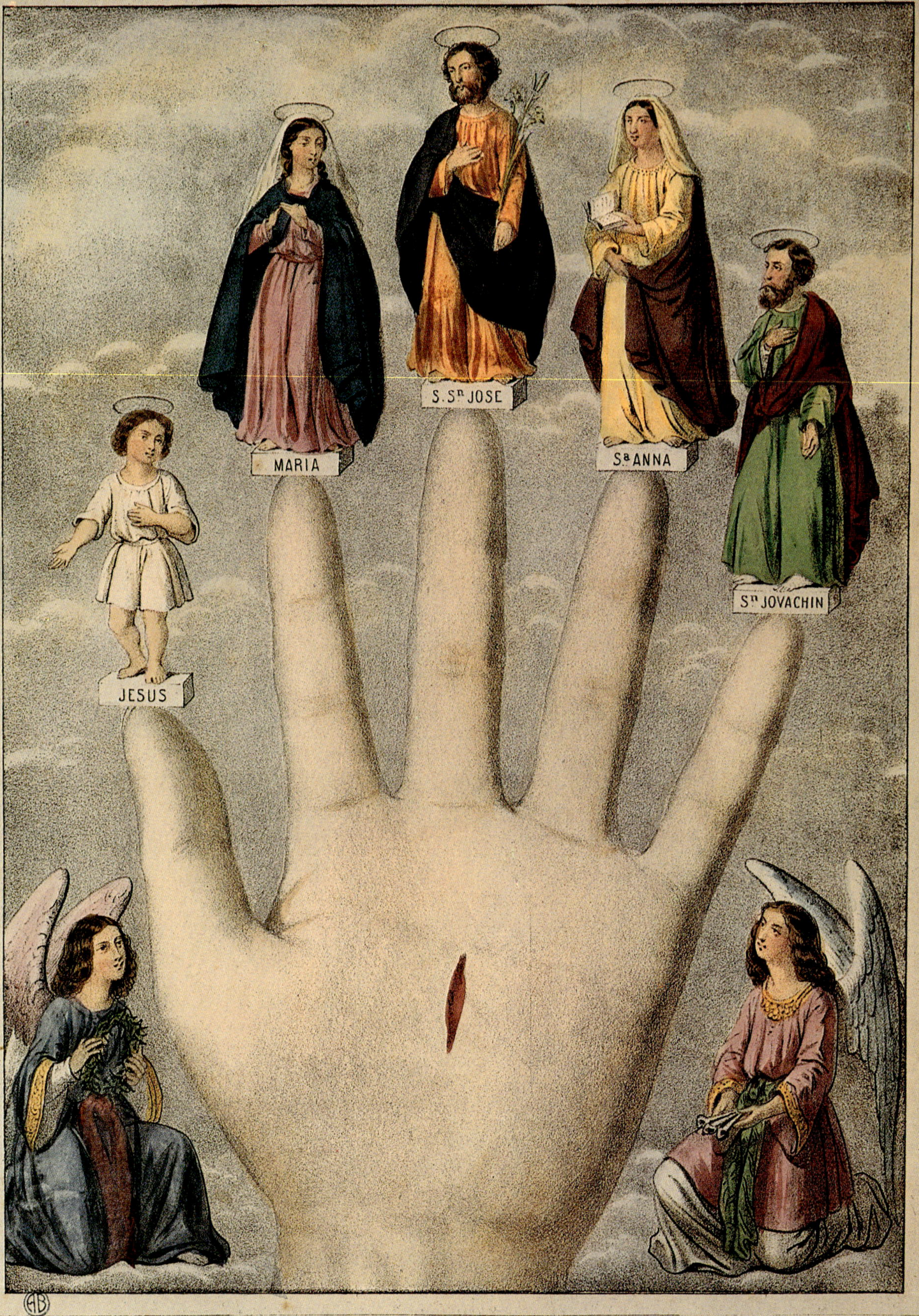

JESUS

MARIA

S. Sn JOSE

Sa ANNA

Sn JOVACHIN

à Paris Agustoni Ve r Sa Jacques, 30.   a Lyon Bernasconi, f e. Cours de Brosse, 12, Guillottere.   Lith. Vayron à Paris

LA MAIN PUISSANTE LA MANO PODEROSA

La Mane Potenta.

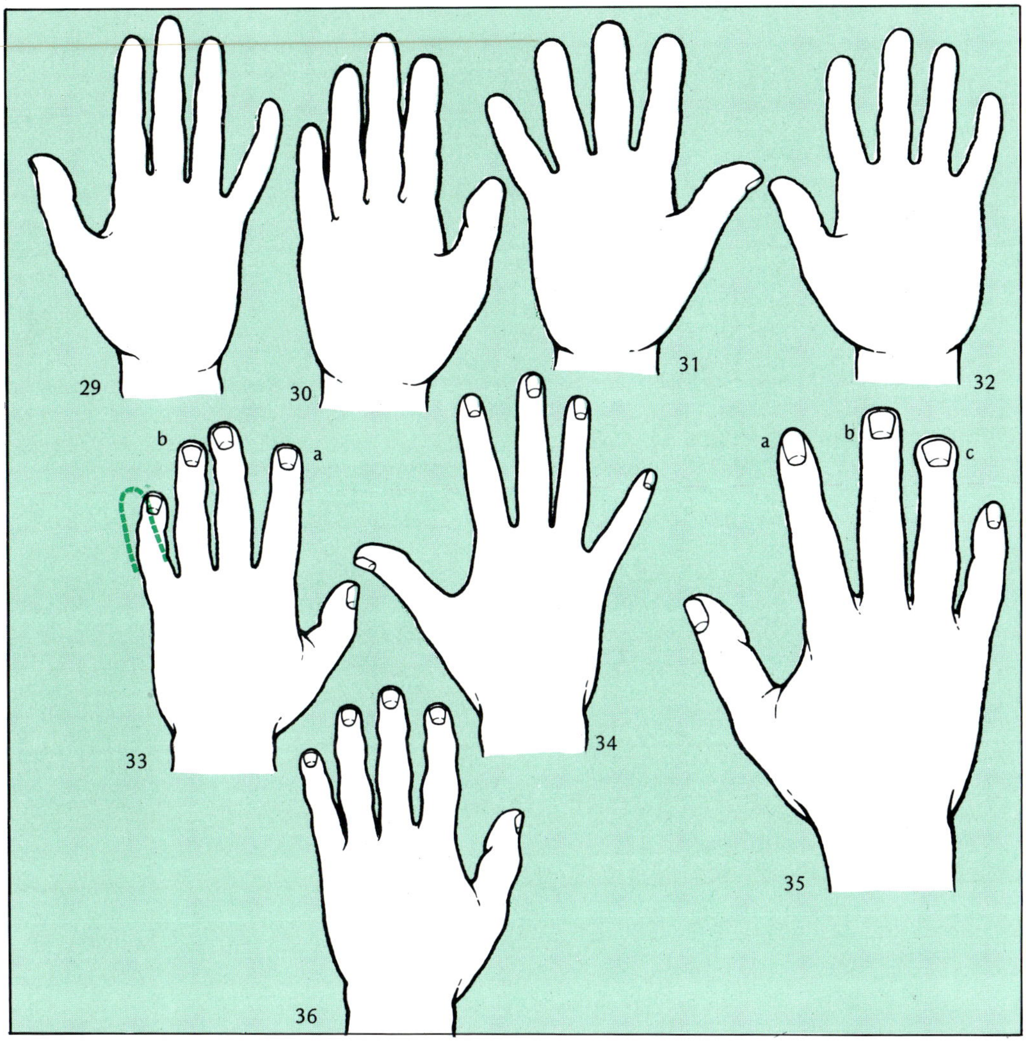

Unten: Die Länge der Finger (28):
Damit sie als lang gelten, muß AB
mehr als 80% von BC betragen.
Wenn AB weniger als 80% von BC
beträgt, gelten die Finger als kurz.

Rechts: Die verschiedenen Finger-
typen: 29 lang und schlank; 30 lang
und dick; 31 kurz und dick; 32 kurz
und schlank; 33 gerade (a) und
krumm (b); 34 glatt; 35 spitz (a),
eckig (b), spatelig (c); 36 knotig.

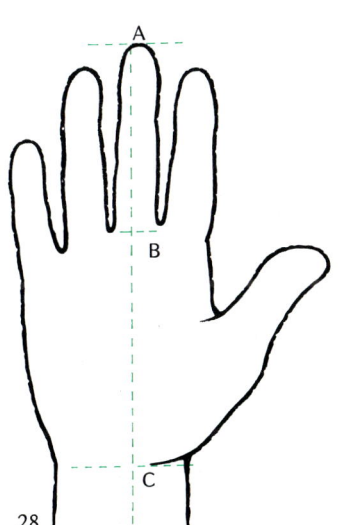

28

Gerade und krumme Finger (33): Hier kann man grundsätzlich davon ausgehen, daß Menschen mit *geraden* Fingern in dem Leben, für das sie sich entschieden haben, Befriedigung finden. Sie haben eine gute Meinung von sich selbst und sehen keine besonderen Sorgen oder näher bestimmbare Gefahren auf sich zukommen. Bei *krummen* Fingern hingegen kann man mit Widrigkeiten und kurzfristigen Komplikationen rechnen, deren Natur von Finger zu Finger variiert, aber damit werden wir uns später ausführlicher beschäftigen.

Finger können auch nach einem anderen Charakteristikum unterschieden werden: Sie können *glatt* oder *knotig* sein.

Glatte Finger (34): Diese Finger gehören zu Menschen, die im Nu das Wesentliche jeder Situation erfassen und die die Begabung haben, scheinbar nicht zusammengehörende Elemente zusammenzufügen und so Mechanismen einer Beziehung oder eines Problems zu erkennen. Diese Personen zeichnen sich eher durch Intuition als durch logisches Denkvermögen aus. Sie sind sehr künstlerisch veranlagt, auch wenn sie keinen entsprechenden Beruf ausüben sollten. Hierunter fallen viele Menschen, die keine besondere Ausbildung, aber große Begabungen haben. Ausschlaggebend ist in solchen Fällen die Form der Fingerenden. Läuft der Finger *spitz* zu (s. Abb. 35a), so ist der Mensch bereit, sich aus Faulheit den Situationen, die von außen an ihn herangetragen werden, zu unterwerfen. Ist die Fingerspitze jedoch eher *eckig* (s. Abb. 35b), so sind praktische Veranlagung und Vernunft stärker ausgebildet. Ein *spatelförmiges* Fingerende (s. Abb. 35c) spricht von einem besonders schöpferischen Geist.

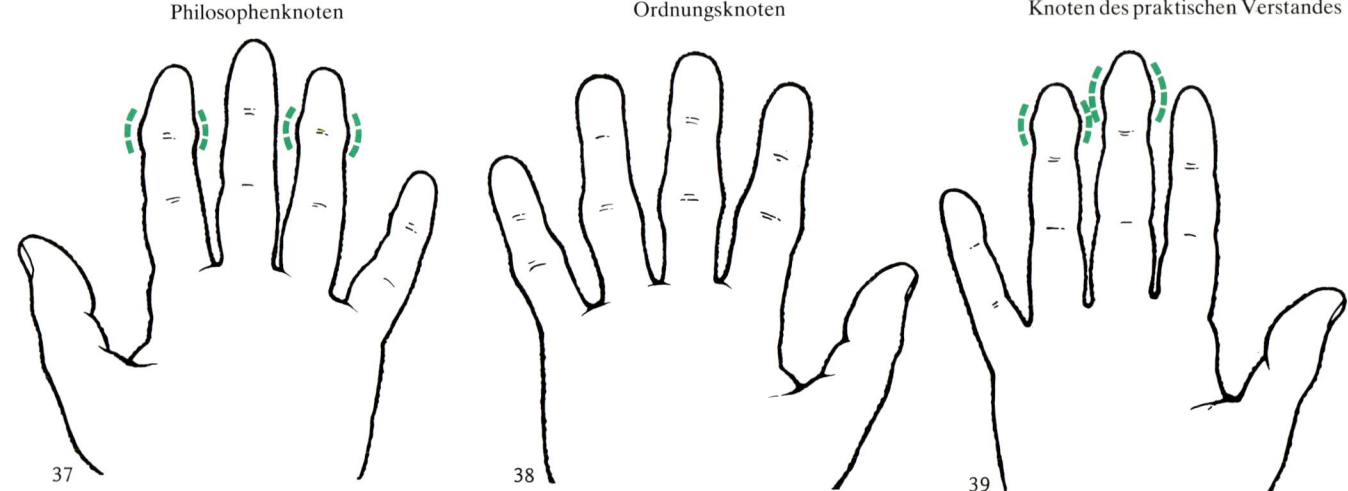

Die Knoten der Finger:
37 Philosophenknoten;
38 Ordnungsknoten, in der Höhe
des Gelenks zwischen Mittel- und
Wurzelglied; 39 Knoten des prak-
tischen Verstandes.

Die Knoten

Das Auftreten von Knoten an den Fingern – normalerweise bilden sie sich an den Gelenken – deutet auf einen Hang zur Nachdenklichkeit und zur Vorsicht hin, Gegebenheiten werden sorgfältig geprüft.

So ist es nicht weiter verwunderlich, daß die Knoten bevorzugt bei reifen oder älteren Menschen auftreten. Bei Kindern oder jungen Erwachsenen sind sie verhältnismäßig selten anzutreffen. Wenn nicht alle Finger der Hand Knoten tragen, muß man jedem einzelnen Knoten – Finger für Finger – Beachtung schenken, da jede Lageveränderung eine Bedeutungsveränderung mit sich bringt. Man unterscheidet drei Arten von *Knoten:*

Der Philosophenknoten (37): Dieser Knoten sitzt am obersten Gelenk, d.h. zwischen Nagel- und Mittelglied. Die betreffenden Personen neigen meist zur Kleinlichkeit; Details werden minutiös genau untersucht. Der Ursprung für dieses Verhalten ist in einem mißtrauischen Geist zu sehen, der alles Neue erst argwöhnisch beäugt, ganz gleich, ob es sich um etwas Praktisches oder Ideelles handelt. Tief verankerte Überzeugungen machen es schwer, einen solchen Menschen zu einer anderen Ansicht zu bewegen. Befindet sich der Philosophenknoten sogar am Zeigefinger, so enthüllt er eine Persönlichkeit, die jedem tiefes Mißtrauen entgegenbringt, selbst den Freunden, denen sie gefühlsmäßig zugetan ist.

Der Ordnungsknoten (38): Von diesem besonderen Knoten kann das Gelenk zwischen Mittel- und Wurzelglied gezeichnet sein. Er deutet auf Menschen hin, die klares, diszipliniertes Denken, scharfen Verstand und ein ausgezeichne-

tes, zuweilen sogar fotografisches Gedächtnis ihr eigen nennen. Achtung, das gilt auch für Menschen, deren äußere Erscheinung und Lebensart einen ganz und gar nicht ordentlichen Eindruck hinterlassen!

Der Knoten des praktischen Verstandes (39): Dieser Knoten ist seltener. Er befindet sich knapp unterhalb der Fingerspitze, d.h. zwischen Fingerspitze und oberstem Fingergelenk. Unabhängig davon, welche Handform wir vor uns haben, betont dieser Knoten den Sinn fürs Zweckmäßige und Praktische. In manchen Fällen ist er sogar ein Anzeichen für einen wertvollen technischen Erfindungsgeist.

Die Fingerspitzen

Wenn eine möglichst umfassende Handschau gewährleistet sein soll, so muß man sich mit der Bedeutung auseinandersetzen, die die Chirognomie den Fingerspitzen zuschreibt. Wie schon erwähnt, können die Finger *spitz, konisch, eckig* und *spatelig* sein.

Spitze Finger (40): Dieser Fingerspitzentyp bildet den natürlichen Abschluß zu langen, schlanken Fingern. Er betont die feinsinnigen, vergeistigten Tendenzen, und da er dem Menschen auch eine Spur Oberflächlichkeit verleiht, wird der Sinn fürs Praktische noch weiter geschmälert. Erweist sich die Hand außerdem als weich und wenig widerstandsfähig, mit einem schwachen Daumen und einer eher weißen Hautfarbe, so deutet das Gesamtbild auf chronische Krankheiten, vor allem auf Rheuma- und Herzleiden, hin.

Konische Finger (41): Dieser Fall liegt vor, wenn das Fingerende konisch-stumpf zuläuft, also wenn der Finger an der Nagelwurzel etwas weniger breit ist als an der Spitze, die eine leicht abgerundete Form hat. Dies ist ein sehr positives Zeichen. Dieser Mensch verfügt nicht nur über eine lebhafte Intelligenz und einen scharfen, kritischen Verstand, sondern auch über einen ungewöhnlich ausgeprägten Sinn für Humor. Diese konische Fingerform findet sich häufig bei Selbständigen, Führungskräften und Handwerkern mit künstlerischen Anlagen. Einer ihrer wesentlichen Charakterzüge ist die hohe Empfänglichkeit für Kunst, vor allem für Musik und Malerei. Sie sind kultivierte und idealistische Geschöpfe, die jedoch auf die Annehmlichkeiten, die das Leben bieten kann, nicht verzichten möchten und durchaus auch einmal zupacken können.

Mit Künstlern, denen sie in vielen ihrer Wesenszüge ähneln, verbindet sie oft die nonkonformistische Haltung und die Unduldsamkeit zwanghaften Wiederholungen und bürokratischer Mentalität gegenüber.

Die Form der Fingerenden: 40 *spitz,* 41 *konisch,* 42 *eckig,* 43 *spatelig,* 44 *gemischt,* 45 *der »Wassertropfen«.*

Eckige Finger (42): Man bezeichnet Finger als *eckig,* wenn das Fingerende bei kurzgeschnittenem Nagel ein präzises Viereck beschreibt. In diesem Fall stehen wir einem Menschen gegenüber, den die Natur vorrangig mit gesundem Menschenverstand und praktischer Veranlagung ausgestattet hat. Er ist diszipliniert und erwartet dieses Verhalten auch von anderen. Sein Bedürfnis nach Sicherheit und Beständigkeit ist groß. Er geht zwar methodisch, aber nicht unbedingt monoton vor. Ordnungsliebe und Organisationstalent sind ihm angeboren, außerdem steht ihm eine exakte Ausdrucksweise zu Gebot. Ist der eckige Finger von einem gut sichtbaren Marsberg begleitet – sei es vom Kleinen Marsberg (Zeichen für die Bereitschaft, sich körperlich einzusetzen) oder vom Großen Marsberg (Zeichen für Charakterstärke) –, so ist dieser Mensch im Notfall fähig, die Forderungen nach Freiheit und Rechten der Gesellschaft, dessen Mitglied er ist, zu seinen eigenen zu machen und sich bis zur Selbstaufgabe für ih-

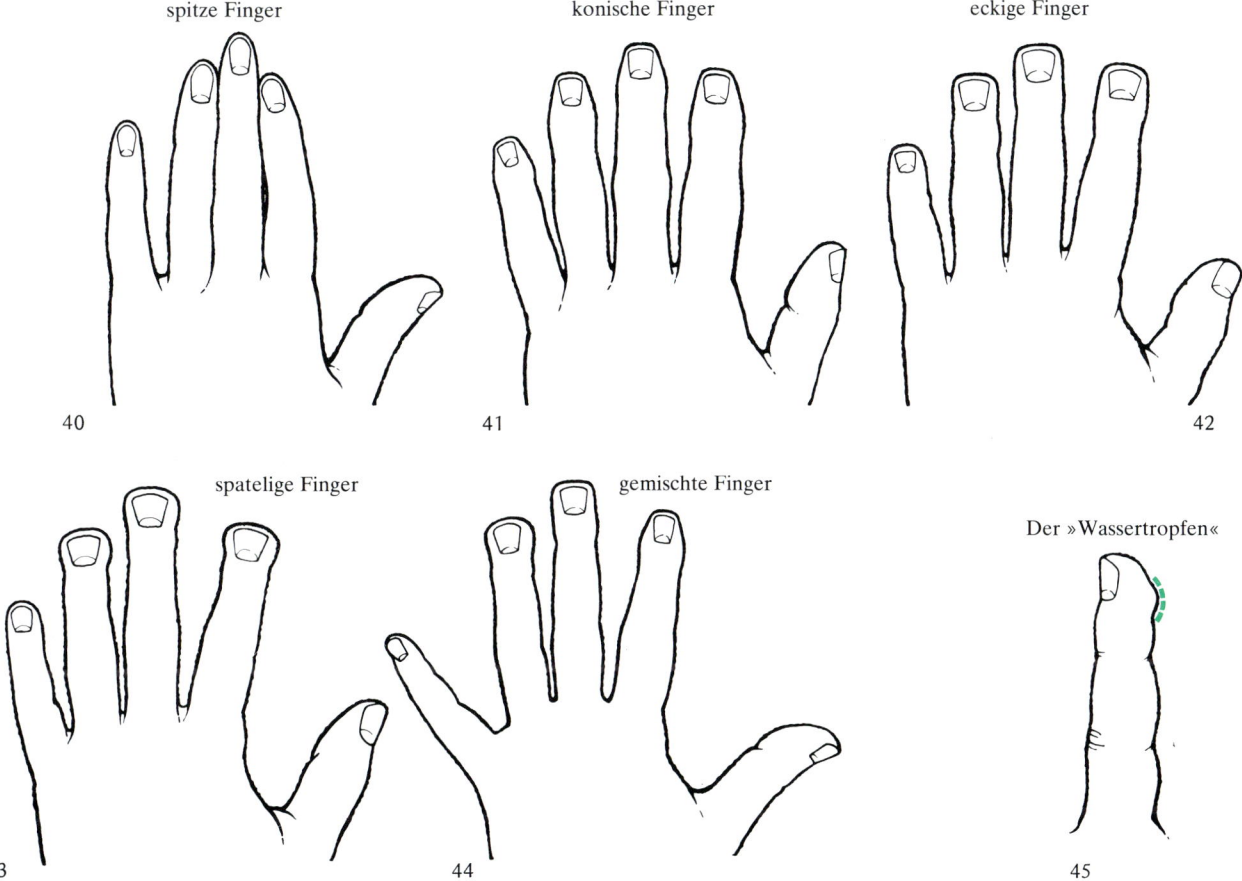

spitze Finger

konische Finger

eckige Finger

40

41

42

spatelige Finger

gemischte Finger

Der »Wassertropfen«

43

44

45

re Erfüllung einzusetzen. Als Verwalter sind diese Menschen üblicherweise tüchtig und verläßlich.

Spatelige Finger (S. 41, Abb. 43): Die Spitze des Fingers ist breiter als sein oberstes Gelenk. Auf diesen Fingertyp stößt man bei Personen, die vor Aktivität überschäumen und ständig nach neuen Aufgaben suchen. Reisen bereiten diesen Menschen nie Probleme, auch fortlaufende Umstellung scheint sie nicht zu ermüden. Gewöhnlich beginnen sie bereits ein neues Vorhaben, bevor noch das alte abgeschlossen ist. Sie haben nicht die Geduld, ein kommendes Ereignis abzuwarten. Lieber greifen sie den Sachen vor, versuchen den Lauf der Dinge abzuschät-

zen und gegebenenfalls auf sie einzuwirken. Ihre Vorhaben gelingen ihnen nicht immer, aber darin sehen sie keinen Anlaß, ihr Verhalten zu ändern. In Fällen, in denen diese Charakterzüge extrem ausgeprägt sind, stellen sie für den betroffenen Menschen und seine Umgebung eine Gefahr dar, da die Vorliebe für das Unbekannte und das Gefährliche dazu verleitet, das Schicksal herauszufordern und z. B. das Glück leichtsinnig häufig am Spieltisch winken zu sehen.

Gemischte Finger (S. 41, Abb. 44): Hände mit unterschiedlich geformten Fingerspitzen lassen sich nicht leicht dem einen oder anderen hier beschriebenen Fingertyp zuordnen. Aber es ist leicht ersichtlich, daß es sich hierbei um Menschen mit vielfältigen Neigungen handelt, was aber nicht unbedingt zu einem inneren Konflikt führen muß. Wir können in der Mehrheit der Fälle davon ausgehen, daß ein Defizit an Spezialisierung vorliegt, zum Teil aus zu großer Vielseitigkeit, zum Teil aus Abneigung dagegen, auf ein einziges Gebiet beschränkt zu sein. Diese Menschen können ihre Berufswahl häufig vom Zufall oder von äußeren Umständen abhängig machen. Aufgrund ihrer anpassungsfähigen Natur tun sie sich besonders in solchen Aktivitäten hervor, bei denen sie mit anderen Menschen zusammenkommen und ihre natürliche Begabung zur Einschätzung fremder Charaktere einsetzen können, sei es als Handelsvertreter oder als Diplomat. Bei solchen Menschen ist ein sehr eingehendes Studium weiterer Handzeichen erforderlich, um mit größter Genauigkeit nützliche Tendenzen ausfindig zu machen.

Der Wassertropfen

Bevor wir diese Untersuchung abschließen, die sich allein mit dem Nagelglied befaßt hat, sollten wir noch ein relativ seltenes, aber ziemlich interessantes Merkmal erörtern. Es befindet sich an der dem Nagel abgewandten Seite des Fingers, an der *Fingerbeere.* Im Normalfall hat die Fingerbeere eine glatte, leicht gewölbte Form, aber manchmal bildet sie eine Art kleiner Höcker, der, von der Seite gesehen, einem Wassertropfen gleicht. Diesem verdankt er auch seinen Namen in der Chirognomie *(s. S. 41, Abb. 45).* Dieser *Wassertropfen* ist Kennzeichen für einen außergewöhnlich sensiblen Tastsinn. Wer dieses Merkmal besitzt, kann aus der Berührung mit einem Objekt sehr viel genauere Informationen beziehen als es normalerweise beim Betasten möglich ist. In manchen Fällen können diese Menschen sogar die Echtheit eines antiken Stückes fühlend überprüfen; ist es noch dazu aus Holz, so vermögen sie häufig nur durch Tasten zu erahnen, aus welcher Zeit es stammt.

Rechts: Hand, die die Gebote des Islam symbolisiert (Glaubensbekenntnis, Gebet, Pilgerfahrt, Fasten und Barmherzigkeit), in einen Eingangsbogen der Alhambra in Granada gemeißelt.

Ganz rechts und Seite 44: Handgesten aus einer chiromantischen Abhandlung von John Bulwer.

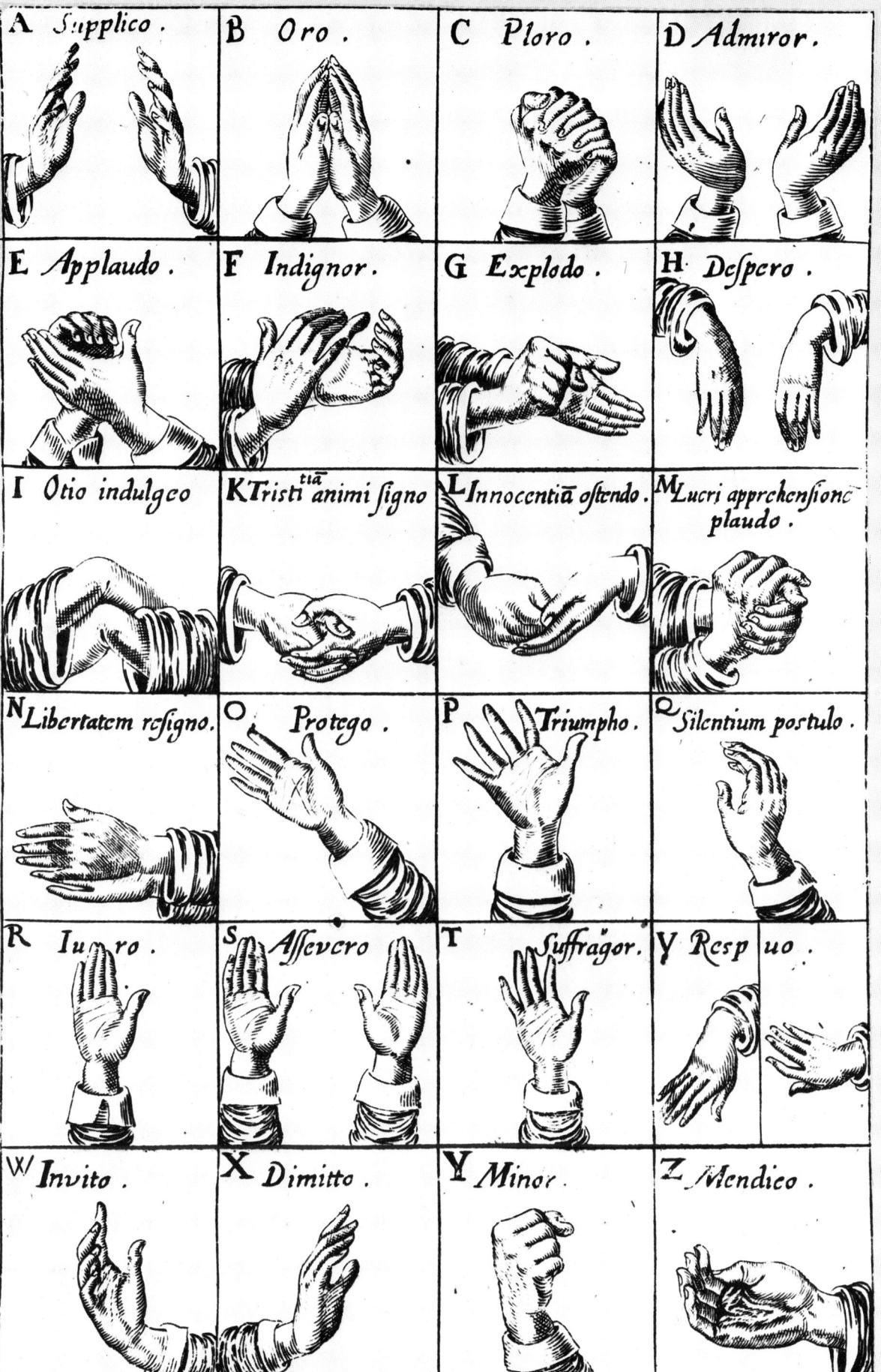

A Supplico. B Oro. C Ploro. D Admiror.

E Applaudo. F Indignor. G Explodo. H Despero.

I Otio indulgeo K Tristi͡a animi signo L Innocentiã ostendo. M Lucri apprehensione plaudo.

N Libertatem resigno. O Protego. P Triumpho. Q Silentium postulo.

R Iuṛro. S Assevero T Suffragor. Y Resp uo.

W Invito. X Dimitto. Y Minor. Z Mendico.

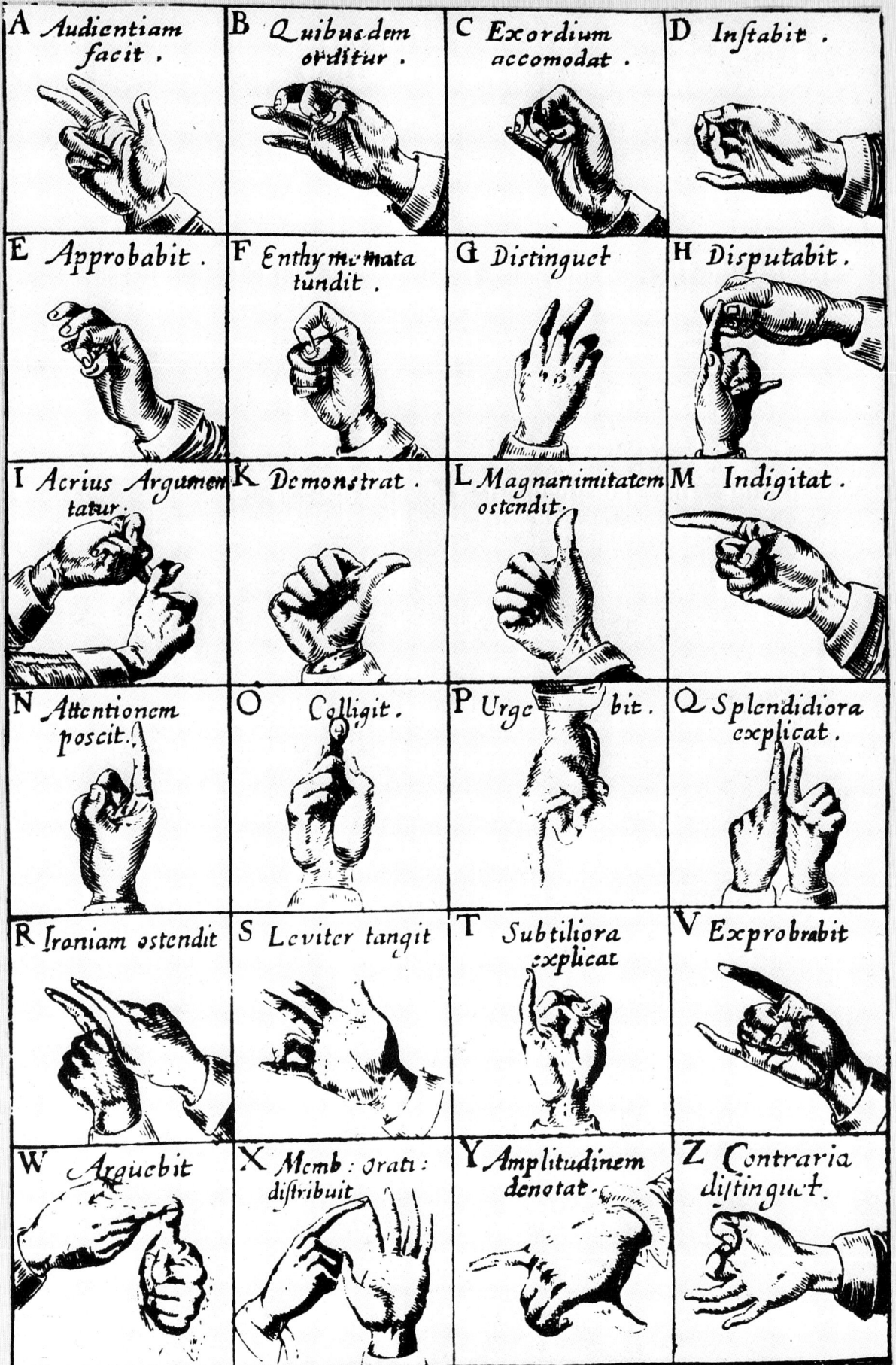

A Audientiam facit.
B Quibusdem orditur.
C Exordium accomodat.
D Instabit.
E Approbabit.
F Enthymemata tundit.
G Distinguet
H Disputabit.
I Acrius Argumentatur.
K Demonstrat.
L Magnanimitatem ostendit.
M Indigitat.
N Attentionem poscit.
O Colligit.
P Urgebit.
Q Splendidiora explicat.
R Ironiam ostendit
S Leviter tangit
T Subtiliora explicat
V Exprobrabit
W Arguebit
X Memb: orati: distribuit
Y Amplitudinem denotat.
Z Contraria distinguet.

Der Daumen

Das bisher erworbene Wissen wird nun in bezug auf jeden einzelnen Finger angewandt, und da jeder der Finger mit seinen Eigenheiten neue Elemente und neue Erkenntnisse beiträgt, vervollständigt sich das chirologische Gesamtbild allmählich.

Es geht um den Finger, dem wir Fluch und Segen der technischen Errungenschaften verdanken. Die besondere Position des Daumens, seine Eigenständigkeit gegenüber den anderen Fingern, die wichtigen Anhaltspunkte, die er zu geben vermag, all dies hat ihn nicht nur in der Chiromantie in den Mittelpunkt des Interesses gestellt.

Isaac Newton schrieb einmal, mangels anderer Beweise genüge ihm der Daumen als Gottesbeweis. Und nach Adrien Desbarolles, dem großen französischen Chiromanten des ausgehenden 19. Jahrhunderts, soll das Lebensfluidum vor allem durch den Daumen aufgesogen werden. Von allen Fingern der Hand besitzt der Daumen eine besonders auffallende Selbständigkeit und Persönlichkeit. Höchst interessante und grundlegend wichtige Informationen lassen sich aus seiner Beweglichkeit und seiner »Lebhaftigkeit« entnehmen. Diese Interpretationen sind die am wenigsten umstrittenen. Die Bedeutsamkeit des Daumens ist schon immer anerkannt worden, von Chirologen der verschiedensten Jahrhunderte, der verschiedensten Länder und der verschiedensten Richtungen. Einige indische Chirosophen und eine breite Strömung der chinesischen Chiromantie berufen sich bei der Handdeutung sogar fast ausschließlich auf den Daumen!

Plastisch vor Augen geführt wird die besondere Rolle des Daumens, die er bei der Bestimmung der individuellen Persönlichkeit spielt, von der Tatsache, daß ein Neugeborenes, das noch keine Persönlichkeit besitzt, den Daumen in der Hand versteckt hält. Diese Geste läßt sich ansonsten nur bei Menschen beobachten, die ihre intellektuelle Entwicklung noch nicht abgeschlossen haben. Und des öfteren ist dies auch die Daumenhaltung von Sterbenden.

Doch betrachten wir nun den Daumen aus anatomischer Sicht *(46)*. Er besteht aus zwei äußeren Gliedern und einem dritten, das in den Handrumpf integriert ist und in den Venusberg übergeht. Das oberste, also das Nagelglied, symbolisiert den Willen des Menschen, seinen Unternehmungsgeist und seine Intuition. Das mittlere Glied gibt Auskunft über das logische Denkvermögen und die Urteilsfähigkeit. Das Wurzelglied schließlich informiert uns über die Lebenskraft und die sexuelle Energie. Ein einziger aufmerksamer Blick auf den Daumen genügt einem Chiromanten, um sich bereits ein Bild von der betreffenden Person zu machen.

Auch der Winkel, unter dem sich die beiden äußeren Glieder des Daumens in den Handteller einfügen, kann weitere Auskünfte geben *(47)*. Im Normalfall läßt sich der Daumen bis zu einem 90°-Winkel vom Zeigefinger abspreizen. Dies kennzeichnet einen Menschen, der von der Gültigkeit seiner eigenen Vorstellungen überzeugt ist und sich nicht zu leicht von den Meinungen

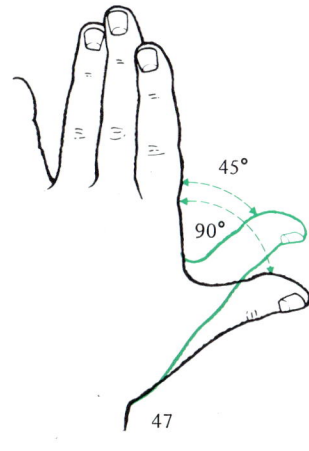

46

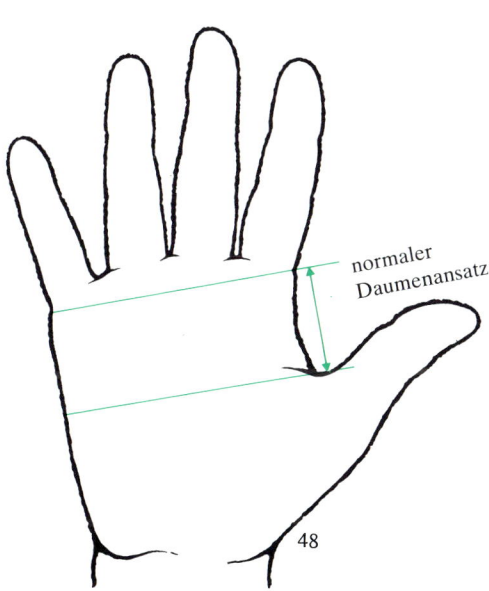

normaler Daumenansatz

48

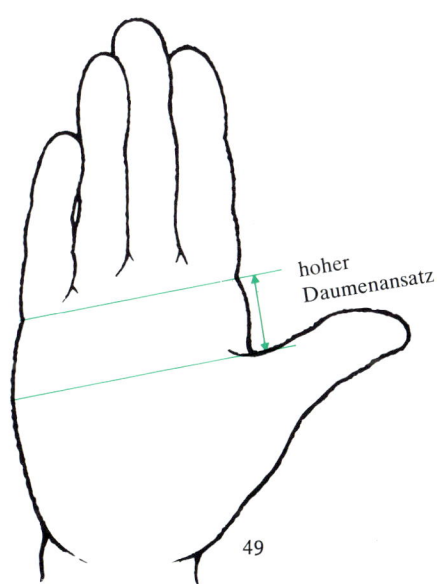

hoher Daumenansatz

49

Der Daumen: 46 seine Glieder, 47 seine Biegsamkeit in Abhängigkeit vom Abspreizwinkel, 48 normaler Daumenansatz, 49 hoher Daumenansatz in der Nähe des Zeigefingers.

Biegsamkeit des Daumens (50):
a *impulsiver Daumen,* b *steifer Daumen,* c *biegsamer Daumen,*
51 *an den Gelenken steifer Daumen.*

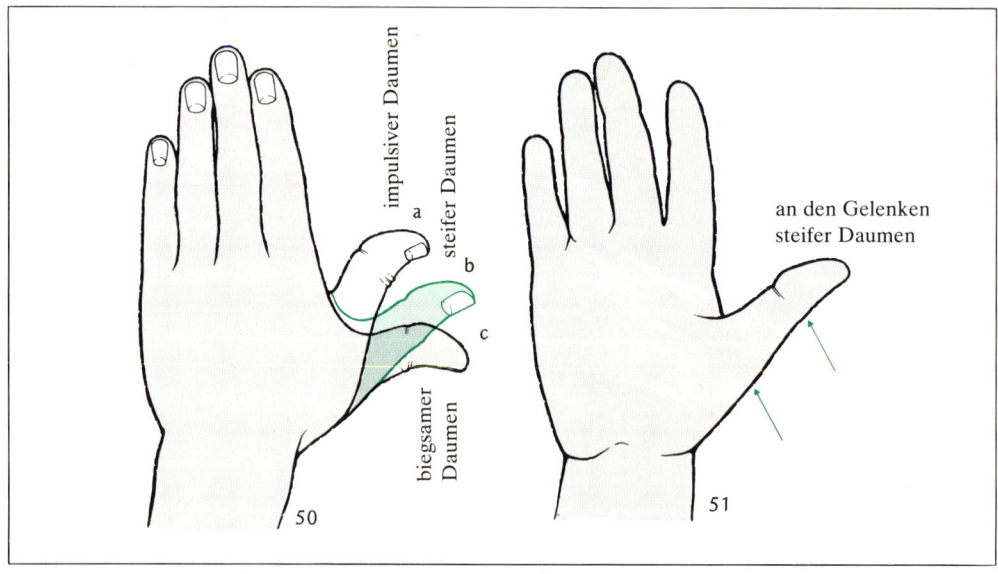

impulsiver Daumen

steifer Daumen

biegsamer Daumen

an den Gelenken steifer Daumen

50

51

anderer beeinflussen läßt. Ein solcher Charakterzug kann ein zweischneidiges Schwert sein, weil sich das Verhalten des Betreffenden nur nach seinen eigenen momentanen Vorstellungen richtet, ohne dabei immer nach ihrem moralischen Wert zu fragen.

Beträgt der Abspreizwinkel des Daumens jedoch weniger als 90°, so handelt es sich um besonders leicht beeinflußbare Menschen, die sich von den rhetorischen Fähigkeiten eines Gesprächspartners stark beeindrucken lassen. Die Großherzigkeit und der Wagemut dieser Menschen führen schnell dazu, daß sie sich von Personen mit schlechten Absichten auf Abwege bringen lassen.

In diesen Zusammenhang gehört noch ein anderer Aspekt des Daumenansatzes, und zwar die Entfernung zwischen Daumen- und Zeigefingeransatz. Sie kann mehr oder weniger groß sein. Ein tiefer Daumenansatz *(s. S. 45, Abb. 48)* führt unweigerlich zur Bildung eines weiten, offenen Handtellers. In diesem Fall werden die für die breite Hand *(s. S. 29)* gültigen Eigenschaften von der Fähigkeit bzw. Neigung ergänzt, anderen die eigene Weltanschauung mitzuteilen, ganz gleich welche Kunstform (das Wort, die Malerei, die Musik oder die Literatur etc.) einem zur Verfügung steht. Liegt der Ansatz des Daumenmittelglieds sehr nah am Jupiterberg *(s. S. 45, Abb. 49)*, so ist das ein Zeichen für Egoismus oder sogar Egozentrik.

Auch die Beweglichkeit darf man bei der Beurteilung des Daumens nicht außer acht lassen, d.h. seine Fähigkeit, sich im Kreis zu bewegen und sich vor- und zurückzubiegen. Ist die Beweglichkeit eingeschränkt, der Daumen eher steif

(50), so zeichnet sich der Mensch durch einen starken Willen, aber auch durch wenig Skrupel aus. Ist das Gelenk zwischen erstem und mittlerem Daumenglied bei der Kreisbewegung auffällig beweglich, so haben wir einen Menschen vor uns, der dazu neigt, leicht aufzugeben und der aus Bequemlichkeit bereit ist, die leichteren Wege einzuschlagen, unter der vorgeschobenen Entschuldigung, er wolle seinen Mitmenschen keine Unannehmlichkeiten bereiten. Sind hingegen beide Gelenke des Daumens hart und steif *(51)*, so haben wir es mit einem eher konservativen Charakter zu tun, der viel Zeit braucht, um (selbst nützliche!) Neuerungen zu akzeptieren. Ansonsten sind solche Menschen erstaunlich zäh, was die Ausführung der eigenen Vorhaben angeht.

Jetzt wollen wir uns der Frage zuwenden, wie man die *Länge* des Daumens bestimmen kann und in welchem Längenverhältnis die beiden Daumenglieder zueinander stehen. Die gebräuchlichste Theorie über die richtige Länge des Daumens und sein im Verhältnis zu den anderen Fingern harmonisches Maß postuliert, daß er gleich lang oder zumindest fast gleichlang wie der kleine Finger sein sollte *(52)*. Der Daumen wird also als *lang* oder *kurz* bezeichnet, je nachdem, ob er dieses Maß über- oder unterschreitet.

Ein langer Daumen *(53)* verstärkt die Nachteile oder Fehler, die schon bei den früheren, an den Fingern vorgenommenen Prüfungen zutage traten. Ein kurzer Daumen *(54)* deutet immer auf eine unfertige Persönlichkeit hin, auf einen Menschen, der nicht mit dem eigenen Kopf denken will und dessen Schlußfolgerungen stets we-

Die Länge des Daumens:
52 *ideale Länge* (AB = CD);
53 *langer Daumen;* 54 *kurzer
Daumen;* 55 *Daumen, bei dem
Nagelglied (CD) und Mittelglied
(AB) gleich lang sind;*
56 *Daumen, bei dem das Nagelglied
(CD) länger ist als das mittlere
Glied (AB);* 57 *Daumen, bei dem
das Nagelglied (CD) kürzer ist als
das Mittelglied (AB).*

nig vertrauenswürdig und zu allgemein ausfallen. Doch das wird uns später anläßlich des Daumenendes beschäftigen. Über das Verhältnis der beiden äußeren Daumenglieder zueinander ist viel zu sagen; die Betrachtung des Daumens ist der Schlüssel zur Deutung der Persönlichkeit. Wie schon gesagt, das Nagelglied steht in Beziehung zum Willen, das Mittelglied in Beziehung zum Verstand. Sind die beiden Glieder gleich lang *(55)*, was recht häufig vorkommt, so ist der Mensch eher ausgeglichen. Vorhaben und Kraft zu ihrer Realisierung, Wünsche und Möglichkeiten, Unternehmungen und Energien stehen in einem gesunden Verhältnis zueinander. Die Aussicht auf Erfolg ist groß. Der besonders bei den romanischen Völkern seltenere Fall, nämlich ein im Verhältnis zum Mittelglied langes Nagelglied *(56)*, ist Hinweis auf einen gefährlichen Grad an autoritärer Gesinnung. Von logischer Überlegung hält dieser Mensch nicht viel, seine Entscheidungen sind fast immer von der Intuition diktiert. Wenn jedoch das mittlere Glied des Daumens merklich länger ist als das

Nagelglied *(57)*, dann ist in diesem Menschen der Drang nachzudenken sehr stark. Nicht Unsicherheit, sondern ausgeprägter Perfektionismus nährt dieses Bedürfnis zu ständigem Grübeln.

Im folgenden werden wir sehen, in welcher Hinsicht sich die Bedeutung dieser allgemein gehaltenen Merkmale verändert, wenn die Form des Daumens in die Deutung miteinbezogen wird. Wie alle anderen Finger kann der Daumen verschiedenen Erscheinungstypen angehören *(s. Abb. S. 48)*.

Schlanker Daumen (58a): Die Fingerspitze läuft mit dem kurzgeschnittenen Nagel aus; dieser Mensch richtet sein Fähnchen gerne nach dem Wind.

Spitzer Daumen (58b): Wer einen solchen Daumen besitzt, weiß den richtigen Zeitpunkt intuitiv zu nutzen und diplomatisch vorzugehen.

Konischer Daumen (58c): Nur wenn die konische Form sehr ausgeprägt ist, deutet dieses Daumenende auf mangelnde Willenskraft hin, ansonsten hat es keine Aussagekraft.

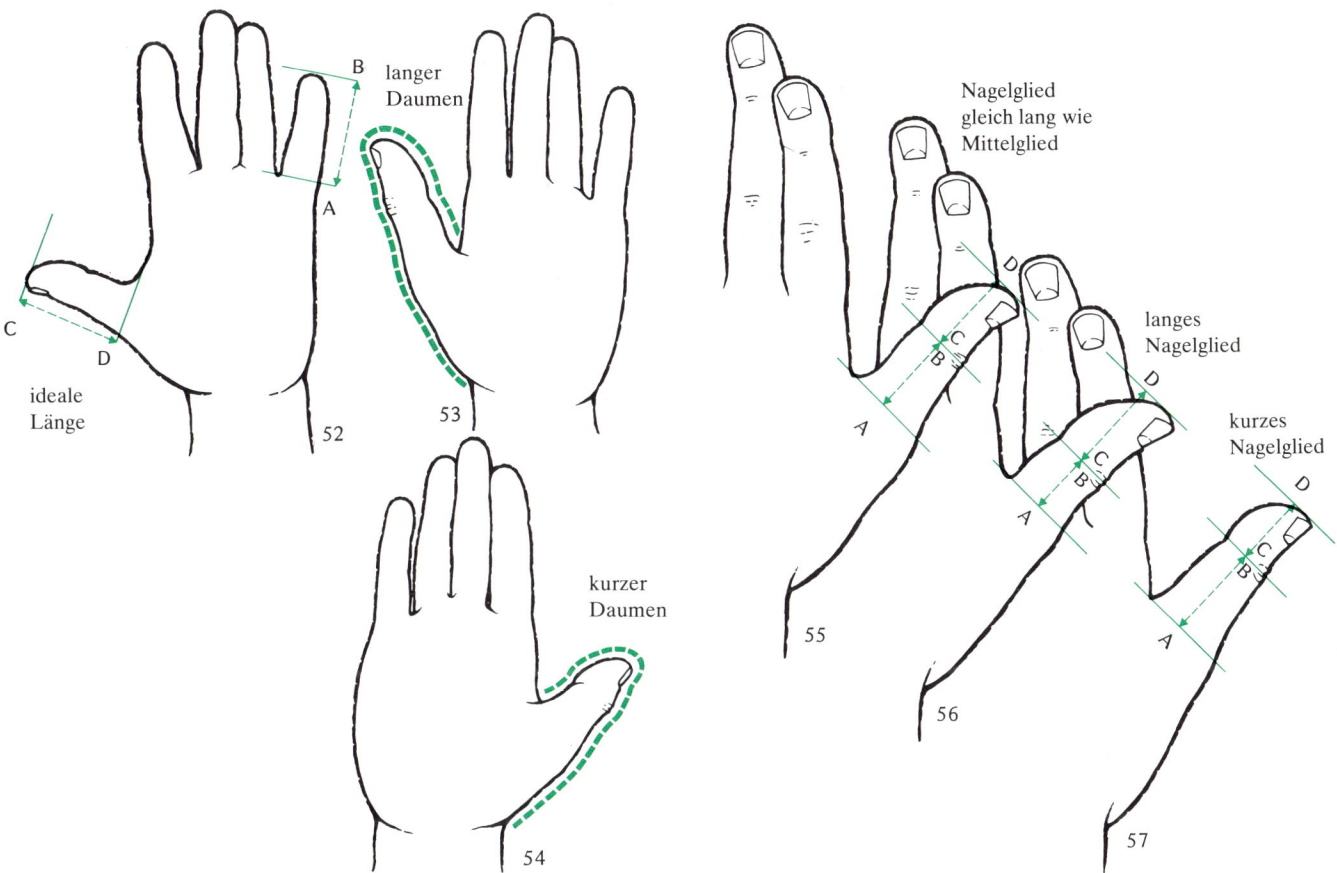

ideale
Länge

52

langer
Daumen

53

kurzer
Daumen

54

Nagelglied
gleich lang wie
Mittelglied

55

langes
Nagelglied

56

kurzes
Nagelglied

57

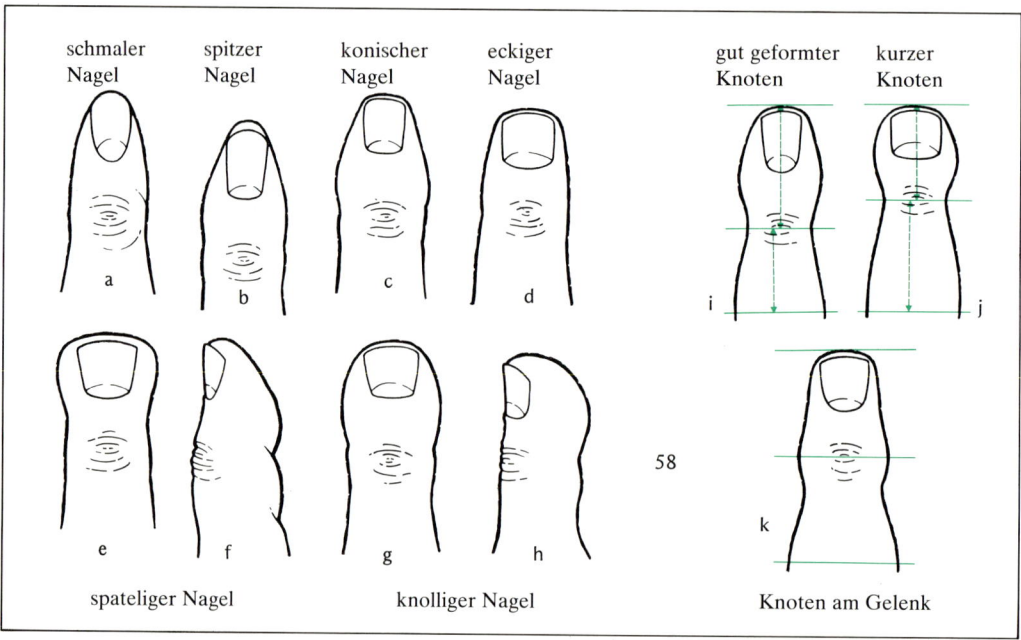

Das Daumenende (58):
a *schlank*; b *spitz*; c *konisch*; d *eckig*;
e *spatelig (von vorne)*; f *spatelig
(von der Seite)*; g *knollig (von
vorne)*; h *knollig (von der Seite)*;
i *gut geformter Knoten in der Höhe
des Nagels*; j *kurzer Knoten in der
Höhe des Nagels*; k *Knoten am
Gelenk zwischen Nagel- und Mittelglied*

schmaler Nagel

spitzer Nagel

konischer Nagel

eckiger Nagel

gut geformter Knoten

kurzer Knoten

a   b   c   d   i   j

spateliger Nagel

knolliger Nagel

58

Knoten am Gelenk

e   f   g   h   k

*Ganz rechts: rechte Hand des David
von Michelangelo (Florenz, Galleria
dell'Accademia).*

Eckiger Daumen (58d): Dieses Ende ist nicht sehr häufig anzutreffen, weist jedoch auf einen Hang zur Dickköpfigkeit hin.

Spateliger Daumen (58e, f): Dieser Daumen heißt traditionsgemäß »Töpferdaumen«. Er findet sich oft bei Menschen, die für ihren Beruf oder zur Ausübung ihrer Kunst eine besondere Sensibilität ihres Tastsinns benötigen.

Knolliger Daumen (58g, h): Diese Daumenform ist ziemlich selten. Das Nagelglied ist rund geformt, wirkt ein wenig plump, und in manchen Fällen ist der Daumennagel entstellt. Das weist auf Starrköpfigkeit, Grausamkeit, einen Hang zu Zorn und Gewalttätigkeit und einen Mangel an Besonnenheit hin. Dieser Daumen wird als »Mörderdaumen« bezeichnet. Natürlich können die genannten Eigenschaften von anderen Elementen in der Hand abgeschwächt werden. Auch die Knoten am Daumen können eine wichtige Bedeutung haben. Bei einem gut geformten Nagelglied, das über das mittlere Daumenglied dominiert, kann die Anwesenheit einer Vergrößerung auf der Höhe der Nagelwurzel *(58i)* von einem starken und berechtigten Selbstbewußtsein der betreffenden Person zeugen, das in der Stärke ihrer Intuition und ihres Willens liegt, mit dem sie ihre Ideen in die Praxis umsetzt. Ist jedoch das von der Vergrößerung betroffene Daumenglied kurz und gedrungen *(58j)*, so ist der Mensch den eigenen Vorstellungen zu sehr verhaftet, was in manchen Fällen in Dickköpfigkeit ausarten kann. Jedenfalls weist eine Vergrößerung des Nagelglieds an der beschriebenen Stelle immer auf eine ausgeprägte

Realitätsbezogenheit hin, auf eine intensive Auseinandersetzung mit den eigenen Problemen, auf die Fähigkeit, die richtigen Entscheidungen im richtigen Augenblick zu treffen.

Man sollte stets darauf achten, daß der besprochene Knotentyp nicht mit einem anderen verwechselt wird. Letzterer befindet sich ebenfalls am Nagelglied des Daumens, nur etwas tiefer, nämlich in der Höhe des Gelenkes zwischen Nagel- und Mittelglied *(58k)*. In diesem Fall arten alle bisher genannten Eigenschaften aus: der Wille, die Zähigkeit und Ausgeglichenheit. Der Mensch gibt sich oft derb und schwerfällig. Die Zähigkeit verwandelt sich in leere Halsstarrigkeit und der Wille in Eigensinn.

Dem eingehenden Studium des Daumens wird noch die Bewertung der vom Daumen angenommenen Verhaltensweisen hinzugefügt, die sich sozusagen durch eigene charakteristische Selbständigkeit auszeichnen. Ein lebhafter, vom Handteller sehr unabhängiger Daumen ist typisch für Personen, die sich gut im Leben zurechtfinden. Ein Daumen, der von Natur aus dem Handkörper nicht von der Seite weicht, deutet auf entgegengesetzte Anlagen hin. Er gehört zu Menschen, die unzufrieden mit der eigenen Lebensart sind und das passive Verhalten jener an den Tag legen, die sich lieber äußeren Umständen beugen als sich mit ihnen auseinanderzusetzen. Dieser Daumen kann aber auch eine nahende Krankheit andeuten. Wer den Daumen häufig in der Hand versteckt, ist ein sehr emotionaler Mensch, der – vielleicht unbewußt – versucht, sich von seiner Umwelt abzukapseln.

Die anderen vier Finger

Aus zwei Gründen werden wir die noch verbleibenden vier Finger nur kurz behandeln: Erstens sind die Informationen, die wir von ihnen erhalten, nicht grundlegender Natur und könnten auch aus anderen Beobachtungen gezogen werden; außerdem ist es möglich, durch den Rückgriff auf bereits erwähnte allgemeine Betrachtungen über die Finger viele wichtige Korrektive für eine tiefgreifende chirologische Untersuchung herzuleiten.

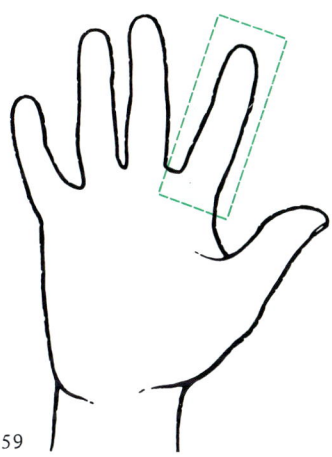

59

Der Zeigefinger, Jupiterfinger oder Finger des Ehrgeizes (59) und der Mittelfinger, Saturnfinger oder Finger des Gleichgewichts (60), deren Untersuchung man die Fähigkeit des Menschen, sich nach außen hin zu projizieren sowie die vorhandene oder nicht vorhandene Harmonie zwischen innerer und äußerer Realität entnehmen kann.

Links: Die Hände des Buddha Amida, vergoldete Holzstatue von Jocho, einem japanischen Bildhauer des 10. Jahrhunderts (Phönix-Pavillon in Uji, Präfektur von Kioto).

Der Zeigefinger

Sein Name umreißt bereits seine Funktion, auf die Welt, die ihn umgibt, zu »zeigen«. Er ermöglicht es, etwas über die Art der Beziehung zu erfahren, die zwischen dem Individuum mit seinen Vorstellungen und dem realen Leben besteht. Hier zeigt sich unsere Fähigkeit, unser Selbstbild auch nach außen hin zu verwirklichen.

Vom Zeigefinger *(59)*, auch *Jupiterfinger* oder *Finger des Ehrgeizes* genannt *(siehe S. 32)*, sprachen wir bereits anläßlich der Betrachtung des Daumens, zum einen wegen der engen Nachbarschaft der beiden Finger, zum anderen, weil der Zeigefinger Wünsche und Anlagen verkörpert, die nur innerhalb der Grenzen verwirklicht werden können, die vom Daumen festgelegt sind. Der Daumen bestimmt den Schwung und Elan des einzelnen. Folglich kann ein unharmonisches Verhältnis zwischen den beiden Elementen die Ursache für viele psychologische Störungen darstellen. Ein langer, schmaler Zeigefinger in Gesellschaft eines kräftigen Daumens *(s. S. 52, Abb. 61a)* erlaubt dem Menschen, sich – je nach Neigung – hohe Ziele zu setzen. In Begleitung eines schwachen Daumens aber *(s. S. 52, Abb. 61b)* wird der Mensch bei der Realisierung seiner Pläne auf viele Schwierigkeiten treffen.

Eine Bewertung des Zeigefingers und der anderen Finger darf den dazugehörigen Handtyp nicht unberücksichtigt lassen; je größer die Übereinstimmung der verschiedenen Elemente untereinander, desto leichter wird zu erkennen sein, inwieweit sich der Betreffende den Notwendigkeiten seines eigenen Lebens angepaßt hat.

Im folgenden aber wollen wir einige Merkmale besprechen, die ganz speziell den Zeigefinger betreffen *(Abbildungen s. S. 52)*.

Ein *konisch* zulaufender Jupiterfinger *(62)* drückt eher eine erhöhte Anpassungsbereitschaft an das Leben aus als ein *trapezförmiges* Fingerende *(63)*. Im Bild des knotenlosen Zeigefingers offenbart sich außerdem eine bemerkenswerte Anpassungsfähigkeit an die Umwelt,

die sich hingegen bei einem knotigen Zeigefinger wesentlich schwieriger gestaltet.

Die Betrachtungen bezüglich der Länge und der Schlankheit des Zeigefingers gelten entsprechend immer auch für die anderen Finger. Der besondere Fall eines sehr kurzen Zeigefingers *(64)* spiegelt einmal die Ungeduld des betreffenden Menschen wider, aber auch einen mehr oder weniger bemerkbaren Minderwertigkeitskomplex und wenig Selbstvertrauen.

Ein Mensch mit einem sehr langen Zeigefinger *(65)* wird immer versuchen, die jeweilige Situation zu beherrschen. Maßloses Verlangen nach Besitz drückt sich im Bild des zum Mittelfinger hin gebogenen Zeigefingers aus *(66)*. Ein besonders stark gebogener Zeigefinger kann ein Hinweis auf Kleptomanie sein.

Es gibt eine chirosophische Richtung, die dem Zeigefinger auch die Verkörperung der »religiösen Neigungen« des einzelnen zuschreibt; diese Theorie kann durchaus naheliegend sein, sofern man unter »Religion« die Fähigkeit des Individuums versteht, die Geheimnisse des Lebens zu akzeptieren. Außerdem kann uns der Jupiterfinger Aufschluß über den Gesundheitszustand der Leber und der Milz sowie über die

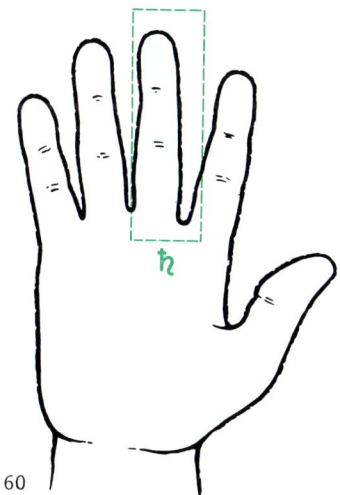

60

rheumatische Anfälligkeit des Menschen geben, so etwa aufgrund des Vorhandenseins leichter Knoten als auch durch eine intensive Rosafärbung der Außenseite.

Der Mittelfinger

Der Mittelfinger *(60)* wird auch *Saturnfinger* genannt, weil dieser Planet sich besser als jeder andere zur Definition dieses Fingers eignet, dessen Eigenschaften lange Zeit unbekannt waren.

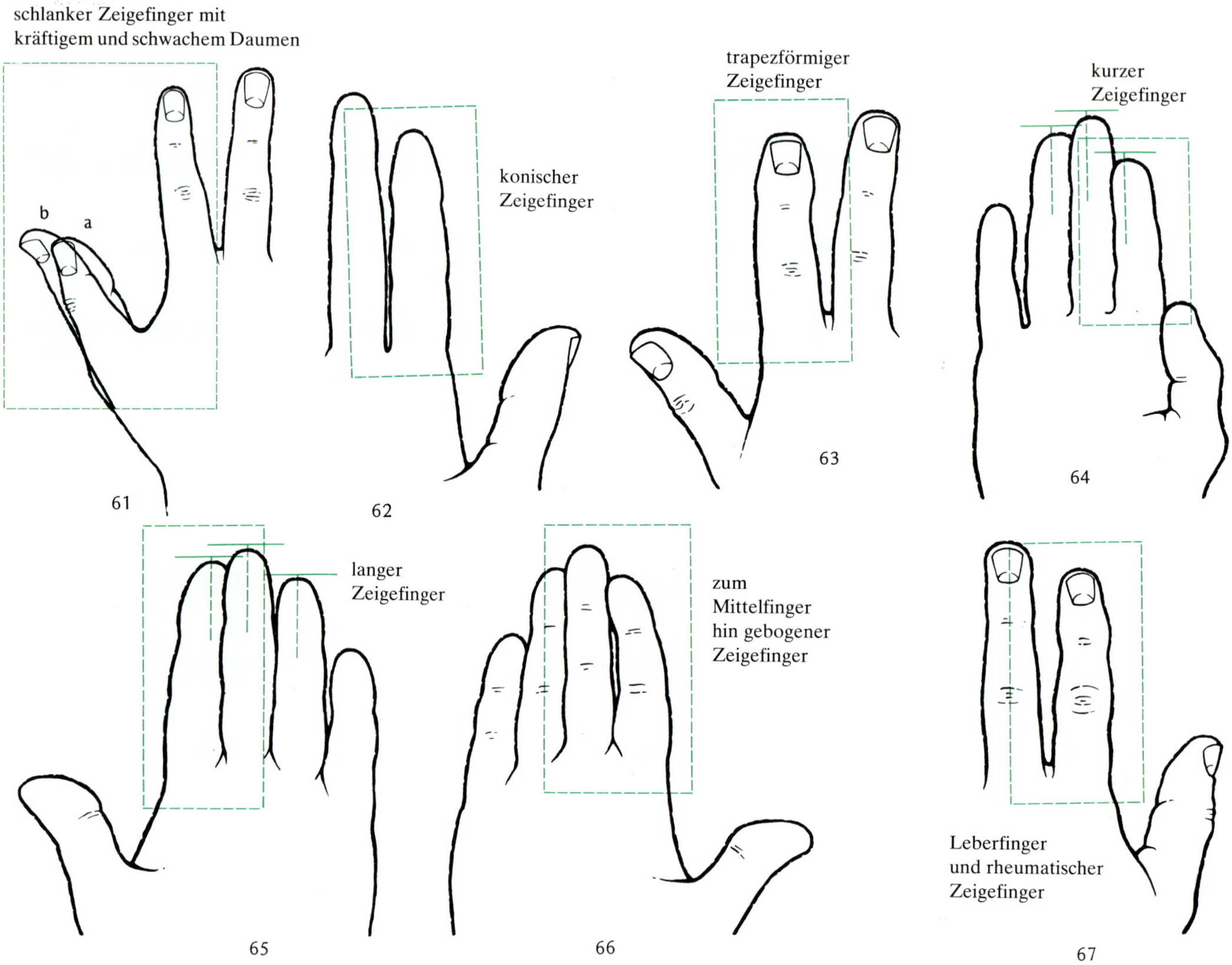

schlanker Zeigefinger mit
kräftigem und schwachem Daumen

b a

61

trapezförmiger
Zeigefinger

konischer
Zeigefinger

62

63

kurzer
Zeigefinger

64

langer
Zeigefinger

65

zum
Mittelfinger
hin gebogener
Zeigefinger

66

Leberfinger
und rheumatischer
Zeigefinger

67

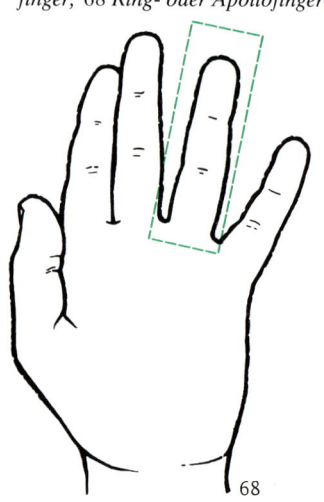

68

Astrologischen Überlieferungen zufolge verkörpert der Saturn sowohl die verstandesmäßi-
gen Aspekte als auch die düsteren und negativen Seiten des Menschen. Die modernste Theorie, die auch die Autorin vertritt, schreibt dem
Saturnfinger eine ausgleichende Funktion zwischen der Innen- und der Außenwelt, zwischen
dem Unbewußten und dem Bewußten beim
Menschen zu. Tatsächlich entspricht jedes ungewöhnliche Aussehen des Mittelfingers einer
mehr oder weniger gravierenden organischen
oder psychischen Störung. Diese Theorie wird
von den Erkenntnissen unterstützt, die bereits
allgemein bezüglich der Fingerform, der Knoten
und der Nägel gewonnen worden sind.

Der Saturnfinger ist sozusagen der Zeiger einer
Waage, an dem man ablesen kann, ob die Beziehungen eines Menschen zu Familie und Beruf
ausgewogen sind. Außerdem können dem Mittelfinger Anzeichen für Darmerkrankungen
entnommen werden, wenn das Nagelglied in
Richtung Ringfinger gebogen ist *(69).* Und hier
noch eine hochinteressante Anmerkung: Ein

auffälliges Kreuz in der Mitte des obersten Fin-
gergliedes, gegenüber dem Nagel, gilt bei Frau-
en oft als Zeichen für Sterilität.

Der Ringfinger

Aus dem Ringfinger *(68),* in der Chirologie oft
Apollo- oder Sonnenfinger genannt, spricht die
kreative Seite des Menschen. Er ist Maßstab für
die Emotionalität und somit für das Reaktions-
verhalten auf äußere Einflüsse. Außerdem enthält dieser Finger die Zeichen für künstlerische
Begabungen. Daraus folgt, daß ein angepaßter
Apollofinger, der sich harmonisch in das Gesamtbild der Hand einfügt, für emotionale Sta-
bilität zeugt. Auf dieser Basis können sämtliche
Schlußfolgerungen aus den im allgemeinen Kapitel über die Finger vorhandenen Informationen gezogen werden. Aber es gibt auch hier wieder besondere Anzeichen, die wir nun aufführen
möchten.

In der Form eines zum Mittelfinger hin gekrümmten Apollofingers *(70)* äußert sich stark

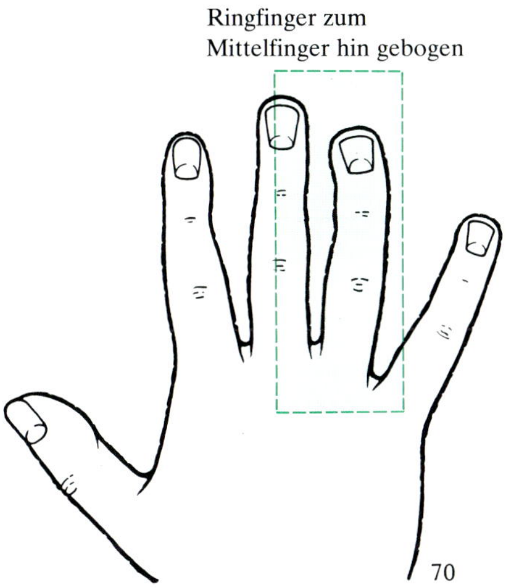

Ringfinger zum
Mittelfinger hin gebogen

Ring- und Mittelfinger neigen
dazu auseinanderzustreben

kurzer Ringfinger

70

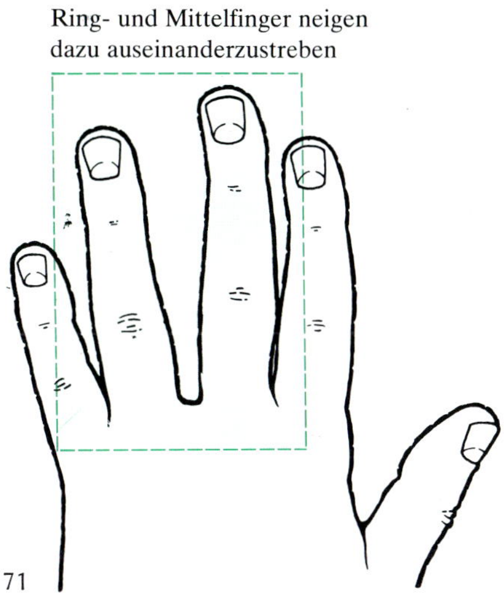

71

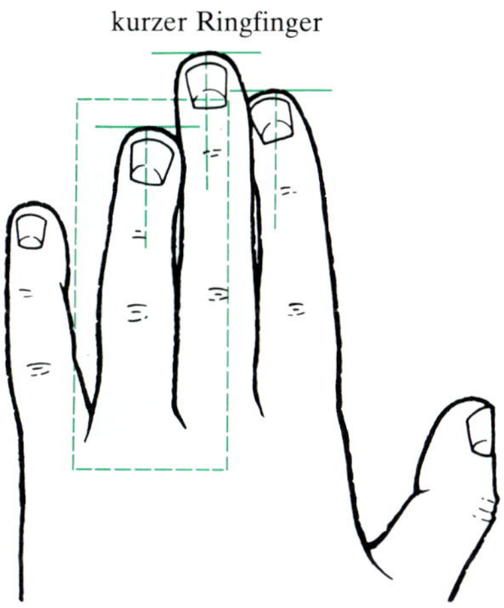

72

Mittelfinger
zum Ringfinger
hin gebogen

langer
Ringfinger

gekrümmter
Ringfinger

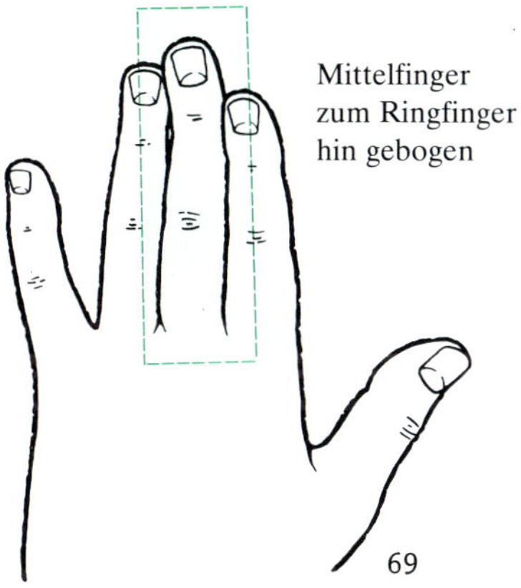

69

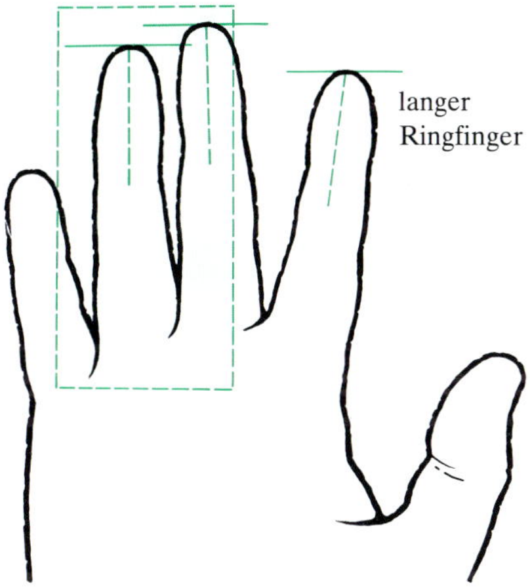

73

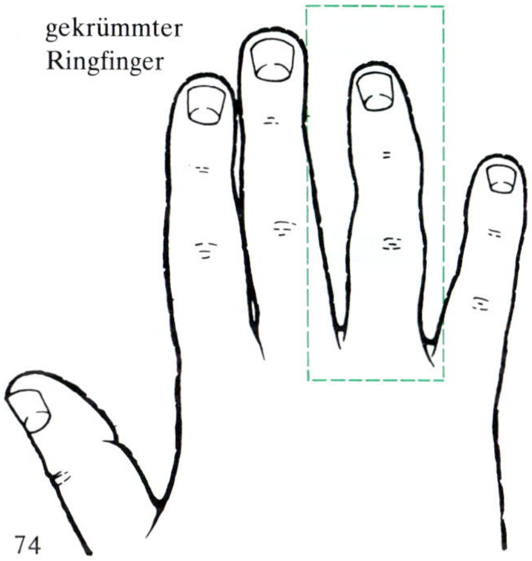

74

69 *Mittelfinger zum Ringfinger hin gebogen;* 70 *Ringfinger zum Mittelfinger hin gebogen;* 71 *Ring- und Mittelfinger neigen dazu auseinanderzustreben;* 72 *kurzer Ringfinger;* 73 *langer Ringfinger;* 74 *gekrümmter Ringfinger;* 75 *kleiner Finger, Merkurfinger oder Finger der Kommunikationsfähigkeit.*

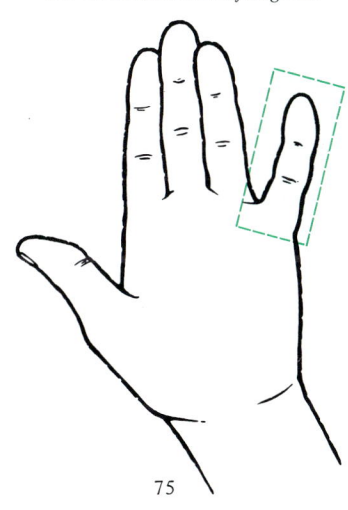

75

die Möglichkeit zu Konflikten zwischen dem Pflichtbewußtsein dieses Menschen und seinem Streben nach Glück. Lassen Ring- und Mittelfinger die äußerst ungewöhnliche Tendenz zum Auseinanderstreben erkennen *(71)*, so kann man davon ausgehen, daß der Mensch ein ausgeprägtes Unabhängigkeitsstreben und maßlose Abenteuerlust besitzt, ohne dabei aber soweit zu gehen, allgemeingültige Regeln zu verletzen. Vergessen wir die Länge des Apollofingers nicht: Ist er ausnahmsweise sehr kurz geraten *(72)*, so gilt dies als Symptom für emotionale Labilität, das aber noch durch andere Anzeichen auf dem kleinen Finger oder dem Venusberg bestätigt werden muß. Ein sehr langer Ringfinger *(75)* weist zwar ebenfalls auf emotionale Unausgeglichenheit hin, aber diesmal auf eine Form von Introspektion, die, sofern sie nicht unter Kontrolle gehalten wird, zu tiefen, unheilbaren psychischen Störungen führen kann. Sowohl für die moderne Chirologie als auch für die uralten Überlieferungen existiert eine enge Beziehung zwischen dem Ringfinger

und dem Herzen: Ein verkrümmter Apollofinger *(74)* läßt bestehende oder zukünftige Herzstörungen erkennen, deren Art und Intensität allerdings noch durch weitere Hinweise bestimmt werden müssen.

Der kleine Finger

Auf dem kleinen Finger, auch *Merkurfinger* genannt, werden all diejenigen Emotionen sichtbar, die nicht dem Apollofinger unterstehen. Er *(75)* gibt uns hauptsächlich Auskunft über unsere Beziehungen zu den anderen, aber auch über unsere sexuellen Beziehungen. Auf dem kleinen Finger finden auch die phonetischen Fähigkeiten bis hin zur verbalen Ausdrucksfähigkeit in ihren verschiedenen Formen ihren Niederschlag. Aber die bedeutendsten Informationen, die wir vom Merkurfinger erhalten, betreffen das sexuelle Gebiet. Dies ist wieder die Basis, auf der die bereits erwähnten allgemeinen Informationen über die Form der Finger verstanden und genau auf mögliche Varianten hin un-

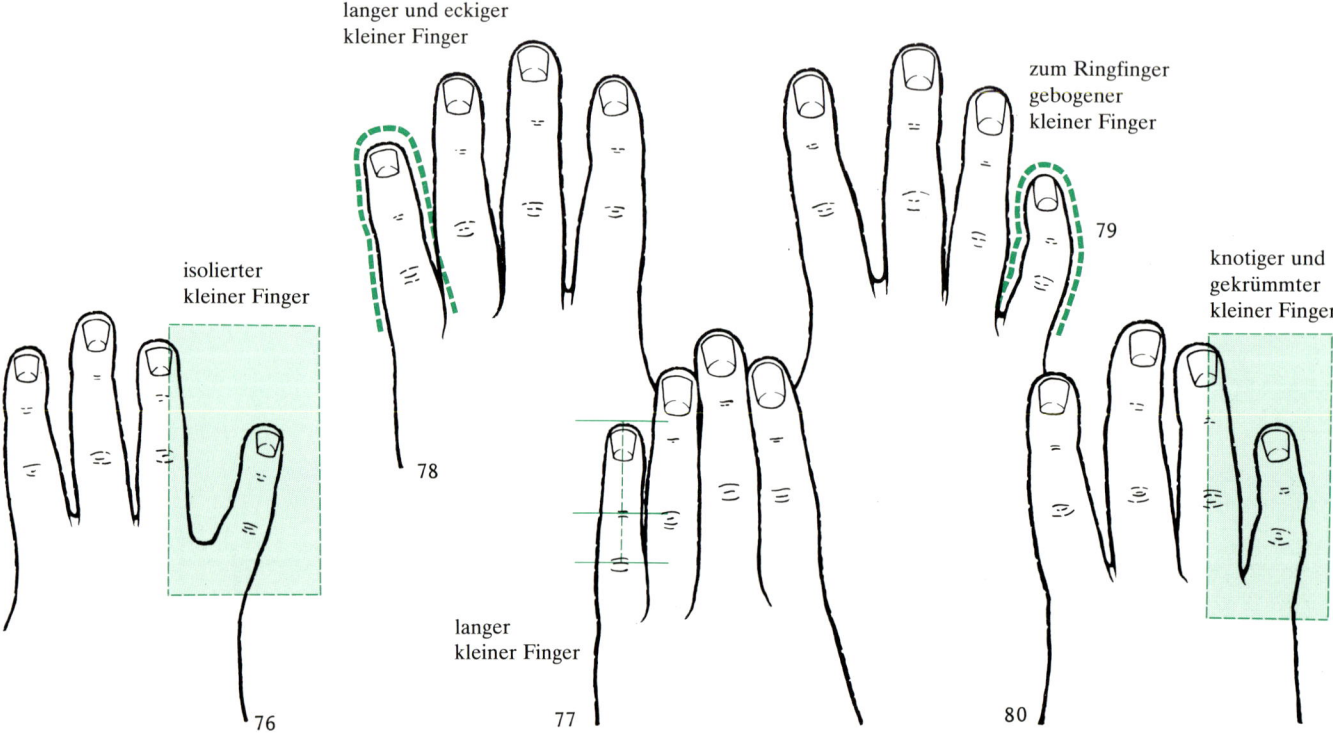

langer und eckiger
kleiner Finger

zum Ringfinger
gebogener
kleiner Finger

isolierter
kleiner Finger

knotiger und
gekrümmter
kleiner Finger

78

79

76

langer
kleiner Finger

77

80

Oben: Erscheinungsbild und Eigenschaften des kleinen Fingers: 76 isolierter kleiner Finger; 77 lang; 78 lang und eckig; 79 zum Ringfinger geneigt; 80 knotig und gekrümmt.

Ganz rechts: verschränkte Hände der Jungfrau aus der Verkündigung von Carlo Crivelli (National Gallery, London).

tersucht werden müssen. Im folgenden werden einige besondere Merkmale des Merkurfingers erläutert.

Neigt der kleine Finger dazu, sich von den anderen zu isolieren *(76)*, dann ist das hauptsächliche Problem dieses Menschen sexueller Natur, ein Beispiel können eheliche Schwierigkeiten sein. Ein gut entwickeltes Nagelglied bei einem langen kleinen Finger *(77)* zeugt von Wissensdurst und Lerneifer sowie von der Berufung zum Lehramt. Weist dieser Finger dann außerdem noch eine eckige Endung auf *(78)*, so haben wir eine Persönlichkeit vor uns, die die Kunst des Redens außergewöhnlich gut beherrscht. Die traditionelle Gepflogenheit, Eigenschaften wie Offenheit und Aufrichtigkeit mit dem kleinen Finger zu verknüpfen, wird auch von den modernsten Theorien unterstützt. So gilt ein in

Richtung Apollofinger gekrümmter Merkurfinger *(79)* als sicheres Zeichen dafür, daß dieser Mensch das Wortspiel liebt, aber auch zu kleinen Lügen tendiert. Aber wenn eine Deformation vorliegt, die aus auffallenden Knoten am kleinen Finger besteht *(80)*, dann kann man davon ausgehen, daß hier Lug und Betrug im Spiel sind.

In der Medizin weiß man schon seit längerer Zeit, daß das Krankheitsbild des Kretinismus immer Verformungen des kleinen Fingers aufweist, auch wenn die Umkehrung nicht unbedingt zutreffen muß. Vom Merkurfinger kann man interessante Angaben über die Funktion der Fortpflanzungsorgane, der Nieren und der Blase erhalten; Störungen der Harnorgane sind besonders am fehlenden Halbmond auf dem Nagel ersichtlich.

Die Nägel

Wegen des hohen Stellenwertes, der den Nägeln in der Chirologie zukommt, haben wir uns entschlossen, ihnen ein eigenes kurzes Kapitel zu widmen.

Die wichtigsten Informationen liefern uns zwei der Merkmale der Nägel: die Form, aus der hauptsächlich Charakter und Temperament der Persönlichkeit zu erkennen sind, und die Farbe, die für die Gesundheit spricht, für die Kontrolle über das Nervensystem und die Drüsenfunktion.

Natürlich existiert eine unzählige Vielfalt an Nagelformen, aber all diese Formen kann man wieder in einige Grundtypen einteilen, aus denen sich die anderen ableiten lassen. Alle Nägel einer Hand gehören nur selten dem gleichen Nageltyp an, meist findet man wenigstens zwei oder drei verschiedene Formen. Dann bezieht sich die jeweilige Aussage besonders auf den zum Nagel gehörenden Finger.

Die Nägel können *groß, klein, breit* und *schmal* sein *(Abbildungen s. S. 58)*. Sie gelten als *groß (81b)*, sofern sie ungefähr die gesamte Breite des Nagelgliedes bedecken, als *klein (81c)*, wenn ein ziemlich breiter Hautrand sie umgibt, der sie manchmal zu erdrücken scheint. Die Nägel werden *schmal* genannt *(81d)*, wenn ihre Form an ein Rechteck erinnert, dessen vertikale Seiten länger sind als die horizontalen, und *breit (18e)*, wenn das von ihnen gebildete Rechteck längere horizontale Seiten besitzt.

Noch kurz ein paar Worte zur *Farbe* der Nägel. Es ist unmöglich, den feinen Farbschattierungen gerecht zu werden, und wir müssen uns daher mit unzureichenden Beschreibungen begnügen. Die Farbskala der Nägel reicht von fast weiß bis intensiv rosa, manchmal weisen sie einen Stich ins Gelbliche oder Violette auf. Allgemein gilt: Je intensiver der Farbton ist, desto klarer und eindeutiger ist die durch den Nagel verkörperte Bedeutung. So wird z. B. ein stabiler Gesundheitszustand durch ein kräftiges Rosa veranschaulicht, das mit dem Weiß des Halbmondes kontrastiert, d. h. mit dem kleinen Halbkreis, der manchmal den unteren Nagelrand schmückt. Das sicherste Mittel, um diesen Kontrast hervorzuheben, ist ein Druck auf die Fingerbeere, um so einen kleinen Blutstau hervorzurufen. Die Farbe des Nagels und die des Halbmondes werden einen deutlichen Unterschied aufweisen. Allerdings können Nagellacke die Farbe häufig verfälschen; sie müssen deshalb vor der Untersuchung gründlich entfernt werden.

Wie sieht nun der *ideale Nagel (81a)* aus? Über die Farbe ist bereits gesprochen worden; für die Form existieren herkömmliche Richtwerte: Die Länge des Nagels, vom Halbmond bis zu seinem rosafarbenen Rand gemessen, muß der halben Länge des Nagelgliedes entsprechen. Die Breite muß ungefähr $^3/_4$ der Länge des Nagels betragen. Ein Nagel mit diesen Maßen ist nicht nur sehr selten und sehr schön, sondern auch ein Zeichen eines optimalen körperlichen und seelischen Gleichgewichtszustandes des Menschen. Er zeigt eine Persönlichkeit, die mit ruhiger Sicherheit handelt, klare, fest umrissene Vorstellungen besitzt und objektive Urteile fällt.

Wir führen nachstehend die Formen auf, die unserem Idealmodell am nächsten kommen. *Der eckige Nagel (81f)* unterscheidet sich vom idealen Nagel durch seine übermäßige Breite, während seine Länge den soeben erwähnten Maßen entspricht. Wie der Name schon andeutet, ähnelt die Form dieses Nagels einem quadratischen Rechteck. Ein Mensch mit einem solchen Nagel neigt zwar zu schnellen Wutausbrüchen, kann sich aber durchaus auch beherrschen. Wieweit er zur Selbstkontrolle fähig ist, können wir der Nagelfarbe entnehmen: eine blasse Färbung läßt auf ein eher kühles Temperament schließen. Je frischer und lebendiger die Farbe, desto häufiger die Wutausbrüche. Diese Menschen sind meist sehr leidenschaftlich und wollen ihre Nervenausbrüche auch tatsächlich »ausleben«, was allerdings auf Kosten ihres Kreislaufs gehen kann.

Weiter gibt es den *kleinen, eckigen Nagel (81g)* – kein positives Zeichen. Er gilt als Indiz für einen recht engen Horizont und einen beschränkten Aktionsradius, manchmal auch für Geiz. Man findet ihn oft bei Menschen, die fanatisch einer Idee nachhängen, die keine ruhigen und gelassenen Diskussionen über irgendein Thema zulassen können. Sie sind vom typischen Sektierertum der Aufwiegler besessen, leiden oft unter sexuellen Störungen und neigen zu plötzlichen Eifersuchtsausbrüchen.

Eine blasse Färbung ist bei dieser Nagelform selten anzutreffen. Eine sehr intensive Färbung verstärkt die Wahrscheinlichkeit der Gefahr; ein Mensch mit einer solchen Struktur gilt unter extremen und außergewöhnlichen Belastungen als potentieller Selbstmordkandidat.

Wir kommen nun zum *nußschalenförmigen Nagel (81h)*, den man in der beruflichen Praxis sehr selten antrifft. Er erscheint wie ein normaler eckiger Nagel, dessen unterer Teil bei der Nagelwurzel angenehm abgerundet ist. Er wirkt elegant und sachlich und weist auch auf entsprechende Eigenschaften der betreffenden Person hin. Dieser Mensch wird sein gesamtes Tun und Handeln stets auf das notwendige Minimum beschränken. Natürlich geschieht dies bei ihm aus intellektuellen Überlegungen heraus, auch wird er sich knapp und präzise ausdrücken, seine Gedankengänge werden zusammenhängend und

Die Hände in Jesus unter den Schriftgelehrten *von Albrecht Dürer (Thyssen-Bornemisza Sammlung, Lugano-Castagnola).*

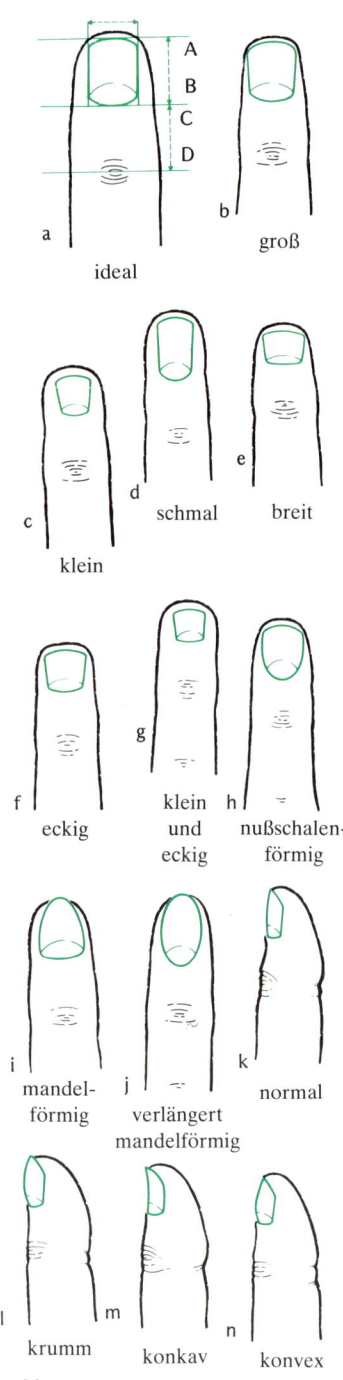

*Erscheinungsbild und Eigen-
schaften der Nägel (81): a idealer
Nagel (AB = CD), b groß, c klein,
d schmal, e breit, f eckig, g klein und
eckig, h nußschalenförmig,
i mandelförmig, j verlängert mandelförmig, k normal, l krumm,
m konkav, n konvex.*

logisch sein. Diese kräftesparende Art, Dinge anzupacken, ohne dabei das Endergebnis negativ zu beeinflussen, wird häufig – zu Unrecht – mit Faulheit verwechselt. Falls notwendig, können sich solche Persönlichkeiten durchaus mit raschen und angemessenen Reaktionen ins Getümmel werfen. Sie bewältigen das Leben mit Kalkül und Methode – im positiven wie im negativen Sinn. Die blasse Färbung gilt bei solch einem Nagel als Symptom für eine beträchtliche Kaltblütigkeit; eventuelle Rachepläne werden gründlich geschmiedet und dann mit absoluter Präzision ausgeführt. Ein Mensch mit einer kräftigeren Farbe gehört dann schon eher in den durchschnittlichen Bereich. Auf jeden Fall aber wird es sich um eine Person handeln, die sich nicht zu Leidenschaften hinreißen läßt, die Ruhe liebt und in Frieden leben möchte.

Der mandelförmige Nagel (81i) präsentiert sich an seiner unteren Seite wie der eckige Nagel *(81f)*, seine obere Seite hat die Form eines zugespitzten Ovals, das eben an eine Mandel erinnert. Dieses doch ziemlich positive Merkmal verrät Kultur und Eleganz, Sensibilität und Diplomatie. Oft wird die Diplomatie sogar übertrieben, so daß sie die Wahrheit verschleiert. Es empfiehlt sich auch hier, diese Aussage zu überprüfen und mittels anderer aus der Hand auftauchender Hinweise zu bekräftigen.

Der lange, mandelförmige Nagel (81j) ähnelt dem nußschalenförmigen *(81h)*, aber hier sind beide Seiten abgerundet, und er erscheint deshalb als ein langgezogenes Oval mit einer Längsachse, die länger ist als die Querachse. Natürlich können nicht alle Nägel einer Hand diese Form besitzen; üblicherweise ist sie dem Apollofinger vorbehalten. Dieser mandelförmige Nagel ist jedoch kein Beweis für außergewöhnliche künstlerische Fähigkeiten. Seine Eleganz läßt ihn zwar besonders für weibliche Hände geeignet erscheinen, leider ist dieser Nageltyp aber – besonders bei Frauen – häufig ein Zeichen für endokrine Dysfunktionen und Kreislaufstörungen.

Ein Urteil über den Nagel ist nicht vollständig, solange nicht auch sein Profil miteinbezogen wird; dieses Profil kann sich *konvex, normal* oder *konkav* darstellen.

Ein *Nagel mit normalem Profil* weist lediglich an den Seiten eine leichte Wölbung auf, während der mittlere Teil eher flach gestaltet ist *(81k)*. Wir sprechen von einem *konvexen Nagel*, wenn die Krümmung betonter, das Profil stärker gewölbt erscheint *(81n)*. Eine Verschärfung dieses

Typs führt zum *krummen Nagel (81l)*, der an die gekrümmten Nägel von Raubvögeln erinnert. Während der *konvexe Nagel* eine Anfälligkeit für Lungenkrankheiten andeutet (wertvolle zusätzliche Hinweise kann die Farbe geben!), hat der *krumme Nagel* eine genaue und nicht sehr schmeichelhafte Bedeutung; ihm begegnet man bei besitzergreifenden, egozentrischen Personen, die immer wieder versuchen, ihre Nächsten herrisch zu unterdrücken.

Der *konkave Nagel (81m)* kommt nicht häufig vor und verrät Eigenschaften, die den eben besprochenen entgegengesetzt sind. Normalerweise zeugt er von einem Mangel an Mineralsalzen im Organismus, ein Mangel, der auf schlechten Ernährungsgewohnheiten oder einer Stoffwechselstörung beruhen kann. Eine noch tiefere Einbuchtung des Nagels deutet auf eine noch schlimmere Störung hin und damit auf die Notwendigkeit, so schnell wie möglich einzugreifen. Manchmal sind die Nägel nicht glatt und gleichmäßig, sondern weisen senkrechte, zum Teil tiefe Rillen auf. Diese Anomalie findet man vorwiegend bei jungen und dann erst wieder bei älteren Menschen. Im ersten Fall zeugen sie von einer körperlichen Erschöpfung, im zweiten Fall handelt es sich um nervöse Störungen, die mit dem Alterungsprozeß einhergehen.

Früher konnte man unter den Nägeln häufig weiße, elegante Halbmonde finden, die aber seit etwa 20 Jahren immer weniger auftreten; vermutlich hängt dies mit einer veränderten Ernährungsweise zusammen. Tatsächlich kommen diese Halbmonde mit der früher bekannten Häufigkeit nur noch bei Menschen aus unterentwickelten Ländern vor. Weitere auftretende Anomalien sind weiße Flecken, die beim Herauswachsen des Nagels wieder verschwinden. Sie verheißen gute Nachrichten, und zwar aus dem »Zuständigkeitsbereich« des Fingers mit dem geflecktem Nagel. Schwarze Flecken hingegen verweisen auf ein Unglück oder auf einen allgemein schlechten Gesundheitszustand.

Normalerweise herrscht nicht nur eine ästhetische Beziehung zwischen dem Finger und seinem Nagel, sondern ein innerer Zusammenhang; der eine ist sozusagen für den anderen gemacht. Probleme tauchen erst dann auf, wenn diese Beziehung fehlt.

Für solch einen seltenen Fall sollte man sich viel Zeit nehmen, er muß gründlich erforscht werden, um herauszufinden, was die Natur wohl mit dieser ungewöhnlichen Erscheinung ausdrücken wollte.

Die Handfläche und ihre Berge

Die Handfläche

Nach dem Überblick über die Bedeutung der Hand im allgemeinen, ihrer Form, ihrer Finger und ihrer Nägel, betrachten wir nun die Handinnenfläche. Wir kommen nun also zur eigentlichen Chiromantie, werden aber des öfteren auf schon Gesagtes zurückgreifen, um eine gründliche chirologische Deutung zu gewährleisten.

Die wichtigsten Elemente, auf die wir unsere Aufmerksamkeit konzentrieren wollen, sind die folgenden: die Berge, die Ebenen, die Hauptlinien, die nicht auf allen Händen sichtbaren Nebenlinien und schließlich die besonderen Zeichen. Wir beginnen mit den letzteren, da wir bei unserem Studium noch häufig auf sie stoßen werden (Abbildungen s. S. 62).

Besondere Zeichen sind kleine Unregelmäßigkeiten von der Feinheit der Kapillarlinien, die fast immer auf den Linien, Bergen und Ebenen vorhanden sind und die die Bedeutung des von ihnen gezeichneten Elementes modifizieren. Ein Quadrat (82) ist ein positives besonderes Zeichen. Das Quadrat erscheint vorzugsweise auf den Hauptlinien. Ein besonderes Zeichen kann sich auch in der Form einer Bohne oder einer Insel (83) zeigen und hat in diesem Fall eine eher negative Bedeutung: bevorstehende Hindernisse und Schwierigkeiten, die nur mühsam überwunden werden können. Die Insel liegt ebenfalls auf den Linien. Eine Schnittlinie ist eine haarfeine Linie, die eine Hauptlinie durchschneidet oder die Oberfläche eines Berges durchzieht (84). Sie stellt ein Hindernis dar, ein Hemmnis für Initiativen und verweist häufig auf die Notwendigkeit, nach anderen Wegen zu suchen, um ein Ziel zu erreichen. Das Netz oder Gitter (85) kann an jeder Stelle der Handinnenfläche auftauchen und deutet immer auf eine Verzögerung hin, ein zeitliches Hindernis, das für eine bestimmte, mehr oder weniger abschätzbare Zeitspanne vorherrschen wird. Kreuze und Sterne (86) sind Zeichen für plötzliche, oft radikale positive oder negative Veränderungen.

Ebenso wie vieles dafür spricht, die Lektüre eines Buches beim Vorwort zu beginnen, sollte man auch die Lektüre einer Hand mit der Betrachtung der Innenfläche in ihrer Gesamtheit beginnen. Schon allein aus dem ersten Eindruck kann man wertvolle Hinweise für eine spätere Beurteilung gewinnen. Wir wissen bereits, daß die Handflächen wenige oder viele Linien aufweisen können, daß diese die Hand geordnet oder wirr durchziehen, klar oder zerrissen, gut sichtbar oder von einem dichten Netz feiner Linien überdeckt sein können. Jede einzelne Hand kann jedoch einem der folgenden Fälle zugeordnet werden (Abbildungen s. S. 62).

Flache Handfläche mit wenigen Linien (87): Diese Hand ist typisch für Menschen, die wenige, dafür aber präzise Ideen haben, die auch körperlichem Schmerz gegenüber ziemlich unsensibel sind und deren Nervensystem nicht voll entwickelt ist.

Handfläche mit wohlgeordneten, deutlich gezeichneten Linien (88): Diese Handfläche ist Zeichen für körperliche und geistige Harmonie und gehört in der Regel zu ausgeglichenen Menschen. Sind die Linien nicht sehr tief, so haben wir eine teilweise beeinflußbare Persönlichkeit vor uns. Sind sie hingegen tief eingekerbt, so weisen sie auf ein nervöses Temperament hin, das leicht von den eigenen Problemen in Anspruch genommen wird. Dieser Mensch ist also ziemlich egoistisch und bringt eine latente Anlage zu nervösen Erschöpfungszuständen mit.

Handfläche mit offensichtlich sehr komplizierten Linien (89): Vor uns steht ein Mensch mit einer Persönlichkeitsstruktur, die sehr komplex und von häufigen Widersprüchen gekennzeichnet ist. Hier ist eine sorgfältigere Analyse nötig, um die Fäden zu entwirren. Ist die Hand außerdem sehr blaß und weist Hauptlinien auf, die von einem Gewirr von feinen Zeichen überzogen sind, so handelt es sich wahrscheinlich um eine Person, die am Rande ihrer psychischen Kräfte ist.

Die Zeitbestimmung

»Werde ich lange leben?« – Dies ist eine der häufigsten Fragen, die an einen Chiromanten gerichtet werden. Eine Antwort ist möglich, aber nicht immer angebracht. Wesen und mögliche Reaktionen des Fragenden sind in Betracht zu ziehen. Man sollte die von der Natur gesetzten Grenzen keinesfalls überschreiten, sondern möglichst allgemein bleiben und seine Ausführungen auf das beschränken, was zur Vermittlung einer annähernd genauen Vorstellung notwendig ist. Die Zeitbestimmung spielt für den Chiromanten eine zentrale Rolle, da bestimmte Ereignisse sehr unterschiedlich gedeutet werden müssen, je nachdem, in welchen Zeitabschnitt des Lebens sie fallen.

Die Gelehrten der Chiromantie haben diesem Problem viele Jahre gewidmet und beachtliche Ergebnisse erzielt. Gegenwärtig werden in der Praxis vier Methoden angewendet, um die wichtigsten Lebensdaten eines Menschen zu bestimmen.

1. Die östliche Methode: Man denkt sich die Lebenslinie als idealen Kreisbogen, den man in vier gleiche Segmente unterteilt (91), von denen jedes 25 Jahre symbolisiert. Weitere Unterteilungen erlauben es, Zeitpunkte in Abständen von zehn Jahren und darunter zu bestimmen. Diese simple Methode kostet wenig Zeit, aber sie ist nicht sehr zuverlässig. Am ehesten kann

»Prähistorische« Hände, Felszeichnung im Valle delle Meraviglie (Seealpen). Von unseren Vorfahren in der Steinzeit stammen Höhlenmalereien, auf denen Tiere und verschiedene Zeichen abgebildet wurden. Vom Menschen wurde zuerst die Hand dargestellt, was von der herausragenden Rolle der Hände im Vergleich zu den anderen Körperteilen zeugt.

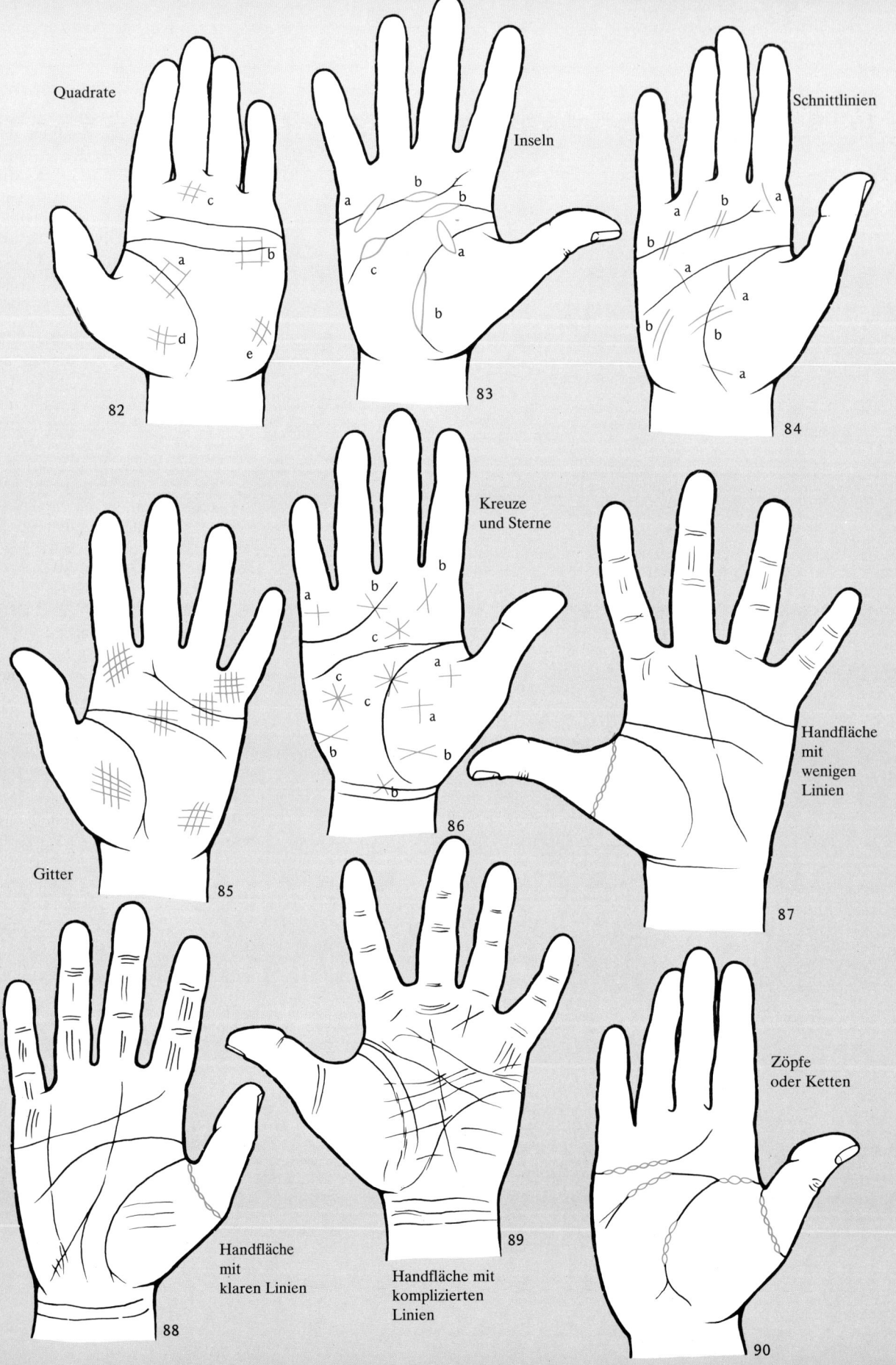

Quadrate

Inseln

Schnittlinien

82

83

84

Kreuze
und Sterne

86

Gitter

85

Handfläche
mit
wenigen
Linien

87

Handfläche
mit
klaren Linien

88

Handfläche mit
komplizierten
Linien

89

Zöpfe
oder Ketten

90

Links: Die besonderen Zeichen auf dem Handteller: 82 Quadrate (a, b auf der Linie; c, d, e auf den Bergen); 83 Inseln (a quer, b längs, c bohnenförmig); 84 einfache Schnittlinien (a) und doppelte (b) auf den Bergen und den Linien; 85 Gitter auf den Bergen und Linien; 86 Kreuze und Sterne: (a) Lateinisches Kreuz, (b) Andreaskreuz, (c) Sterne; 87 Handfläche mit wenigen Linien; 88 Handfläche mit klaren und gut gezeichneten Linien; 89 Handfläche mit komplizierten Linien; 90 Ketten auf verschiedenen Linien.

Rechts unten: Die üblichsten Methoden zur Zeitbestimmung: östlich (91), abgewandelt östlich (92), französisch (93).

man sie bei einer sehr langen Lebenslinie anwenden. Ist diese Linie jedoch sehr kurz, so ist die Bestimmung sehr viel schwieriger. Es muß ein für allemal gesagt werden, daß die Länge der Lebenslinie in keinem Fall gleich der Länge des Lebens ist!

2. *Die abgewandelte östliche Methode:* Sie ist eine verbesserte Version der oben dargestellten. Doch obwohl sie komplexer ist, vermag sie die Schwächen der ersten Methode nicht wirklich zu beheben. Empfehlenswert ist sie nur unter der Bedingung, daß man über einen ziemlich klaren Abdruck der Handfläche verfügt. Abgesehen von der Unterteilung der Lebenslinie in Segmente (wie oben erklärt), zieht man eine gerade Linie von der Mitte des Mittelfingeransatzes bis zum Beginn des Handgelenkes *(92)*. Man geht davon aus, daß diese Linie in einer eckigen Hand 80 Jahre und in einer langen Hand 90 Jahre repräsentiert. Sie wird in acht oder neun Teile unterteilt, von denen jeder einzelne ungefähr 10 Jahre verkörpert. Von dem Punkt aus, an dem der Abstand zwischen gezogener Gerade und Kreisbogen am geringsten ist, fällt man ein Lot, das den Kreisbogen schneidet. Man überträgt das entsprechende Lebensalter auf den so erhaltenen Schnittpunkt und beginnt von hier aus mit der Übertragung der sich logisch ergebenden 8 oder 9 Lebensabschnitte.

3. *Die Methode der angelsächsischen Schule:* Diese Methode basiert auf dem gleichen Prinzip wie die der östlichen Schule. Sie ist zwar weit komplizierter, kann jedoch kaum zu neuen Erkenntnissen beitragen.

4. *Die Methode der französischen Schule:* Diese Methode verdankt man Desbarolles, Papus hat sie durch seine letzten Studien verfeinert. Auch für diese Methode braucht man einen sehr klaren Handabdruck. Aus drei Schätzungen der Lebensdauer wird das arithmetische Mittel ge-

bildet *(93)*. Man zieht senkrecht zu den Fingeransätzen drei Lote, die die Kopflinie oder die gedachte logische Verlängerung derselben schneiden. Dabei geht ein Lot von der Mitte des Mittelfingeransatzes aus, eines von der Mitte des Ringfingeransatzes und eines von der Wurzel des kleinen Fingers. Die Schnittpunkte mit der Kopflinie entsprechen dem Alter von 25, 50 und 75 Jahren. Analog gehen wir bei der Herzlinie vor bzw. bei ihrer gedachten Verlängerung. Sie wird ihrerseits dreimal geschnitten, und zwar von den Loten, die vom Ring-, Mittel- und Zeigefinger ausgehen. Auch diese Schnittpunkte stehen jeweils für das 25., 50. und 75. Lebensjahr. Betrachten wir nun die Schicksalslinie. Die Stelle, an der sie die Kopflinie schneidet, entspricht einem Alter von 20 Jahren. Die Stelle, an der sie die Herzlinie schneidet, symbolisiert 40 Jahre. Der Schnittpunkt mit der Merkur- oder Sonnenlinie entspricht etwa 10 bis 12 Jahren. Zieht sich die Schicksalslinie bis zum Mittelfingeransatz hinauf, so können wir dort das 75. Lebensjahr ansetzen. Übersteigt sie sogar die Mitte des Wurzelgliedes, so kann man vom 100. Lebensjahr sprechen. Nehmen wir einmal an, daß die Herzlinie in der Gegend von 70 Jahren endet, die Kopflinie etwa bei 65 und die Merkurlinie bei 75 Jahren. Das arithmetische Mittel der drei Altersbestimmungen läßt sich wie folgt berechnen: 70 + 65 + 75 = 210, geteilt durch drei ergibt 70. Nach Papus wird dieser Mensch mit einer Wahrscheinlichkeit von 90% ein Alter von 70 Jahren erreichen. (Die Verfasserin verwendet diese Methode sehr selten, obwohl sie durch ihre Aussagekraft und Zuverlässigkeit besticht; sie bevorzugt die klassische östliche Methode, deren grundsätzliche Informationen genügen, um zusammen mit anderen aus der Hand gewonnenen Erkenntnissen das Lebensalter ausreichend genau zu bestimmen.)

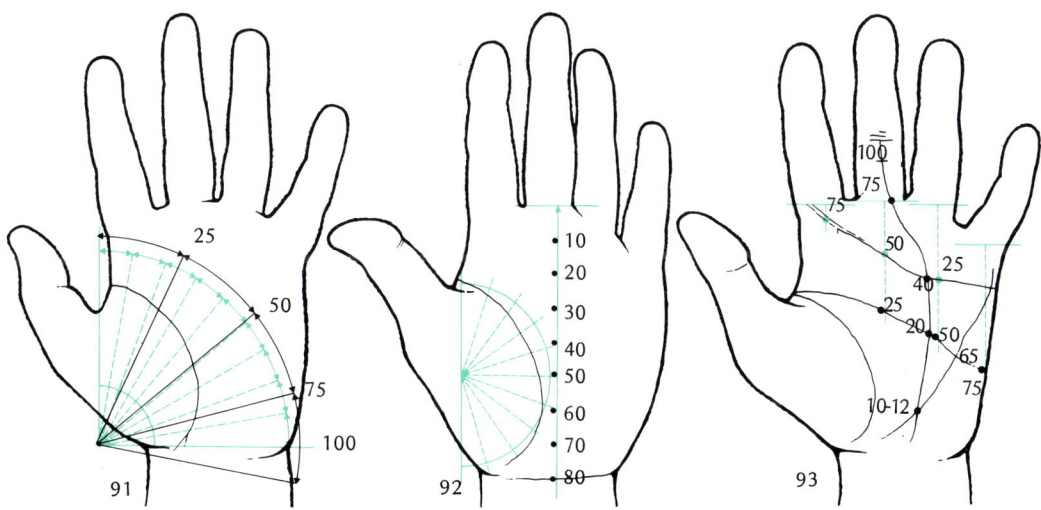

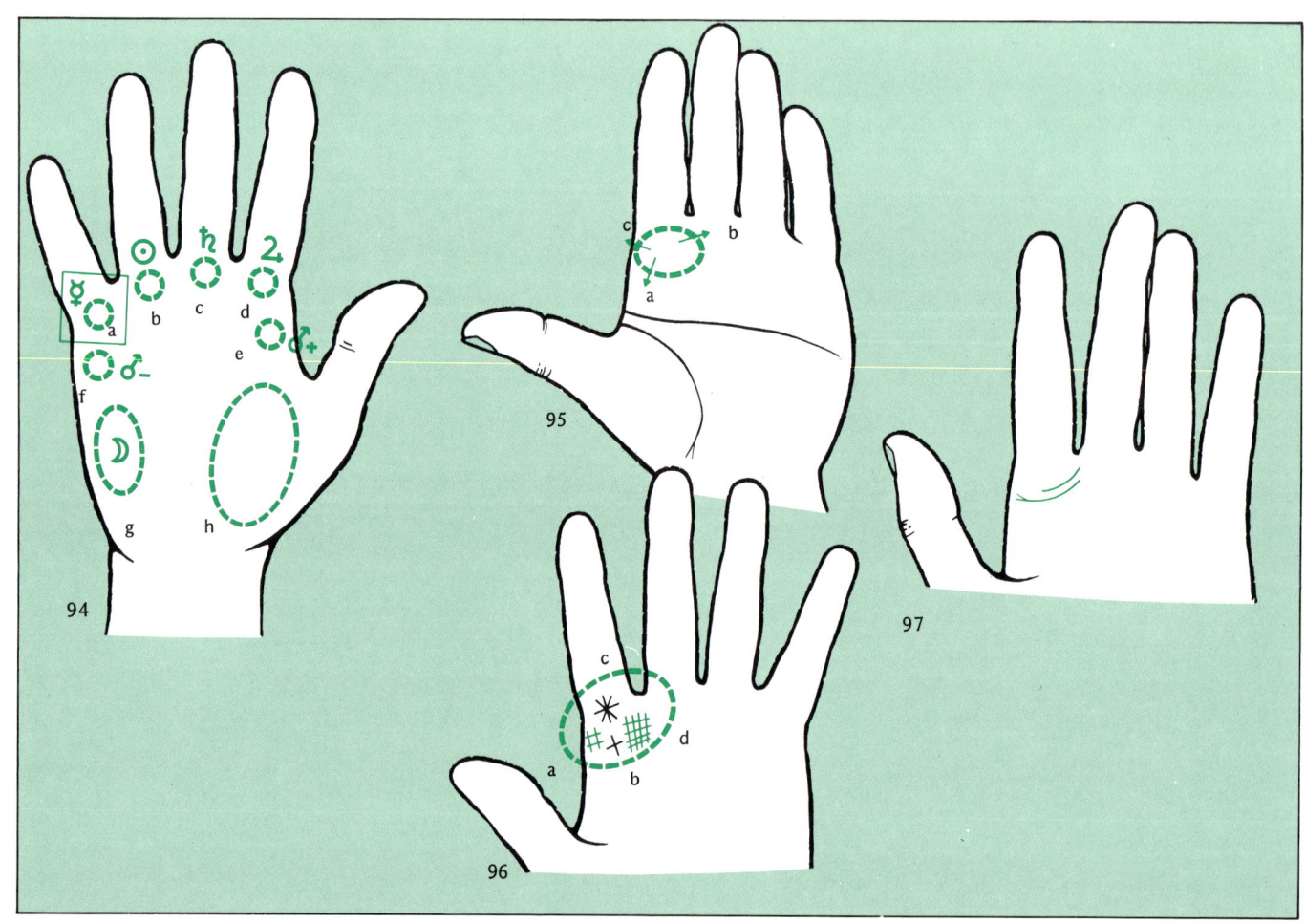

Die Berge

Die Berge der Hand (94):
a *Merkurberg,* b *Apolloberg,*
c *Saturnberg,* d *Jupiterberg,*
e *Kleiner Marsberg,* f *Großer*
Marsberg, g *Mondberg,*
h *Venusberg.*
Der Jupiterberg (95) mit
verschiedenen Gipfeln: a unten,
b *beim Saturnberg,* c *außen; und*
seine besonderen Zeichen (96):
a *Quadrat,* b *Kreuz,* c *Stern,*
d *Gitter.*
(97) *Salomonring.*

Rechts: Vier französische
Postkarten, Anfang des
20. Jahrhunderts.

Berge heißen die erhöhten Teile des Handtellers. Ihre Bedeutung verändert sich je nach Grad der Ausprägung. Sie können geradezu ins Auge springen, oder auch so verschwindend schwach ausgebildet sein, daß sie im Gesamtbild untergehen. Aber auch in diesem Fall werden alle eventuell vorhandenen Zeichen entsprechend der Zone interpretiert, in der die Chiromantie den Berg ansiedelt.
Es gibt acht Berge *(94),* die sich an ganz bestimmten Stellen befinden. Vier von ihnen liegen direkt unterhalb der einzelnen Fingeransätze und werden entsprechend bezeichnet: der *Jupiterberg* unter dem Zeigefinger, der *Saturnberg* unter dem Mittelfinger, der *Apollo-* oder *Sonnenberg* unter dem Ringfinger, der *Merkurberg* unter dem kleinen Finger. In dem Bereich zwischen Daumen und Zeigefinger, unterhalb des Jupiterberges, befindet sich der *Kleine Marsberg.* Er muß näher bezeichnet werden, da es

auch einen *Großen Marsberg* gibt: Dieser befindet sich auf der gegenüberliegenden Seite der Hand unter dem Merkurberg. Beide Berge liegen praktisch oberhalb von den Enden der Kopflinie und unterhalb der Enden der Herzlinie. Sehr wichtig sind der *Venusberg* und der *Mondberg.* Ersterer erhebt sich über dem Wurzelglied des Daumens, das Teil des Handrumpfes ist. Letzterer befindet sich zwischen Handgelenk und Großem Marsberg. Er liegt dicht an der Handkante und wirkt bei der Bildung des Handrückenprofils mit.

Der Jupiterberg

Wie aus Abbildung 95 ersichtlich, liegt dieser Berg unterhalb der Wurzel des Zeigefingers und steht für die bewußte Seite einer Persönlichkeit, was besonders die Auseinandersetzung mit dem Leben und der Umwelt betrifft. Je höher sich der

LIGNE de VIE FINE — Goût des Sports

ANNEAU DE VÉNUS — MÉNAGE HEUREUX ET UNI.

Mésange 907.

MAIN CHARNUE — Goûts Champêtres

MAIN AVEC LIGNES BIEN MARQUÉES — Caractère Rêveur.

Jupiterberg erhebt, desto stärker ist die Persönlichkeit. Starke Beachtung verdient der höchste Punkt des Berges, der bei wohlgeformten Bergen einen deutlich sichtbaren Gipfel bildet. Befindet sich dieser Berggipfel eher im unteren Bereich *(95a)*, d.h. nahe der Kopflinie, so liegt es in der Natur dieses Menschen, sich in den Dienst anderer zu stellen. Das geschieht aber nicht aus Zuneigung, sondern um sich unentbehrlich zu machen. Liegt der Gipfel des Jupiterberges eher in der Nähe des Saturnberges *(95b)*, so deutet das auf einen praktisch veranlagten Menschen hin, dessen ganzes Streben zweckgerichtet ist. Tendiert der Berggipfel jedoch eher zu einer Lage an der Handkante *(95c)*, dann handelt es sich um einen sehr ehrgeizigen Menschen, der aus Abenteuerlust das Verantwortungsbewußtsein für die eigenen sozialen Verpflichtungen geradezu verliert.

Beachtenswerte Bedeutungsveränderungen können auf diesem und auf anderen Bergen von der Anwesenheit besonderer Zeichen hervorgerufen werden. Ein sehr deutlich gezeichnetes *Quadrat (s. S. 64, Abb. 96)* steht für die Fähigkeit, das eigene Wissen weiterzugeben. Es ist typisch für Lehrer und gute Führungskräfte. Ein gut sichtbares *Kreuz (s. S. 64, Abb. 96)* an irgendeiner Stelle des Jupiterberges ist ein Zeichen für eine Liebesheirat, die – sollte eine haarfeine Schnittlinie den vertikalen Ast des Kreuzes zerteilen – zwar auf Hürden stoßen, aber nicht vereitelt werden kann. Ein *Stern (s. S. 64, Abb. 96)* auf dem Jupiterberg deutet auf schnellen, oft unerwarteten beruflichen Erfolg hin, der aber nicht zwangsläufig Reichtum mit sich bringen muß. Bei besonders ängstlichen und sensiblen Menschen kann man in manchen Lebensphasen auf dem Jupiterberg ein *Gitter (s. S. 64, Abb. 96)* bemerken, das von der Furcht hervorgerufen wird, etwas getan zu haben, das von anderen mißbilligt werden könnte. Ein weiteres, interessantes Zeichen auf dem Jupiterberg ist der *Ring des Salomon (s. S. 64, Abb. 97)*. Dies ist eine Linie, die durchgängig oder in zwei Stücke geteilt rund um die Wurzel des Zeigefingers führt. Je nach Ausgeprägtheit kann man beurteilen, wie es um die Vernunft und die Ratgeberfähigkeit einer Person bestellt ist. Besonders bei älteren Menschen läßt sich hier auch das Bedürfnis nach Einsamkeit und Meditation erkennen.

Der Saturnberg

Dieser Berg und der Mittelfinger, unter dem er liegt, haben die gleiche Bedeutung. Der Saturnberg informiert also über die Natur der Beziehungen, die der Betreffende in seinem beruflichen und sozialen Umfeld unterhält. Die Intensität dieser Beziehungen richtet sich danach, wie stark sich der Berg erhebt. Befindet sich der höchste Punkt des Berges nahe dem Zentrum des Mittelfingeransatzes *(98a)*, so ist der Bescheid positiv: Diese Person ist äußerst befähigt, geschäftliche Angelegenheiten zu planen und erfolgreich durchzuführen. Wenn sich aber der Gipfel nach unten verlagert, mehr zur Kopflinie hin *(98b)*, so nimmt diese Fähigkeit ab, droht gänzlich zu versiegen. Befindet sich der herausragendste Punkt des Saturnberges näher am Apolloberg *(98c)*, dann nimmt er negative Bedeutung an. Das geschäftliche Geschick ist gering, und hinzu kommt noch die Neigung, über seine Verhältnisse zu leben. Ein deutliches *Kreuz (99a)* auf dem Saturnberg ist – besonders wenn es aus zwei gleich langen Strichen besteht – Zeichen für einen unvorhergesehenen Tod, der gewaltsam, meist durch einen Unfall herbeigeführt wird. Die Wahrscheinlichkeit wächst im selben Maß, in dem das Zeichen deutlicher, klarer, in seiner Farbe lebhafter wird: je dunkler die Farbe, desto näher der Unfall. Auch ein *Saturnring (99b)* kann sich auf dem Saturnberg befinden. Das ist ein eher seltenes, nur zeitweise auftretendes Zeichen, dessen Bedeutung nie positiv ist. Wenn es besonders klar zu erkennen ist, weist es auf einen ständigen und oft unerklärlichen Mangel an Erfolg im Beruf hin.

Der Apolloberg

Sein Platz *(100)* liegt unter dem Ring- oder Apollofinger, nach dem er auch benannt ist, weil er wie dieser die verborgensten Fähigkeiten des Menschen verkörpert, nämlich seine Emotionalität und seine Kreativität, besonders was den Bereich der Kunst betrifft. Häufig verschwimmen die Konturen dieses Berges mit denen des Saturn- und des Merkurbergs. Aber die Untersuchung der besonderen Zeichen muß auf jeden Fall auf seinem Hoheitsgebiet vorgenommen werden, das aus der Abbildung näher zu ersehen ist. Ein deutlich gezeichneter *Stern (100a)* bedeutet Erfolg in der Arbeit und im Leben überhaupt – vor allem, wenn die Berufswahl aufgrund der natürlichen Begabungen getroffen wurde. Ein *Kreuz (100b)* hingegen deutet auf Schwierigkeiten beim Erreichen der Ziele hin, auch wenn die nötigen Qualitäten für den Erfolg vorhanden sind. Ein für den Apolloberg typisches Zeichen, das auch den Saturnberg miteinbezieht, erblickt man im *Venusring (100c)*, einer Linie, die im Bogen die beiden Berge umläuft, ohne die Herzlinie zu berühren. Ist sie deutlich gezeichnet, so spricht das von Empfindsamkeit und schöpferischer Sensibilität in der Kunst, verrät aber auch einen gewissen Sinn fürs

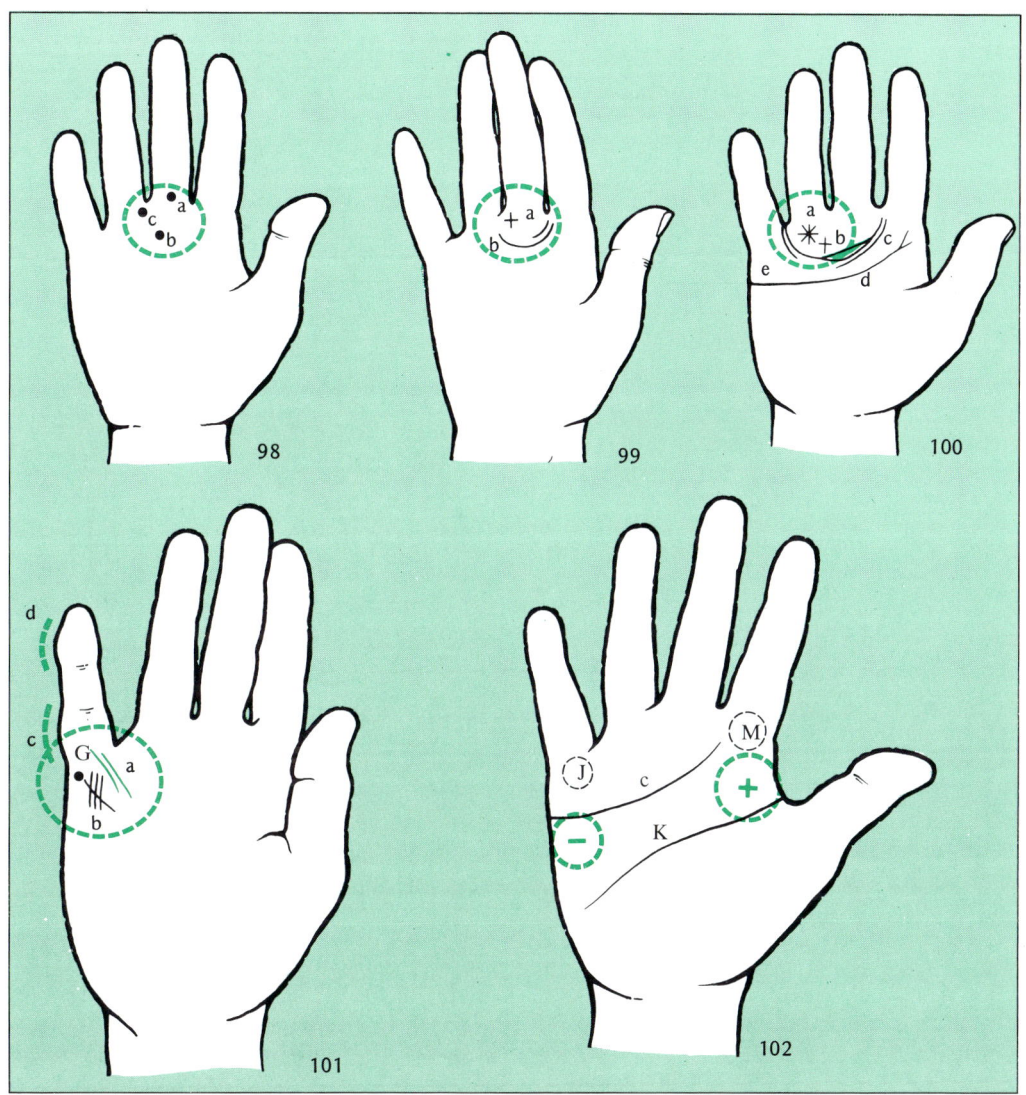

98
99
100
101
102

Der Saturnberg mit verschiedenen Gipfeln (98):
a *oben*, b *unten*, c *beim Apolloberg; und seine besonderen Zeichen* (99): a *Kreuz*, b *Saturnring*.
Der Apolloberg (100): a *Stern*, b *Kreuz*, c *Venusring*, d *Inseln auf dem Venusring*, e *die Herzlinie*.
Der Merkurberg (101): G *Gipfel außen*, a *Schnittlinien*, b *Zeichen der Intuition*, c und d *Zeichen der angewandten Wissenschaften*.
Die Marsberge (102) *Kleiner* (+) *und Großer* (–) *Marsberg:*
c *Herzlinie*, K *Kopflinie*, J *Jupiterberg*, M *Merkurberg*.

Praktische, der hilft, das von der Phantasie Erdachte zu verwirklichen. Dieser Ring kann auch auf ausgeprägtes Sexualleben hinweisen. Die jeweils richtige Interpretation hängt von anderen Anzeichen ab, die im Laufe des Handlesens auftauchen können. Der Venusring kann sich auch aus vielen kleinen bogenförmigen Strichen zusammensetzen, die insgesamt einen Gürtel um die beiden Berge herum darstellen; die Bedeutung ändert sich damit nicht, und der Erfolg wird der gleiche sein, auch wenn sich größere Hindernisse in den Weg stellen. Negative Bedeutung nimmt der Ring an, wenn er aus zwei Halbkreisen zusammengesetzt ist, die sich überschneiden. In diesem Fall wird das ursprüngliche Bild des Charakters durch einen Hauch von Leichtfertigkeit abgewandelt. Die künstlerische Schöpfungskraft hilft nun mit der Oberfläch-

lichkeit des Improvisierens zusammen und läßt sie leicht ins Alltägliche abgleiten. Wenn einer der beiden Kreise noch dazu von einer Insel *(100d)* durchbrochen ist, so kann eventuell eine ziemlich schwerwiegende Anomalie sexueller Natur vorliegen.

Der Merkurberg

Er befindet sich unter dem kleinen Finger und gibt Auskunft über die individuellen Neigungen, die beim Apolloberg noch fehlten, d. h. über die Liebe zu den Naturwissenschaften, über kaufmännische Begabungen, Beredsamkeit, Interesse an Geld und Unternehmungslust. Die letztgenannte Eigenschaft ist besonders ausgeprägt, wenn der Gipfel des Berges *(101)* in der Nähe der Handkante liegt.

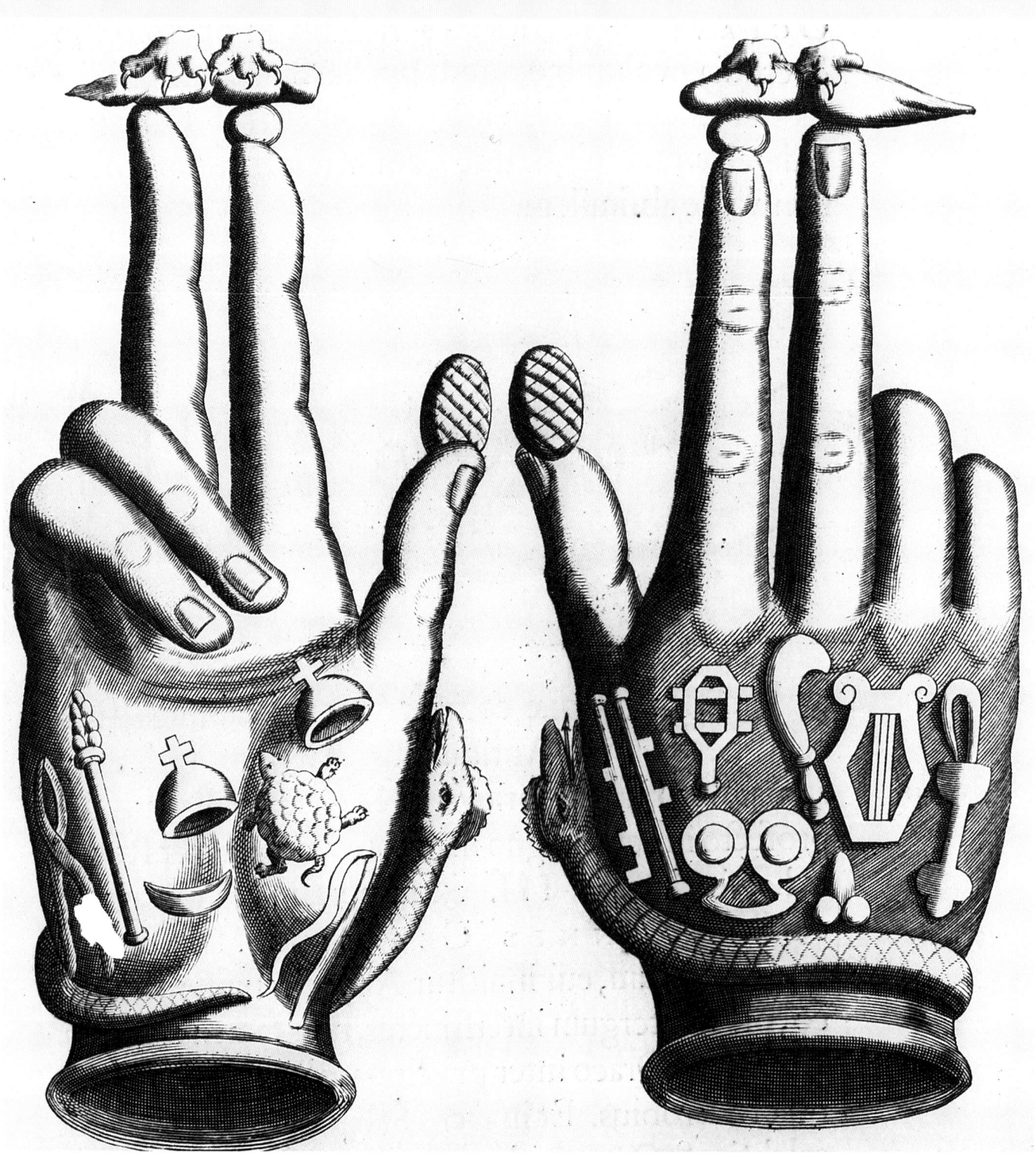

Links: Ägyptische magische Hände von Pignori, Isistafel, *Amsterdam, 1669.*

Zwei – auch unterschiedlich lange – *Schnittlinien*, die quer über den Berg in Richtung Handflächenmitte führen, weisen auf die wissenschaftlichen Neigungen des Menschen hin, wobei der besondere Schwerpunkt bei abstrakten Fächern liegt. Wenn aber ein Knoten zwischen dem Nagel und dem Nagelglied des kleinen Fingers erscheint, so sucht sich das wissenschaftliche Interesse ein praktisches Betätigungsfeld, z.B. bei der biologischen oder chemischen Industrie oder bei der Forschung im allgemeinen. Weitere interessante Erkenntnisse kann uns der Merkurberg liefern, wenn zwei oder drei Striche vertikal über seinen mittleren Teil verlaufen und von einer Querlinie geschnitten werden. Sie stehen für ein beachtliches Maß an Intuition in allen Lebenslagen.

Die Marsberge

Es gibt zwei Marsberge, von denen der eine *Kleiner Marsberg* heißt (er befindet sich in dem Bereich zwischen Daumen und Zeigefinger, zwischen Herz- und Kopflinie, s. S. 67, Abb. 102) und der andere *Großer Marsberg* genannt wird (dieser befindet sich auf der dem Kleinen Marsberg gegenüberliegenden Seite der Handfläche, s. S. 67, Abb. 102). Der Kleine Marsberg gibt uns einen Anhaltspunkt für die Bereitschaft, sich körperlich einzusetzen. Je deutlicher der Berg, desto entwickelter ist diese Eigenschaft. Der Große Marsberg hingegen informiert über die Charakterstärke des betreffenden Menschen, über seine Ausdauer und seine Beständigkeit. Die beiden Berge haben die gleiche Bezeichnung erhalten, weil zwischen ihnen eine sehr enge Beziehung besteht. Die Bereitschaft, sich körperlich einzusetzen, kommt nur schwerlich zum Ausdruck, wenn sie nicht von einer entsprechenden Charakterstärke unterstützt wird und umgekehrt. Ist der Kleine Marsberg unausgebildet und kaum zu erkennen, so ist der Mensch zwar durchaus zu einer mutigen Handlung fähig, aber nicht aus Impulsivität, sondern – falls der Große Marsberg stärker ausgeprägt ist – aus Überlegung.

Der Venusberg

Der Venusberg *(103)* besetzt den Teil der Hand, der in der Medizin »Eminentia thenar« genannt wird, d.h. er sitzt auf dem in die Hand integrierten Wurzelglied des Daumens. Er spiegelt die physische Energie des Individuums wider, ist ein Maß für die Sinnlichkeit des Betreffenden und für seine Fähigkeit zu lieben. Er sagt etwas über das Verhaftetsein mit der Familie und den Kindern aus. Wegen seiner Lage ist dieser Berg Ausdruck eines großen Teils der aktiven Seite des Unbewußten im Menschen. Wenn er ausgedehnt und fleischig ist, läßt sich darin folglich ein Symptom für eine hohe Ladung an Lebensenergie sehen, die manchmal sogar so hoch ist, daß sie ständig nach einem Ventil sucht, um Dampf abzulassen und sich zu offenbaren. Ein solches Maß an Energie kann bis zur

Rechts: Venusberg (103):
a *obere Hälfte,* b *untere Hälfte,*
F *Familienring; und seine besonderen Zeichen* (104):
F *Familienring,* a *Linien, die vom Daumen zur Handfläche streben,* b *Gitter,* c *und* d *Marslinie oder Linie der Bestimmung.*

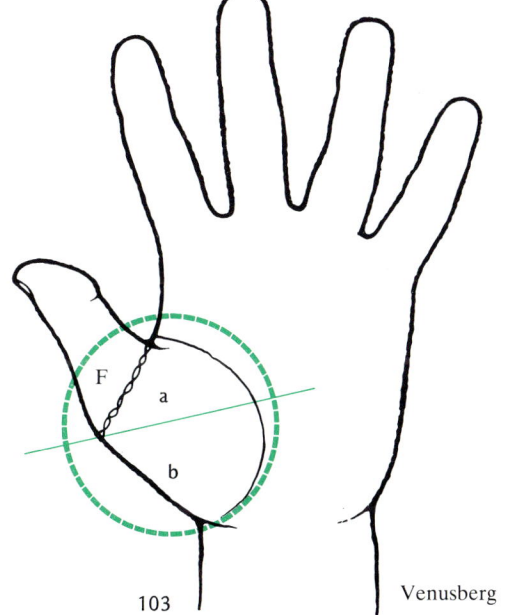

103   Venusberg

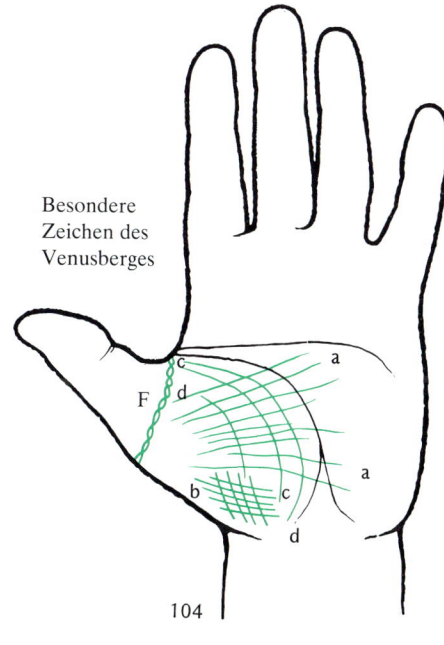

Besondere Zeichen des Venusberges

104

Brutalität führen (aber die Stichhaltigkeit einer solchen Behauptung muß sich an Hand- und Daumenform erweisen). Ist der Venusberg hingegen nicht sehr fest oder geradezu schlaff, so ist das ein sicheres Zeichen für sexuelle Entbehrungen (die auch zeitlich beschränkt und auf ein Trauma oder eine Krankheit zurückzuführen sein können). Es kann sich aber auch um eine normale, altersbedingte Verschlechterung handeln. Einige Wissenschaftler (unter ihnen auch die Verfasserin) unterteilen den Venusberg in zwei Hälften. Der obere, zur Kopflinie hinzeigende Teil, repräsentiert die Sphäre des Geistes, der untere hingegen ist besonders bei guter Entwicklung Kennzeichen für künstlerische Ausdrucksfähigkeit und Sinnlichkeit. Ein ausgedehnter Berg wie der Venusberg ist oft von Linien und von besonderen Zeichen durchfurcht. Zahlreiche Linien lassen auf ein lebhaftes Temperament und ein intensives soziales Leben schließen. Je weniger Linien, desto stärker macht sich Gleichgültigkeit gegenüber dem Nächsten bemerkbar. Betrachten wir nun einige der wichtigsten Linien (Abbildungen s. S. 69).

Die Marslinie (104c, d): Sie besteht aus einem Halbkreis, der parallel zur Lebenslinie verläuft. Es können auch zwei Marslinien vorkommen, andere Hände wiederum haben gar keine. Diese Linie bzw. Linien unterstreichen die Vitalität des Menschen und seine Fähigkeit, Krankheiten abzuwehren. Außerdem schützen sie den Betreffenden vor Gefahren, die ihm durch Neid oder durch die Magie anderer drohen. Es handelt sich hier in der Regel um Personen, die tatsächlich die Mißgunst anderer erwecken können, da sie sehr begabt sind und somit über eine ausgezeichnete Startbasis für die Karriere verfügen.

Unzählige kleine Linien, die vom Daumen aus in Richtung Handflächenmitte verlaufen (104a): Solche Linien schließen sehr tiefe gefühlsmäßige Beziehungen aus. Werden sie noch dazu von einem Gitter im unteren Teil des Venusberges *(104b)* ergänzt, so zeugt dies von Oberflächlichkeit in den Gefühlen, die von einem ständigen Hunger nach Neuem und nach möglichst heftigen Emotionen begleitet wird.

Manchmal sieht man auch Hände mit vielen kleinen Linien, die den Venusberg durchziehen, aber die Lebenslinie nicht schneiden. Sie können unterschiedlich stark ausgeprägt sein, nahe beieinander liegen oder in größeren Abständen voneinander entfernt zu finden sein. Ein Mensch mit solchen Linien übt eine Tätigkeit aus, die ihn auf einem höheren Niveau mit der Öffentlichkeit in Berührung bringt, wie dies bei Selbständigen, Politikern, Journalisten usw. der Fall ist.

Der Familienring (104c): Dieses Zeichen besteht meistens aus zwei oder drei miteinander verschlungenen Linien und befindet sich an der Wurzel der beiden äußeren Daumenglieder, d.h. direkt am Gelenk. Wenn der Ring deutlich erkennbar ist, so ist sein Träger der eigenen Familien stark verbunden und ihr gegenüber überaus verantwortungsbewußt.

Der Mondberg

Unter Mondberg versteht man jene leichte Erhebung (s. S. 72, Abb. 105), die die Mediziner »Hypothenar« nennen. Der Mondberg befindet sich auf der gegenüberliegenden Seite des Venusberges und wird oben von der Kopflinie, unten vom Handgelenk begrenzt. Zur seitlichen Eingrenzung dienen der Rücken der Hand und die Merkurlinie. Die Aussage des Mondberges betrifft den Grad der Vorstellungskraft und die Frage, wie sehr sich der Mensch von seiner eigenen Phantasie beeinflussen läßt. Im Gegensatz zum Venusberg, der die aktiven Energien repräsentiert, spricht aus dem Mondberg Sensibilität oder auch eine gewisse Kreativität, die auf der Fähigkeit des Menschen beruht, der Phantasie entsprungene Einfälle konkret zu nutzen. Die Bestätigung dafür kann man finden, indem man überprüft, ob Handform und Aussehen des Berges übereinstimmen. Außerdem gilt diese Annahme nur für breite und eckige Hände, die den praktischen, positiven Typ darstellen.

Der Mondberg zeigt also den Grad des Gleichgewichts an, das zwischen objektiver Realität und individueller Sichtweise des betreffenden Menschen besteht. Diese individuelle Sichtweise aber ist wiederum ein Produkt aus Wirklichkeit und Phantasie. Hier liegt also eine besonders komplexe Angelegenheit vor, mit der man sich etwas länger befassen sollte, um die verschiedensten Seiten der Persönlichkeit beleuchten zu können.

Ein gut entwickelter Mondberg zeigt auch Liebe zur Natur an, und wenn der Gipfel nach unten gelagert ist, so heißt das, daß dieser Mensch eine starke, empfindsame, rhythmische Musikalität besitzt, die auch sein Bedürfnis nach Harmonie und nach harmonischen Bewegungen erklärt. Besondere Zeichen auf diesem Berg haben meist sehr genau bestimmbare Bedeutungen. Die *Querlinien* im oberen Teil des Berges versprechen ihrem Träger häufige Gelegenheit zum Reisen. Ein *Gitter* auf dem unteren Teil des Berges und nahe dem Handrücken ist Zeichen für Schwierigkeiten beim Streben nach Erfolg und Anerkennung. Ein wohlgezeichnetes *Kreuz* in irgendeinem Teil des Berges spricht von Mangel an Vernunft und kritischem Geist. Eine

Ganz rechts: Ausschnitt aus dem Relief Tribut in der Residenz von Sargon II., Khorsabad.

70

Der Mondberg (105) *mit seinen besonderen Zeichen:* G *Gipfel unten,* a *Querlinien,* b *Gitter oder Netz,* c *Kreuz,* d *Merkurlinie,* e *Kopflinie,* f *Lebenslinie,* g *Herz-linie. Die Marsebene* (106a) *liegt im Zentrum der Handfläche; sie wird von fast allen Linien durchquert, sowohl von den Haupt- als auch von den Nebenlinien;* b *Mondberg.*

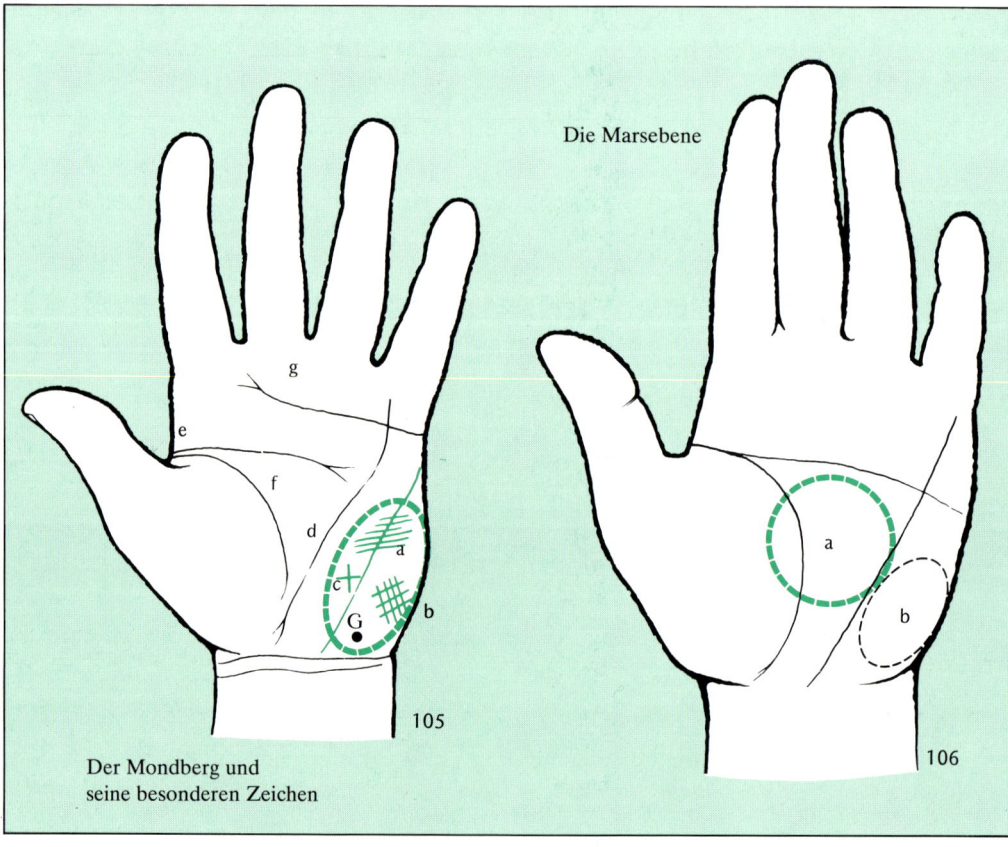

Die Marsebene

105

Der Mondberg und
seine besonderen Zeichen

106

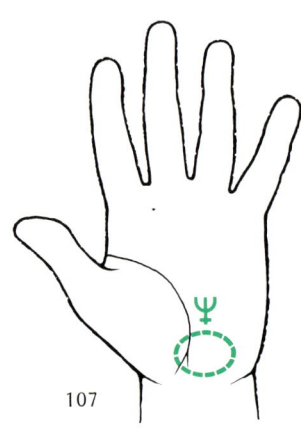

107

Oben: Die Neptunebene (107) *zeigt die größere, kleinere oder nicht existierende Suggestionskraft an.*

Schnittlinie, die den Mondberg parallel zur Merkurlinie durchschneidet, deutet auf Materialismus hin. Nützliche Hinweise auf den Gesundheitszustand der Milz kann man aus der Farbe, der Entwicklung und der Festigkeit des Mondberges gewinnen.

Die Marsebene

Mit diesem Namen bezeichnet man den mittleren Teil der Handfläche, der von fast allen Hauptlinien und vielen Nebenlinien durchquert wird *(s. Abb. 106)*. Betrachtet man die Marsebene nach den Richtlinien der letzten Seiten, die im Hinblick auf eine Gesamtschau der Hand gegeben wurden, so kann man keine beachtenswerten Schlüsse ziehen. Die chirologische Bedeutung der Marsebene läßt sich durch Betasten aufdecken, und die möglichen Erkenntnisse betreffen den Charakter des Menschen.

Wenn Sie genau auf die Mitte der Marsebene einen gezielten Druck ausüben und dabei die Handdicke als wenig kräftig empfinden, so wird der betreffende Mensch labil, unsicher und leicht zu beeinflussen sein. Wenn sich die Mitte der Marsebene jedoch kompakt und kräftig anfühlt, besitzt dieser Mensch auch einen stärkeren Charakter und weiß seine Persönlichkeit mit größerer Sicherheit durchzusetzen.

Die Neptunebene

Die Neptunebene besteht in einer kleinen Senkung zwischen Venus- und Mondberg *(107)*. Sie selbst ist nicht besonders aussagekräftig, aber ihr Ausmaß und die Linien, die sie durchqueren, verleihen ihr Bedeutung. Ist diese Ebene ziemlich groß und von regelmäßigen Linien durchzogen, so besitzt der Mensch die Fähigkeit, andere Menschen durch seine Lebensenergie und Überzeugungskraft zu beeindrucken.

Die Linien
und die Zeichen der Hand

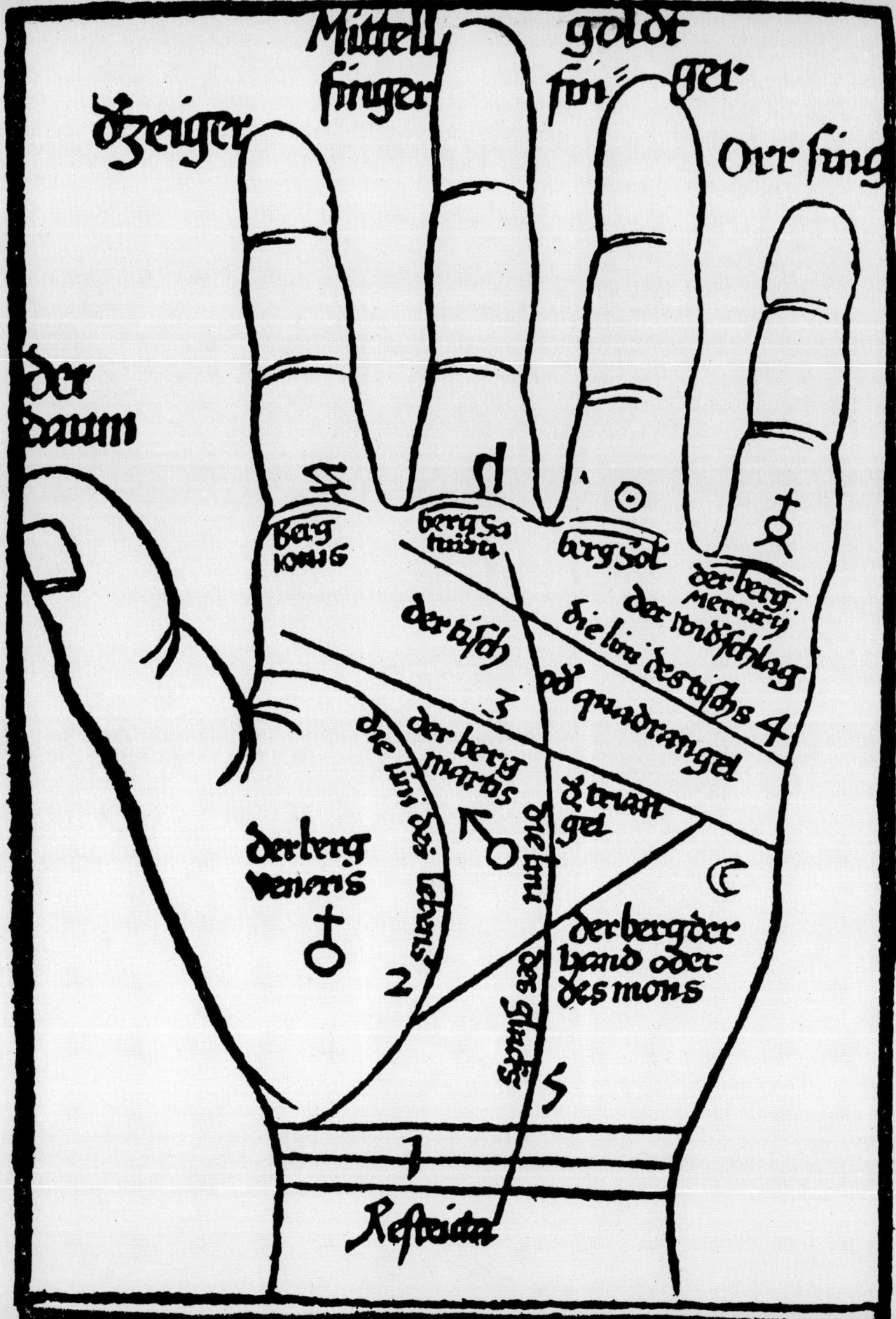

Die vier Hauptlinien

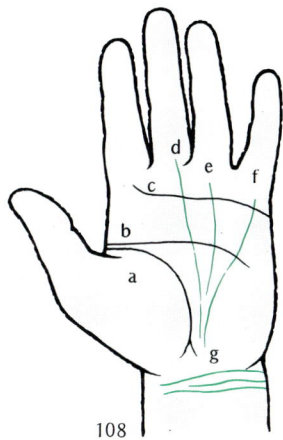

108

Oben: Die wichtigsten Linien der Hand (108): a Lebenslinie, b Kopflinie, c Herzlinie, d Schicksalsline, e Sonnenlinie, f Merkurlinie, g Raszetten.
Rechts unten: Die Lebenslinie (109) verläuft ungefähr am Venusberg entlang; a Jupiterberg, b Lebenslinie, c Raszetten.

Links: Deutscher Druck mit Linien, Bergen und ihren Symbolen (Biblioteca Trivulziana Fondo Morando, Mailand).

Die Innenhand ist von Zeichen durchzogen, die wir normalerweise Linien nennen. Aufgabe der Chiromantie ist es, diese Linien so korrekt wie möglich zu interpretieren. Warum sie sich nun in der Innenfläche unserer Hände befinden, was sie da hineingräbt und wodurch die von Hand zu Hand auftretenden Unterschiede hervorgerufen werden, das alles sind Fragen, die wir noch nicht mit absoluter Sicherheit beantworten können.

Bereits am Anfang dieses Buches wurden die Theorien erwähnt, die unter den Wissenschaftlern das größte Ansehen genießen. Natürlich sind im Laufe der Jahrhunderte viele Hypothesen aufgestellt worden, um Erklärungen für ungelöste Rätsel zu finden. Aber sobald diese Rätsel gelöst sein werden, wird die Chiromantie endlich aus dem Bannkreis heraustreten, in dem sie sich so viele Jahre lang gezwungenermaßen aufhalten mußte. Nach einer Theorie, die am Anfang des 19. Jahrhunderts viel Glauben fand, haben sich die Handlinien als Konsequenz von Handlungen eingeprägt, die wir in unserem vorherigen Leben begangen haben, nach dem Prinzip, daß »sich die Schuld der Väter auf die Söhne vererbt«, wobei man unter »Väter« unsere früheren Reinkarnationen verstand. Aber schon Ende des vergangenen Jahrhunderts wurde diese unwahrscheinliche Hypothese verworfen. Schon der bekannte Chiromant und Astrologe Desbarolles vertrat in seinem erfolgreichen, 1859 in Paris veröffentlichten Buch *Les mystères de la main* folgende Theorie: »Es gibt nichts Erstaunlicheres als die Elektrizität, die über das Nervensystem von den Händen ins Gehirn und vom Gehirn in die Hände fließt, dabei fortlaufend Spuren auf ihrem Weg hinterläßt und das Schicksal, das von den Sternen kommt, mit den Leidenschaften, die aus dem Gehirn kommen, zusammenführt.« Wenn wir eine offene Hand betrachten, können wir zwei Arten von Linien darin unterscheiden. Es gibt einige größere Linien, die die Hand horizontal und vertikal durchziehen und normalerweise klar ersichtlich sind. Daneben gibt es weitere und zahlreichere Linien, die kurz sind und oft bizarr verlaufen; diese Linien sind nur leicht in die Oberfläche der Hand eingeritzt.

Mit diesen Vorbemerkungen kann bereits eine erste Klassifikation der Linien vorgenommen werden. Wir unterteilen sie in *Haupt-* und *Nebenlinien*. Die letztgenannten erfahren ihrerseits wieder weitere Unterteilungen.
Die vier wichtigsten Hauptlinien *(108)* sind die *Lebenslinie, Kopflinie, Herz-* und *Schicksalslinie*. Sie sind fast immer in jeder Hand vorhanden; das Fehlen einer von ihnen ist von äußerst wichtiger Bedeutung und gilt als Zeichen für ein

außergewöhnliches Schicksal. Diese vier Hauptlinien werden so bezeichnet, weil sie auch alleine ausreichen würden, um die Grundzüge eines Charakters zu definieren. Dadurch, daß die nie fehlende Lebenslinie auch den Daumen, den Finger des Willens umfaßt, enthüllt sie, wie eben dieser Wille bei den verschiedensten Gegebenheiten eingesetzt wird. Die Kopflinie, die die Handfläche praktisch in zwei Hälften teilt, repräsentiert das Einfühlungsvermögen, die Intelligenz, das Gedächtnis. Sie bewahrt Erinnerungen auf, sie schaut in die Zukunft, die von der Marsebene dargestellt ist. Sie bildet die Demarkationslinie zwischen den Idealvorstellungen und deren praktischer Anwendung. Die Herzlinie schließlich zeigt die Sensibilität, Emotionalität und die Liebesfähigkeit. Diese ersten drei Linien reichen aus, um einen Menschen kurz zu beschreiben. Außer diesen Hauptlinien gibt es noch andere, die weniger wichtig sind, weil sie nicht unbedingt in jeder Hand auftauchen müssen, und weil ihr Fehlen nichts Außergewöhnliches ist: *die Kinderlinie, die Ehelinie, die Linie des Witwertums, die Leber- oder Merkurlinie (auch Linie der Gesundheit), die Sonnen- oder Apollolinie und die Raszetten.*

Die Lebenslinie

Sie beginnt zwischen Daumen und Zeigefinger, läuft unterhalb des Venusberges entlang und ist dadurch bereits in einem bestimmten Sinn definiert. Die ideale Lebenslinie *(109)* beginnt unterhalb des Jupiterberges und schwingt in einen harmonischen, gut sichtbaren Halbkreis bis zum Handgelenk aus, wo sie in die erste Raszette

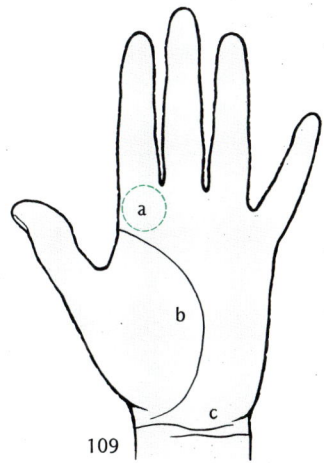

109

übergeht. Ihr Einschnitt muß gleichmäßig und nicht sehr tief sein, ihre rosarote Färbung etwas intensiver als die Haut der Innenhand. Diese Linie darf nicht von besonderen Zeichen wie

Punkten, Inseln, Quadraten, Sternen, Kreuzen usw. unterbrochen und auch nicht von Querlinien durchschnitten sein. Die wenigen Menschen, die eine vergleichbare Lebenslinie besitzen, erfreuen sich guter Gesundheit, sind ausgeglichen und vital und haben ein normales sexuelles Verlangen. In Wirklichkeit aber kann diese Linie zweifellos die meisten Abweichungen aufweisen, welche man mit größter Sorgfalt untersuchen sollte.

Der Anfang der Lebenslinie
Wir beginnen mit dem Ausgangspunkt der Lebenslinie, der mehr oder weniger nahe beim Jupiterberg liegen kann.

1. *Beginn nahe am Jupiterberg (110a):* Dieser Mensch ist eine herausragende Persönlichkeit, was zur Selbstüberschätzung verleiten kann. Er entwickelt leicht einen übermäßigen Ehrgeiz, der den Umständen häufig nicht entspricht (je nach Ausprägung des Jupiterberges).

2. *Beginn ungefähr in der Mitte zwischen Daumen und Zeigefinger (110b):* Diese Person verfügt über ein ausgeglichenes Temperament, läßt sich aber gern wirksam von außen beeinflussen.

3. *Beginn nahe am Daumen (110c):* Der Betreffende hat keine ausgeprägte Persönlichkeit. Er neigt dazu, sich selbst zu isolieren. Dieser Beginn findet sich bei Personen, die sich der Askese verschrieben haben.

Das Ende der Lebenslinie
Auch die Art und Weise, wie die Lebenslinie endet, muß sehr genau betrachtet werden.

1. *Die Lebenslinie umkreist den Venusberg vollständig und verschmilzt eventuell mit der ersten Raszette (111):* Dieser Mensch liebt die Häuslichkeit. Sein Heim ist aber kein Schlupfwinkel, in dem er sich versteckt, sondern ein bewußt gewählter Ausgleich zum Berufsleben und den sozialen Verpflichtungen.

Lösen sich im letzten Abschnitt kurze gebogene, feine Linien aus der Lebenslinie heraus, die sich zum Mondberg hin orientieren *(111),* dann wird diese Häuslichkeit von einem starken Wunsch nach Freiheit, nach mehr Raum gestört. Die Folge können eine Reise, aber auch umwälzende Veränderungen sein. In diesem Fall sollte man beide Hände miteinander vergleichen: Tauchen diese Zeichen nur in der linken Hand auf, dann wird dieser Mensch aus irgendeinem Grund nicht dazu in der Lage sein, sich von zu Hause zu entfernen, er wird sich deshalb in Träumereien flüchten. Sind diese Hinweise aber auch in der rechten Hand zu finden, dann werden äußere Umstände dieses Leben sehr bewegt gestalten, der Betreffende wird viele Reisen unternehmen müssen, was ihm zwar gegen den

Strich gehen kann, aber nicht zu verhindern sein wird.

2. *Die Lebenslinie biegt sich in ihrem Endabschnitt zum Mondberg hin (112):* Tritt diese Orientierung sehr deutlich zutage, stehen wir einem Menschen gegenüber, der Reisen und Abenteuer über alles liebt, wie es zum Beispiel Seefahrer oder Astronauten tun. Diese Menschen werden sich auf längere Sicht gesehen wohl kaum von irgendwelchen Umständen in ihren Wünschen beschneiden lassen.

3. *Die Lebenslinie teilt sich in zwei Zweige, die in gegensätzliche Richtungen weisen, einer davon zeigt zum Mondberg hin (113):* Dieser Mensch gönnt sich einige Reisen, wünscht sich aber jedesmal recht bald, wieder zurückzukehren.

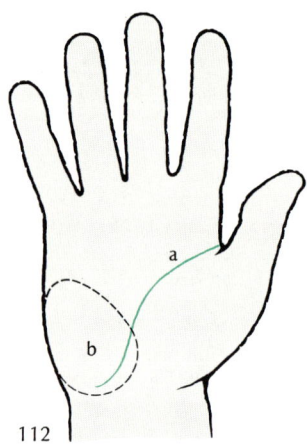

112

Der Verlauf der Lebenslinie
Die Lebenslinie kann in ihrem Verlauf einen gleichmäßig geschwungenen Bogen bilden oder Verästelungen und Unterbrechungen verschiedener Art aufweisen. Sie kann mehr oder weniger tief in der Hand liegen und unterschiedliche Färbung zeigen.

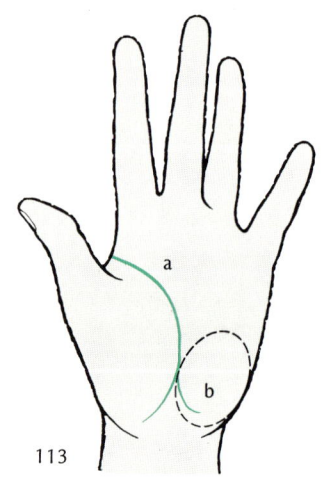

113

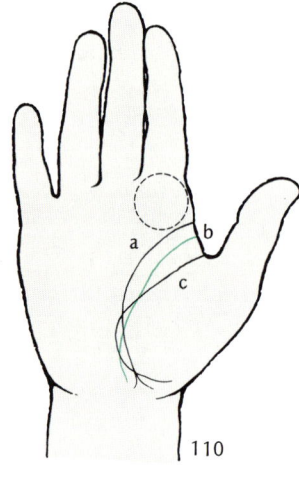

110

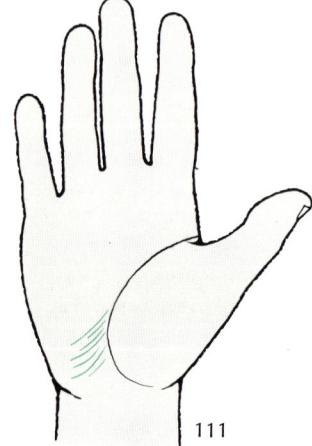

111

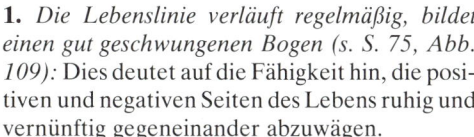

Die Lebenslinie kann lang und zart sein (114a), undeutlich gezeichnet 114b), tief eingekerbt (114c). Sie kann verschiedene Arten von Unterbrechungen aufweisen (115), ein Quadrat oder ein Rechteck auf der Bruchstelle (116), oder sie kann von länglichen Inseln unterbrochen sein (117).

1. *Die Lebenslinie verläuft regelmäßig, bildet einen gut geschwungenen Bogen (s. S. 75, Abb. 109):* Dies deutet auf die Fähigkeit hin, die positiven und negativen Seiten des Lebens ruhig und vernünftig gegeneinander abzuwägen.

2. *Die Lebenslinie ist lang und zart (114a):* Hier offenbart sich eine außergewöhnliche nervöse Sensibilität, die in ernsten Erschöpfungszuständen gipfeln kann, besonders in Verbindung mit dem Klimakterium.

3. *Die Lebenslinie ist schlecht gezeichnet, nimmt einen unsicheren Verlauf und ist nur oberflächlich eingeprägt (114b):* Der Betreffende verfügt über mangelnde Energie und fühlt sich selbst von Kleinigkeiten gestört, wird aber trotzdem ein respektables Alter erreichen.

4. *Die Lebenslinie ist tief eingekerbt und von einer intensiven Rosafärbung (114c):* Der zu dieser Hand gehörende Charakter neigt zu Aggressionen und Gewalttätigkeit, ein Mensch, der in all seinen Urteilen leidenschaftlich und impulsiv ist.

5. *Die Lebenslinie ist unterbrochen (115a, b und c):* Die Unterbrechung muß auffällig und gut sichtbar sein, um als solche gewertet zu werden. Ihr Erscheinen deutet auf eine schlimme Krankheit oder einen schweren Unfall hin, was mit Lebensgefahr für den betreffenden Menschen verbunden sein kann. Diese Unterbrechungen der Lebenslinien sind schon von Geburt an vorhanden, und nur sehr selten werden sie schärfer hervortreten oder eine kräftigere Färbung bekommen, wenn das bedrohliche Ereignis näherrückt. Mittels der Zeitbestimmung kann man den Zeitpunkt mit hoher Wahrscheinlichkeit festlegen und herausfinden, ob es sich um Krankheit oder Unfall handeln wird. Liegen aber die beiden Enden der unterbrochenen Linie innerhalb eines aus vier Kapillarlinien geformten Quadrats oder Rechtecks, deren Seiten sich im rechten Winkel schneiden *(116)*, so werden die Krankheit oder der Unfall das Leben des Menschen nicht gefährden; allerdings können sie bleibende psychische oder physische Schäden hinterlassen. Dieses Viereck, das die Todesgefahr im Falle einer unterbrochenen Lebenslinie ausschließt, bildet sich oft nur wenige Monate vor dem voraussichtlichen Eintreten des Unfalls oder der Krankheit und verschwindet kurze Zeit danach wieder. Dies ist ein Beweis dafür, daß der Wille zum Überwinden von Schwierigkeiten im Leben ausschlaggebend sein kann.

6. *Die Lebenslinie enthält eine oder mehrere, gut sichtbar voneinander abgegrenzte Inseln (117–119):* Dies ist ein Hinweis auf mehr oder weniger schwere, aber ungefährliche Krankheiten, die in gewissen Zeitabständen immer wie-

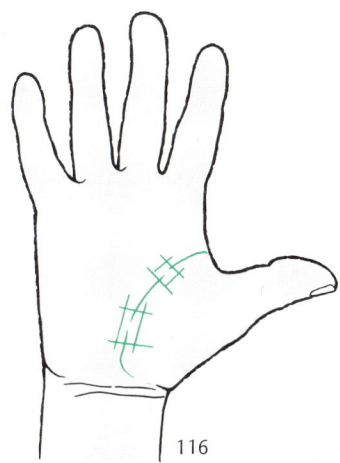

116

der auftreten. Dabei handelt es sich nicht um chronische Krankheiten, sondern um eine häufige Organschwäche. Diese Inseln gelten auch als Symptome für Erschöpfungszustände und nervöse Schwächen. Wenn sich die Inseln quer zur Lebenslinie legen *(s. S. 79, Abb. 118),* muß auf ihre Richtung geachtet werden, d.h. auf den Winkel, den sie mit der Lebenslinie selbst bilden. In diesem Fall ist nicht die Gesundheit ausschlaggebend, sondern es sind enorme ökono-

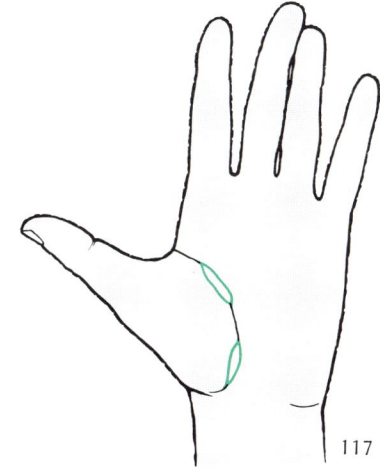

117

mische Faktoren im Spiel. Zeigt sich die Insel zum Merkurberg hin *(s. S. 79, Abb. 118a),* sind Sorgen im geschäftlichen Bereich oder – je nach Lebensabschnitt, in den sie fällt – Kummer mit den Kindern angesagt. Weist die Insel in Richtung Saturnberg *(s. S. 79, Abb. 118b),* dann werden in dem durch die Zeitbestimmung errechneten Lebensabschnitt möglicherweise schwerwiegende und folgenreiche ökonomische Schwierigkeiten auftreten. Richtet sich die Insel wiederum zum Sonnenberg, also zum Ansatz des Ringfingers, werden die Probleme dieses

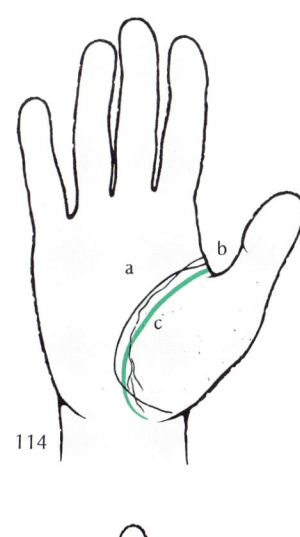

114

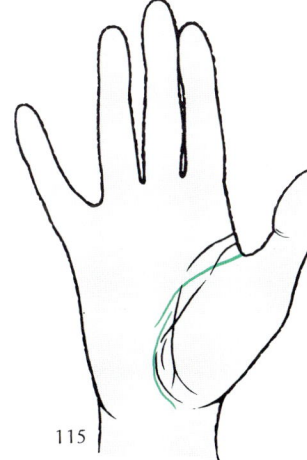

115

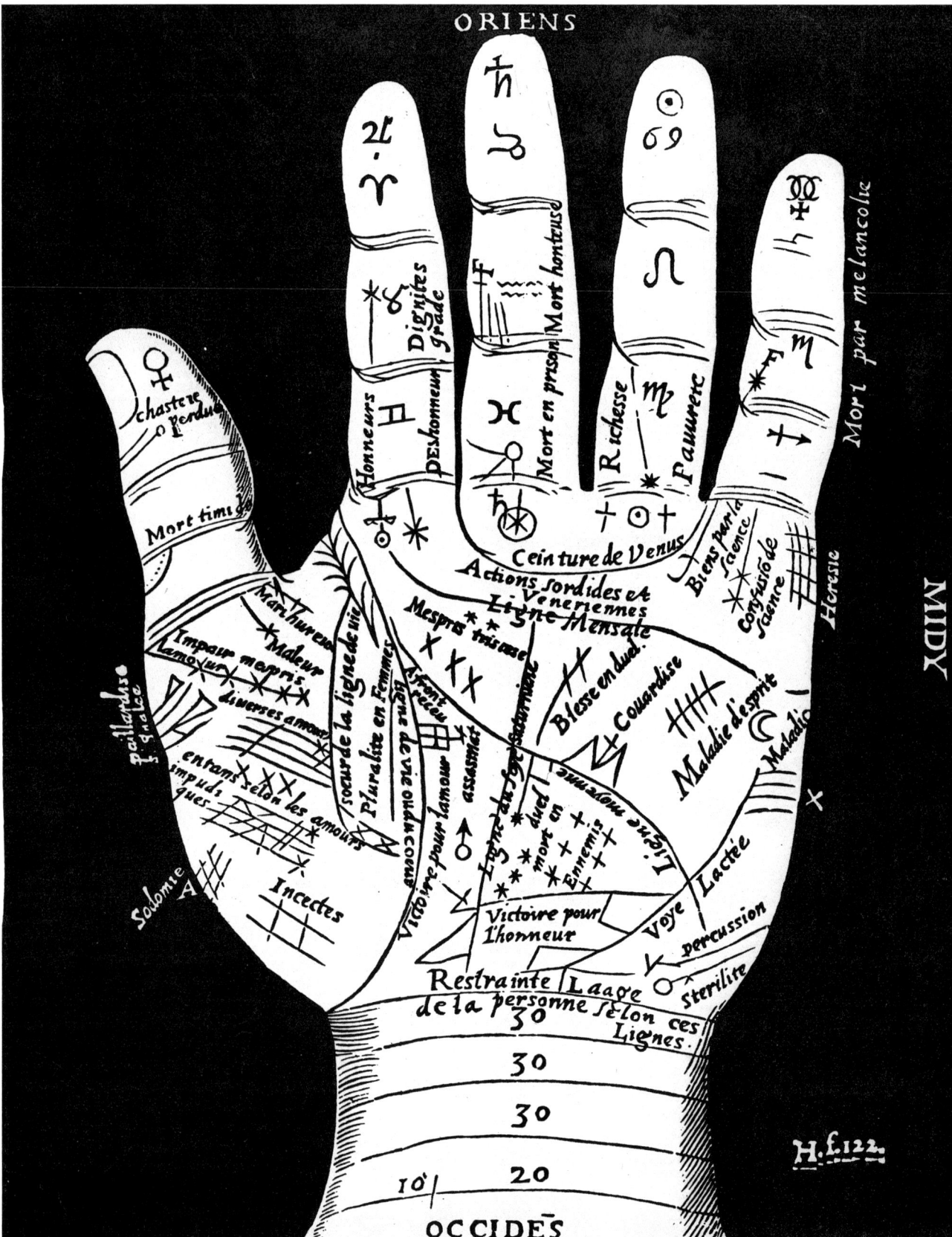

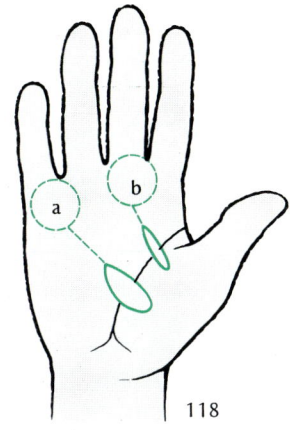

118

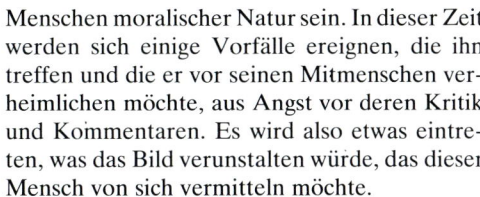

Menschen moralischer Natur sein. In dieser Zeit werden sich einige Vorfälle ereignen, die ihn treffen und die er vor seinen Mitmenschen verheimlichen möchte, aus Angst vor deren Kritik und Kommentaren. Es wird also etwas eintreten, was das Bild verunstalten würde, das dieser Mensch von sich vermitteln möchte.

7. *Entlang der Lebenslinie tauchen einige Punkte auf (120):* Sie bedeuten meistens kurze Krankheiten. Die Schwere dieser Krankheiten wird durch das Aussehen des Punktes angezeigt: je tiefer und röter der Punkt, desto schlimmer die Krankheit.

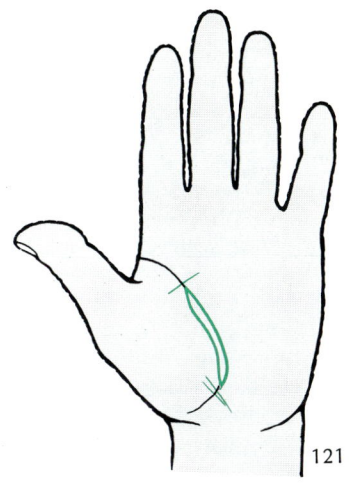

121

Die Lebenslinie kann von querliegenden Inseln unterbrochen sein (118), *die zum Merkurberg hinweisen* (a) *oder zum Saturnberg* (b)*; sie kann von bohnenförmigen Inseln unterbrochen sein* (119), *von Punkten oder Schnittlinien* (120), *von einer langen, von einer Schnittlinie begrenzten Insel* (121), *von Gittern* (122), *die zur Marsebene ausgerichtet sind* (a) *oder zum Handgelenk* (b)*.*

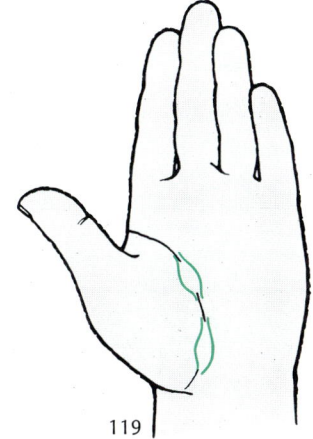

119

treffenden, aber mit unterschiedlichen Nuancen, je nachdem, wo sich das Gitter genau befindet. Liegt es über dem Mittelteil der Lebenslinie, also auf dem Abschnitt direkt gegenüber der Marsebene *(122a)*, verweist dieses Merkmal

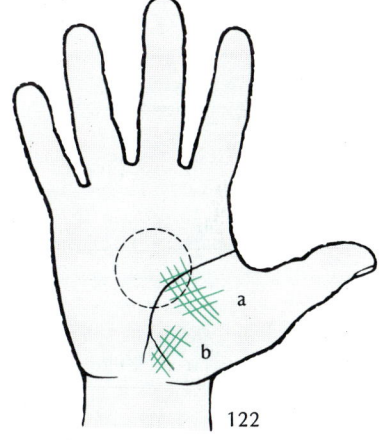

122

8. *Die Lebenslinie wird von Querlinien durchschnitten (120):* Diese Querlinien können in Gruppen oder einzeln auftreten, ihre Bedeutung ändert sich dabei nicht. Sie zeugen von Augenblicken der Angst, der Unruhe und Unsicherheit in Momenten, die durch die Zeitbestimmung festgestellt werden können.

9. *Die Lebenslinie ist durch eine langgestreckte Insel unterbrochen (121):* Hier stehen wir vor Problemen und Hemmnissen, die längere Zeit andauern werden. Falls die Insel auch von Schnittlinien durchschnitten wird, kann es sich um die Folgen eines Traumas handeln, das sich auf den Charakter des Menschen auswirkt *(121)*. Solch eine Störung tendiert dazu, chronisch zu werden. Während der länger andauernden Krise können auch am Arbeitsplatz Komplikationen entstehen, weil jede kleine Initiative von diesem Menschen eine große Kraftanstrengung erfordert, was die Heilung der Krankheit wiederum hinauszögert.

10. *Vom Venusberg her breitet sich ein Gitter aus, das die Lebenslinie miteinbezieht (122):* Hier ein weiterer Hinweis für die momentane Verminderung der Leistungsfähigkeit des Be-

hauptsächlich auf die Arbeitswelt und verschiedene Aktivitäten, wird sich aber nur sehr selten auf momentane sexuelle Entbehrungen beziehen. Wenn dieses Gitter jedoch im unteren Teil der Linie beim Handgelenk *(122b)* erscheint, so neigt dieser Mensch selbst bei gutem Gesundheitszustand dazu, sich aus dem aktiven und produktiven Leben zurückzuziehen und sich in eine Traumwelt zu flüchten.

11. *Ein Stern oder ein Kreuz überlagert die Lebenslinie (s. S. 80, Abb. 123):* Hierbei handelt es sich um Symptome für ein plötzliches, negatives Ereignis, für das der betreffende Mensch nur indirekt verantwortlich ist. Wenn Stern oder Kreuz tief in die Hand eingeprägt und rot gefärbt sind, so kann es sich um einen Kreislaufzusammenbruch handeln.

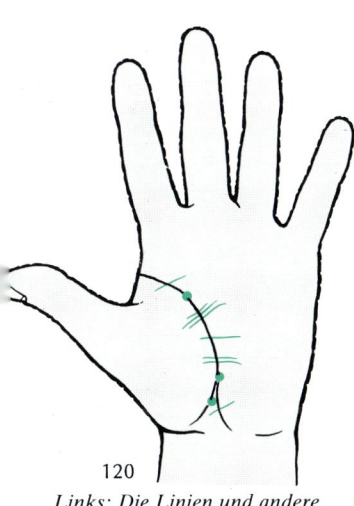

120

Links: Die Linien und andere Zeichen der Hand mit Interpretationen und mit der Position des Tierkreises, auf einem französischen Stich aus dem Jahre 1640 von Jean-Baptiste Belot.

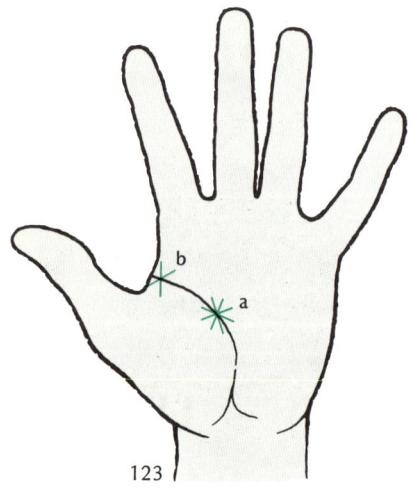

123

Die Lebenslinie kann auch von einem Stern gezeichnet sein (123a), oder von einem Kreuz (123b). Ihre Verästelungen können nach oben hin in verschiedene Richtungen streben (124), nach unten (125), zum Daumen (a) oder zur Schicksalslinie (b). Die Lebenslinie kann mit einem Kreuz beginnen oder enden (126), und manchmal ist sie auch doppelt vorhanden (127).

Ganz rechts: »Herzlinie unterbrochen, Gefühle einfach, aber konstant« (französische Postkarte, Anfang 20. Jahrhundert).

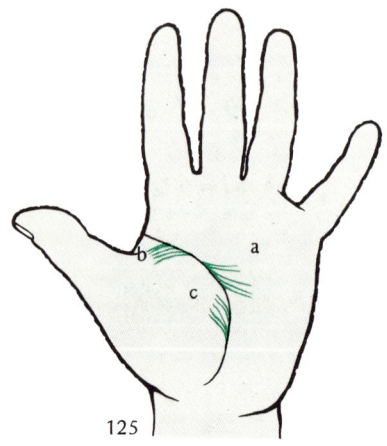

125

Verästelungen der Lebenslinie

Die Verästelungen der Lebenslinie *(124)* stellen sich als eher feine Kapillarzeichen dar; sie ändern ihre Bedeutung total, je nachdem, ob sie nach oben oder nach unten tendieren. Jene, die im ersten Abschnitt der Lebenslinie auftauchen, die in der Zeitbestimmung die ersten zwanzig Lebensjahre verkörpert *(124a)*, offenbaren Kindheitsprobleme. Die Verästelungen, die zur Zeigefingerwurzel hinstreben *(124b)*, bezeugen

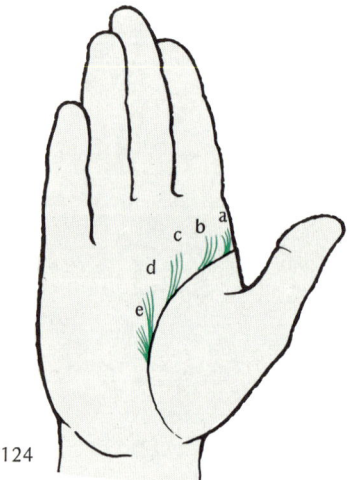

124

den Aufwand an Kraft und Energie, den der Mensch braucht, um seine eigene Persönlichkeit durchzusetzen und sich Bildung anzueignen. Zeigen diese Verästelungen in Richtung Saturnberg *(124c)*, dann rühren die Probleme dieses Menschen von seiner Familie her; werden die Verästelungen noch von einem Kreuz begleitet, dann hat der Tod eines Elternteils eine große Veränderung im Leben des Betreffenden bewirkt. Die in Richtung Ringfinger laufenden Äste *(124d)* dokumentieren, daß der Mensch den Erfolg eines »Wunderkindes« verzeichnen konnte oder hätte verzeichnen können. Äste, die zur Kopflinie hinstreben *(125a)*, sind Zeugen für Erfolg, gutes Einkommen und für einen staatlichen Arbeitsplatz. Zeigen diese Verästelungen allerdings nach unten *(125b)*, dann sind Schwierigkeiten, ein geringes Einkommen und Momente der Not zu erwarten. Eine negative Bedeutung geht auch von Verästelungen aus, die sich zum Daumen hin bewegen *(125c)* und dabei über den Venusberg vordringen. Sie zeigen Probleme an, die den weiteren Lebensweg in bezug auf einmal gesetzte Ziele erschweren werden.

Besondere Zeichen auf der Lebenslinie

Beginnt die Lebenslinie in der Bucht zwischen Daumen und Zeigefinger mit einem deutlich markierten Kreuz *(126a)*, so hält das Schicksal

für diesen Menschen zwar kein problemloses Leben bereit, die Ziele können aber trotzdem erreicht werden.
Ein gut sichtbares Kreuz auf dem Endabschnitt der Lebenslinie *(126b)*, verheißt dagegen einen glücklichen Tod oder auch einen Tod, der durch

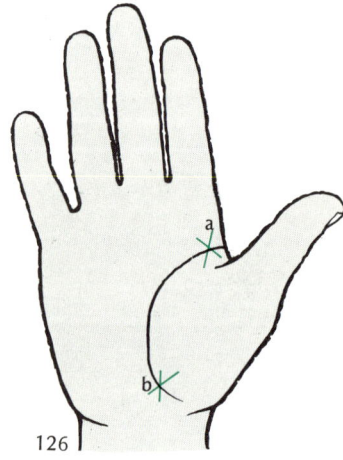

126

ein großes, glückliches Ereignis ausgelöst wird. Es kann passieren, daß man zwei parallel zueinander verlaufende Lebenslinien findet *(127)*. Diese ziemlich seltene Konfiguration deutet auf körperliche Gesundheit und materiellen Wohlstand hin. Die Vermutungen werden sich bei einem Vergleich beider Hände bestätigen, sofern in beiden Händen eine doppelte Lebenslinie vorhanden ist. Taucht sie aber nur in der linken Hand doppelt auf, so bleiben die Prognosen nur

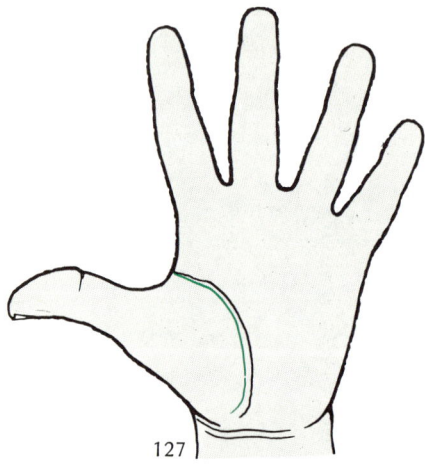

127

in abgeschwächter Form gültig; dieser Mensch wird, um seine Ziele zu erreichen, erhebliche Hindernisse überwinden müssen.
Auf jeden Fall aber gilt diese Erscheinung als Zeichen für außergewöhnliche körperliche Sinnlichkeit, die nicht unbedingt von Emotionen begleitet werden muß.

Ligne
du
Cœur

Interrompue

Sentiments Simples
Mais Constants

Mésange

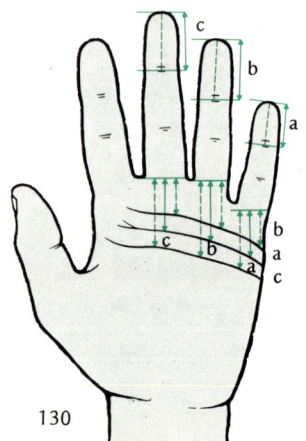
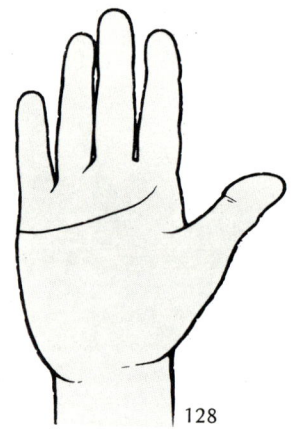

128

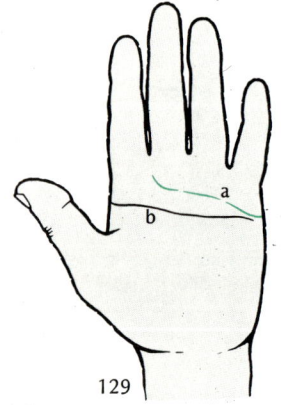

129

Die »ideale« Herzlinie (128) ist sehr selten; man kann ihre ideale Position jedoch nach der auf dieser Seite beschriebenen und in der Abbildung 130 illustrierten Methode ausrechnen.
Die Herzlinie kann auch bruchstückhaft auftauchen (129a);
b Kopflinie.

Die Herzlinie

So wird jene Linie genannt, die sich im oberen Teil der Handfläche angesiedelt hat und den Merkur-, Sonnen-, Saturn- und manchmal auch den Jupiterberg entlangläuft *(128)*. Wie der Name schon sagt, können dieser Linie nicht nur äußerst nützliche Hinweise über die allgemeine Funktionstüchtigkeit des Herzmuskels entnommen werden, sondern auch über die Art der Gefühle, die Emotionalität, die Gemütszustände, die man traditionellerweise irgendwie mit dem Herzen in Verbindung bringt, sowie über Liebesbeziehungen und folglich auch über sexuelle Beziehungen.

Wie bereits erwähnt, gehört die Herzlinie zu den Hauptlinien, kann aber – im Gegensatz zur Lebenslinie – fehlen. Manchmal ist sie nur als sehr undeutliches Bruchstück vorhanden *(129a)*, manchmal wiederum verschmilzt sie sogar mit der Kopflinie *(129b)*. Dabei handelt es sich aber um Ausnahmefälle, auf die wir später zurückkommen werden.

Der Anfang der Herzlinie

Bis vor nicht allzu langer Zeit betrachteten einige Chiromanten das Gebiet des Jupiterberges als Ursprungsort der Herzlinie und siedelten ihren Endpunkt folglich unterhalb des Merkurberges an. Diese Gepflogenheit änderte weder den Wert noch die Bedeutung der Herzlinie, aber aus Gründen der Vereinfachung und der Logik kam man in der letzten Zeit davon ab. Denn normalerweise weist die Herzlinie im Abschnitt unterhalb des Merkurberges nur wenige Abweichungen auf, während die meisten solcher Unterschiede eher auf der gegenüberliegenden Seite vorkommen. Außerdem plaziert das häufig verwendete System zur Zeitbestimmung die Periode zwischen Geburt und dem 20. Lebensjahr auf das erste Teilstück der Herzlinie unterhalb des Merkurberges. Die Herzlinie beginnt also – im Gegensatz zu den anderen Hauptlinien – am Handrand unterhalb des Merkurberges und endet normalerweise im Gebiet des Jupiterberges.

Aber wie sollte denn nun die »ideale« Herzlinie aussehen? Um sie genau definieren zu können, benötigen wir einen deutlichen Handabdruck. Vom Mittelpunkt der Ansatzlinien des Mittel-, Ring- und kleinen Fingers ausgehend, fällen wir Lote bis zur Herzlinie oder deren gedachter Verlängerung *(130)*. Entspricht die Länge der Linien, die wir auf diesem Wege erhalten, der Länge des entsprechenden Nagelgliedes des Mittel- und Ringfingers sowie des kleinen Fingers, dann befindet sich die Herzlinie in ihrer idealen Position *(130a)*.

Wenn wir diese – sehr seltenen – Voraussetzungen antreffen, dann haben wir eine Persönlichkeit gefunden, die wir als emotional ausgeglichen und beherrscht bezeichnen dürfen und die normale sexuelle Bedürfnisse empfindet.

Wenn sich die von uns gezogenen Linien aber als sichtbar kürzer im Verhältnis zu den entsprechenden Fingergliedern erweisen, die Herzlinie folglich sehr nahe am »Bogen« der Fingerwurzeln verläuft *(130b)*, befinden wir uns in Gesellschaft eines stark gefühlsbetonten Menschen, dessen im Überfluß vorhandene Emotionen Unausgeglichenheit, mangelndes Fingerspitzengefühl, Schwärmereien und plötzliche Gefühlsausbrüche bewirken.

Sind unsere Längslinien hingegen länger als die entsprechenden Fingerglieder, so daß die Herzlinie mehr in die Nähe der Kopflinie rückt *(130c)*, dann ist in diesem Menschen das Gegenteil der Fall: Wenn man auch nicht gerade von mangelnden Emotionen sprechen kann, so muß man doch eine übermäßige Kontrolle über die Gefühle annehmen. Dieser Mensch wird alle seine Entscheidungen stets überaus gewissenhaft und umsichtig treffen, in seinen Beziehungen wird man nie ein Anzeichen von Impulsivität antreffen können. Dieses Verhalten kann aber dazu führen, daß dieser Mensch seine vorhandenen emotionalen Fähigkeiten nie einsetzt und somit auch wichtige Gelegenheiten verpaßt. Der Beschreibung einer idealen Herzlinie muß noch hinzugefügt werden, daß sie klar herausgebildet sein muß und sich in einer leichten, nur angedeuteten Kurve zum Handteller oder zur Kopflinie hinbiegen sollte. Diese Linie muß fortlaufend, nicht allzu tief und von rötlicher Farbe sein.

Bevor wir zu einer tiefergehenden Untersuchung der Herzlinie übergehen, erscheint uns noch ein Vorwort angebracht. Die Ergebnisse,

Die Herzlinie kann konkav sein (131), gerade (132) oder konvex (133); a Herzlinie, b Kopflinie in allen drei Abbildungen.

die uns eine Untersuchung dieser Linie vermittelt, werden immer mit denen verglichen, die aus einer Untersuchung der Kopflinie stammen, auf die wir später zu sprechen kommen, und müssen gegebenenfalls ergänzt werden. Wir müssen uns immer vor Augen halten, daß die Herzlinie die große Brücke darstellt, über die die Energie von der unbewußten Seite der Hand zur bewußten Seite gelangt. Die Herzlinie zeigt also an, wieviel Emotionalität aus der geheimnisvollen Welt des Unbewußten aufsteigt und wie sie beschaffen ist, um im bewußten Ich des Menschen zum Vorschein zu kommen. Wenn wir dann noch daran denken, daß die Kopflinie mit ihrem gegensinnigen Verlauf die Kontrolle repräsentiert, die die Rationalität des Menschen über die Irrationalität und über den Instinkt ausübt, dann ermöglicht uns das genaue Lesen und Vergleichen dieser beiden Linien, ein vollständiges psychologisches Bild über den betreffenden Menschen zu erhalten.

Um einige Aspekte genauer zu präzisieren, wenden sich die Chiromanten besonders der Struktur und der Länge des Merkurfingers zu, manchmal aber auch dem Aussehen des Venusberges.

Das was sich beim Lesen dieser beiden Hauptlinien herausstellt, genügt jedoch bereits vollkommen, um das Grundmuster des Menschen zu umreißen.

Der Verlauf der Herzlinie

Der Verlauf der Herzlinie kann mannigfaltige Formen annehmen, die wir in drei Grundtypen zusammenfassen und nachstehend prüfen werden.

1. *Die konkave Herzlinie (131):* Hier erscheint die Krümmung betonter als bei der *idealen Herzlinie.* Diesen Fall findet man in der Chiromantie am häufigsten. Die Krümmung kann mehr oder weniger ausgeprägt sein, genauso wie es das Reaktionsvermögen eines Menschen sein kann und seine Sensibilität, sei es in Liebesdingen oder ganz allgemein gegenüber Familie und Freunden.

2. *Die gerade Herzlinie (132):* Sie verläuft parallel zur Kopflinie und kommt dieser unterschiedlich nahe, bleibt aber immer klar von ihr abgesetzt. Dies spricht für einen gewissen Grad an Kälte im Wesen dieses Menschen. Die Art und Weise, wie Menschen mit einer solchen, relativ häufigen Herzlinie Liebe und Freundschaft verstehen, unterscheidet sich vom Durchschnitt insofern, als sie darauf bedacht sind, mehr die psychischen als die körperlichen Bedürfnisse zu befriedigen. Besonders in Liebesbeziehungen läßt der Mensch hier seinen Verstand walten,

was aber trotz allem eine tiefe Hingabebereitschaft nicht ausschließt.

3. *Die konvexe Herzlinie (133):* Die Herzlinie entspringt unterhalb des Merkurberges und steigt leicht in Richtung Sonnen- oder Saturnberg an, um dann abrupt zur Kopflinie abzufallen, mit der sie fast oder ganz unterhalb des Ju-

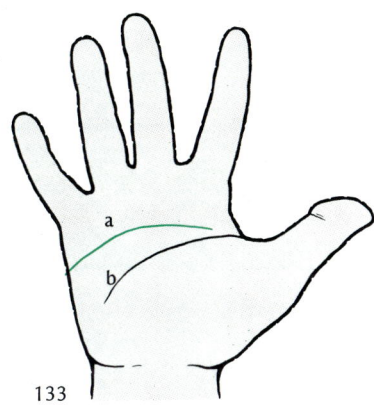

133

piterberges eins wird. Den daraus ersichtlichen Hinweisen darf eine hochinteressante Anmerkung hinzugefügt werden: Dieser Mensch hat ein psychisches oder auch psychophysisches Trauma erlebt, das seine Art zu empfinden und seinem Inneren Ausdruck zu verleihen vollkommen verändert hat. Dieses Trauma und die dadurch bedingten Veränderungen können aber auch in der Zukunft liegen. Eine Gegenüberstellung der Untersuchungsergebnisse vor und nach dem Trauma kann den Eindruck vermitteln, zwei verschiedene Individuen vor sich zu haben. Eine Betrachtung der Linien in ihrer Gesamtheit gibt die Möglichkeit, die Art des Traumas zu ermitteln und es mit Hilfe der Zeitbestimmung zu datieren.

Das Ende der Herzlinie

Der Anfang der Herzlinie weist nur selten Anomalien auf. Unzählig sind hingegen die Formen ihres Endes. In der überwältigenden Mehrheit der Fälle erreicht sie bei unterschiedlichem Aussehen den Schutz des Jupiterberges. Die Endformen können in einige typische Kategorien aufgeteilt werden (s. S. 84, Abb. 134).

1. *Die Herzlinie endet in der Nähe des Gipfels des Jupiterberges (134b):* Dies ist ein positives Zeichen; ein Mensch mit dieser Herzlinie hat ein abwechslungsreiches, ausgeglichenes Gefühlsleben.

2. *Die Herzlinie überquert den Jupiterberg (134a) und versucht, den Handrand unterhalb*

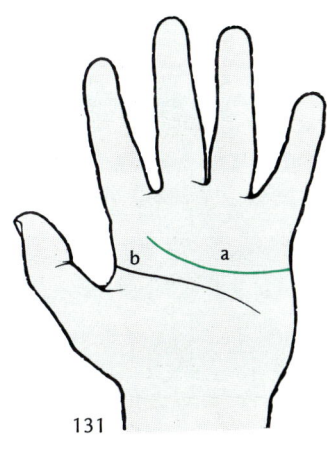

131

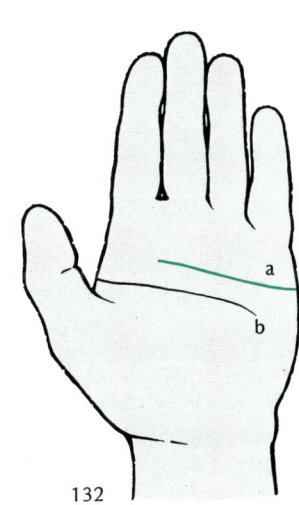

132

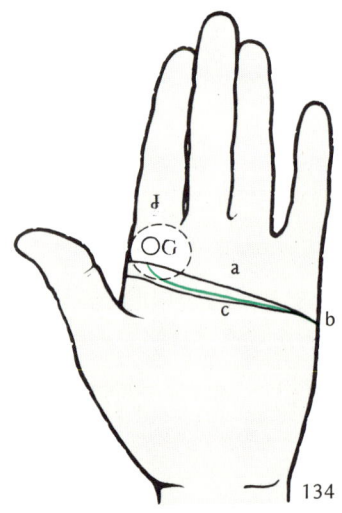

134

Die Herzlinie kann: (134a) den Jupiterberg durchqueren, (134b) in der Gegend vom Gipfel (G) des Jupiterberges (J) enden, (134c) unterhalb des Jupiterberges vorbeilaufen; außerdem kann sie enden: (135a) zwischen Zeige- und Mittelfinger, (135b) unter dem Saturnberg, (135c) unter dem Apollo- oder Sonnenberg. Die Verästelungen (136) der Herzlinie können aufsteigen (a) oder absteigen (b); (K) = Kopflinie.

135

der Zeigefingerwurzel zu erreichen: Das Wesen dieses Menschen enthält eine Neigung zur Eifersucht, zum Besitzanspruch in der Liebe. Er hängt sehr an erworbenen Gütern, was aber nicht von Geiz, sondern von ausgeprägtem Besitzdenken zeugt. Dieses Denken ist überdurchschnittlich häufig in armen Ländern mit bäuerlicher Struktur anzutreffen.

3. *Die Herzlinie erreicht den Handrand, indem sie unter dem Jupiterberg vorbei verläuft (134c):* In diesem Fall verlagert sich die Eifersucht des Menschen von der Person, die er liebt, auf sein gesamtes soziales Umfeld. Dieses relativ häufig zu findende eifersüchtige Verhalten trifft mit dem Bedürfnis des Individuums zusammen, seine Rolle in der Gesellschaft mit allen erdenklichen Mitteln zu verteidigen, da nur sie ihm Befriedigung verschaffen kann und Gelegenheit gibt, Macht auszuüben. Eine verständliche, wenn auch wenig ausgewogene Lebensform, weil letzten Endes die Gegengewichte fehlen, die nur von familiärer Zuneigung und von Liebesbeziehungen gebildet werden können, die aber für den betreffenden Menschen offensichtlich nicht diesen Stellenwert besitzen. Und so scheitern denn auch die meisten Unternehmungen dieses Menschen an seiner übertriebenen Aktivität.

4. *Die Herzlinie endet zwischen Zeige- und Mittelfinger, zwischen dem Jupiter- und dem Saturnberg (135a):* Dieser Mensch ist leicht zu begeistern, fast immer von irgendeiner Ideologie durchdrungen und im praktischen Leben wenig leistungsfähig, käufliche Werte interessieren ihn nicht. Mancher Chiromant schreibt diesem Zeichen auch noch eine Bedeutung zu, die nur auf den ersten Blick widersprüchlich erscheint: Dieser Mensch ist bereit, für eine große Liebe seine eigene Persönlichkeit zum Teil aufzugeben.

5. *Die Herzlinie endet unterhalb des Saturnberges (135b):* Man findet sie ziemlich häufig, sie läßt auf eine starke innere Unruhe schließen, die von großen Entscheidungsschwierigkeiten begleitet wird – eine Haltung, die auf eine oberflächliche Gefühlswelt hinweist. Folglich werden hier viele Enttäuschungen erlebt, aber der Kummer hält nie lange an. Das wirkliche Interesse dieser Menschen konzentriert sich normalerweise auf ganz andere Probleme. Diese können persönlicher Natur und durch offensichtlichen Egozentrismus bedingt sein. Das Interesse kann aber auch einer Personengruppe gelten, die im Leben dieses Menschen den Platz einnimmt, der normalerweise einem geliebten Menschen eingeräumt wird, und der er seine ganze Energie widmet.

6. *Die Herzlinie endet unterhalb des Sonnenberges (135c):* Das ist kein positives Zeichen und

ein ziemlich seltener Fall, weil es sich um eine außergewöhnliche kurze Linie handelt. Sie zeugt von einer ungewöhnlichen geistigen Armut, von der Unfähigkeit, befriedigende Kontakte zu anderen Menschen herzustellen. Die Folgen können Isolation und psychische Störungen sein. Dieser Fall gehört in die Obhut eines Psychiaters. Die geschilderte Kommunikationsunfähigkeit darf nicht mit einem anderen Seelenzustand verwechselt werden, der zwar einen ähnlich abgeschirmten Eindruck vermittelt, aber auf einer großen Fülle geistiger Gaben beruht, die den in sich ruhenden Menschen ein Bedürfnis nach Einsamkeit und Innerlichkeit verspüren läßt; die Zeichen dazu werden an anderen Stellen gesucht, vor allem in der Kopflinie und auf dem Jupiterberg.

Die Herzlinie endet aber sehr selten klar und eindeutig. Fast immer wird sie sich in ihrem Endabschnitt verzweigen, und der Art und Anzahl dieser *Verästelungen* können sehr interessante Hinweise in bezug auf die Emotionalität des Menschen entnommen werden. Wir werden im folgenden näher darauf eingehen.

Die Verästelungen der Herzlinie

Bei der Herzlinie, dieser großen Verbindungsader zwischen dem Unbewußten und dem Bewußten, sind die Zweige Wegweiser und Signale für die Entscheidungen, für die Vorlieben, Neigungen und Verirrungen des Menschen. Eine genaue Interpretation setzt unbedingt eine langjährige Erfahrung voraus.

Natürlich sind diese Verzweigungen über die gesamte Länge der Herzlinie verteilt und werden *aufsteigend (136a)* oder *abfallend (136b)*

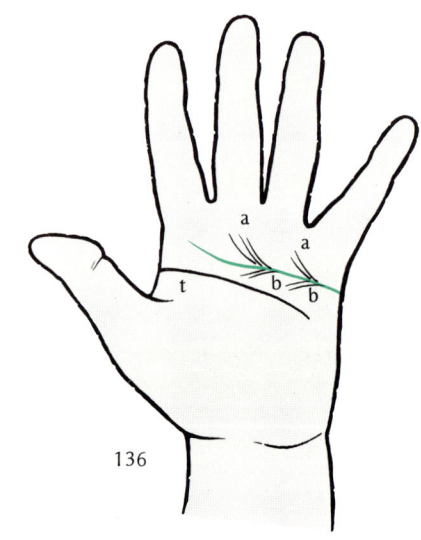

136

genannt, je nachdem, ob sie nach oben oder nach unten weisen. Die aufsteigenden Äste werden normalerweise positiv gewertet; ob sie sich in Richtung Sonnen-, Saturn- oder Jupiterberg orientieren, beeinflußt die gesamte Deutung der Herzlinie ganz wesentlich. Die Interpretation verursacht keine besonderen Schwierigkeiten, aber die möglichen Varianten sind so zahlreich, daß eine Erläuterung durch Beispiele unmöglich ist.

Die Zweige, die zum Bogen (Ansatzpunkt) zwischen Zeige- und Mittelfingerwurzel streben, sind jedenfalls ein besonders positives Anzeichen für ein heiteres Gefühlsleben des Menschen; wenn sie außerdem noch einen Dreizack formen *(137)*, verheißen sie Glück in der Liebe.

Unter *aufsteigenden Verzweigungen* haben wir bis jetzt jene Linien verstanden, die sich von der Herzlinie nach oben abscheiden und vom Merkurberg zum Jupiterberg laufen. Aufsteigende Verzweigungen werden aber auch jene genannt, die zwar ebenfalls nach oben weisen, aber rückwärts, nämlich vom Jupiterberg zum Merkurberg hin verlaufen *(138)*. Ihre Bedeutungen sind von größter Wichtigkeit.

1. *Die Äste streben zum Apolloberg (138a):* Dieser Mensch neigt zur Idealisierung seiner Liebesbeziehung und des geliebten Menschen. Möglicherweise benimmt er sich mit diesem

Die Herzlinie kann mit einem Dreizack enden (137a); (b) = *Kopflinie. Die aufsteigenden Verästelungen* (138) *der Herzlinie können in verschiedene Richtungen zeigen: Die hier dargestellten zeigen zum Apolloberg* (a) *und zum Saturnberg* (b); (K) = *Kopfline.*

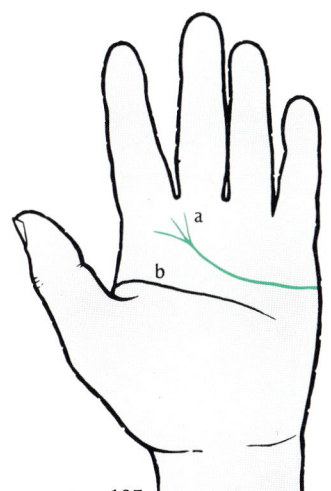

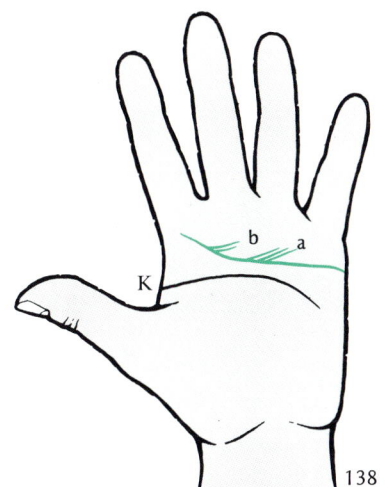

Verhalten nicht ganz aufrichtig, jedenfalls aber glaubt er gern daran.

2. *Die Äste wenden sich dem Saturnberg zu (138b):* Dieser Mensch leidet unter seinen Gefühlen, er wird ständig von Unsicherheiten und Zweifeln geplagt; früher oder später aber findet er sein inneres Gleichgewicht.

3. *Die Verzweigungen wenden sich dem Jupiterberg zu:* Dieser Fall ist am häufigsten anzutreffen; die Gefühle des betreffenden Menschen haben – auch in einer Liebesbeziehung – eine praktische Komponente, offen gesagt handelt es sich um »eigennützige Interessen«, die zwar die Reinheit der Gefühle zerstören, ihnen aber auch eine durchaus nützliche Portion Sachlichkeit verleihen.

4. *Die Äste wenden sich dem Merkurberg zu:* In diesen Fällen steht das Interesse an den ökonomischen Vorteilen einer Liebesbeziehung oder einer Freundschaft klar im Vordergrund. Aus einer solchen Verbindung kann oft eine enge, meist für beide Partner gewinnbringende Zusammenarbeit entstehen.

Diese Verzweigungen in Richtung Merkurberg müssen aber mit größter Vorsicht ausgewertet werden, da sie manchmal auch Hinweise für eine sexuelle Störung sein können, eine Störung, die sich als echte Perversion entpuppen kann, je näher am Anfang der Herzlinie die Äste auftreten.

Die abfallenden Verzweigungen, die sich auf dem Weg der Herzlinie vom Merkurberg zum Jupiterberg in Richtung Kopflinie ablösen *(136b)*, beeinflussen die beim Studium der Herzlinie erworbenen Ergebnisse negativ. Meistens verkörpern sie eine Liebesbeziehung, die bereits unter schwierigen Voraussetzungen angeknüpft wurde und schließlich schlecht ausgeht – aus Gründen, die nicht in der Macht des Menschen stehen. Häufig handelt es sich um Verbindungen, in denen einer der Partner oder auch beide bereits mit einem anderen verheiratet sind. Es können aber auch Beziehungen sein, die sich jahrelang unbefriedigend hinziehen und einer neuen Liebe im Wege stehen. In diesen Fällen wird die Verzweigung während ihres gesamten Verlaufes von einer feinen Kapillarlinie begleitet. In anderen Fällen, wenn die Verzweigung von einer senkrechten Schnittlinie unterbrochen wird, endet eine Liebesbeziehung durch den plötzlichen Tod des Partners. Eine tiefe Enttäuschung setzt der Verbindung zweier Menschen ein Ende, wenn der Ast durch eine Kapillarlinie im spitzen Winkel geschnitten wird. Wir müssen jedoch darauf hinweisen, daß sich solche Verzweigungen bei Charakteren finden lassen, die in Gefühlsdingen sehr großherzig sind und deren Leben daher höchstwahrscheinlich nicht nur von Mißerfolgen und Enttäuschungen geprägt ist. Außerdem muß man beim Auswerten dieser Äste immer in Betracht ziehen, daß sich dieser Mensch möglicherweise beim Anknüpfen einer neuen Liebesbeziehung nicht in bester körperlicher Verfassung befindet und ein momentanes Unwohlsein seine vitale

*Die Herzlinie kann zart sein (139a),
in diesem Fall gilt sie als Symptom
für Schüchternheit, oder breit
(139b), als Zeichen für Brutalität in
pathologischem Ausmaß.*

Antriebskraft und sein Urteilsvermögen verringert.

In solch einem Fall werden beträchtliche Komplikationen eintreten, aus denen sich der Mensch nur mit größter Willensanstrengung befreien können wird. Das ist eine der typischen Situationen, in denen dem freien Willen eine fundamentale Rolle im menschlichen Schicksal zukommt. Die Begegnung mit einem Menschen, der rein gefühlsmäßig Interesse hervorruft, entwickelt sich nur dann zu einer Beziehung, wenn der Mensch auch willentlich dazu bereit ist.

Die Entscheidung, trotz aller sichtbaren Hindernisse eine Beziehung zu beginnen, unterliegt dem freien Ermessen. Daher können nicht alle unvermeidlich daraus folgenden Unannehmlichkeiten dem »Unglück« oder dem »feindlich gesinnten Schicksal« zugeschrieben werden. Der Mensch kann die Begegnung an sich nicht verhindern, aber er kann die Dauer der Beziehung durch seinen Willen beeinflussen. Situationen dieser Art bestätigen, daß es tatsächlich einen freien Willen gibt, der in allen menschlichen Belangen oftmals ausschlaggebend ist.

Einige Chiromanten sehen in diesen absteigenden Verzweigungen einen Ausdruck lebhafter Beziehungen zwischen Herz- und Kopflinie, gleichsam den Beweis einer geistigen Annäherung beider Prinzipien. In diesem Fall ist für die Interpretation die Farbe von größter Bedeutung. In ganz seltenen Fällen ist diese Tendenz so stark, daß Herz- und Kopflinie zu einer einzigen Linie verschmelzen, die die gesamte Handfläche knapp unterhalb der vier Berge durchfurcht. Aus dem, was ursprünglich eine Veranlagung zur Kaltherzigkeit, ein Dominieren des scharfen Kalküls über die Impulsivität war, hat sich hier eine Persönlichkeit entwickelt, die ihre triebhaften Gefühle mit vehementem Nachdruck auf die verschiedensten Arten und Weisen auslebt. Ohne daß es zu Exzessen kommen muß, ist die Nähe dieser beiden Linien ein Symptom für starke Konflikte, die bei emotional labilen Persönlichkeiten entweder zu heftigen Gefühlsausbrüchen oder zur Flucht in künstlich geschaffene Paradiese führen.

Farbe, Tiefe und Breite der Herzlinie

Wir fahren mit der Untersuchung der Herzlinie fort, die auch noch aufgrund anderer, sehr wichtiger Aspekte wie *Farbe, Tiefe* und *Breite* beurteilt werden muß. Wie bereits gesagt wurde, sollte normalerweise eine leichte Rosafärbung vorliegen. Ein stärkerer Farbton ist Symptom für eine verminderte Herz- oder Kreislauftätigkeit. In Händen, die über einen längeren Zeitraum hinweg beobachtet werden, kann man bemerken, daß sich die Farbe dem Krankheitsver-

lauf entsprechend verändert. Natürlich reicht dieses Indiz nicht aus, um ein Herz als krank zu bezeichnen. Dafür gibt es noch andere Beweise, die mit größter Aufmerksamkeit gesucht werden müssen.

Auch die *Tiefe* der Herzlinie kann uns interessante Informationen liefern. Regelmäßig und klar gezeichnet, ist die Herzlinie ein Hinweis auf einen Menschen, der zu tiefen Gefühlen und zur Treue fähig ist. Gräbt sich die Herzlinie sehr tief in die Hand, dann tritt zu diesen Eigenschaften eine egoistische Komponente, die dem Menschen versagt, sich seinem Partner mit dem not-

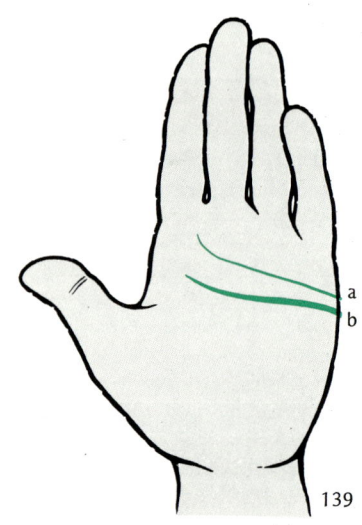

139

wendigen Verständnis zuzuwenden, und die Fortsetzung einer Beziehung oft ungewollt erschwert. Erscheint diese Linie jedoch sehr fein *(139a)*, so ist der Betreffende schüchtern, gleichermaßen jedoch auch zu zarten Gefühlen fähig. Eine breite Herzlinie *(139b)* gilt als Indiz für Härte und impulsive Brutalität, die nur hervorbricht, wenn der Mensch sich unter dem Druck einer emotionalen Ausnahmesituation befindet; ein solches Phänomen ist als pathologisch zu betrachten, da hier der kaltblütige Vorsatz fehlt.

Besondere Zeichen der Herzlinie

Im folgenden müssen wir uns noch kurz mit den Veränderungen beschäftigen, zu denen eventuell auf der Herzlinie vorhandene *besondere Zeichen* bei den Untersuchungsergebnissen führen.

1. *Die Herzlinie weist einen oder mehrere Punkte auf (140a):* Wenn die Farbe der Herzlinie dadurch nicht verändert wird, handelt es sich um

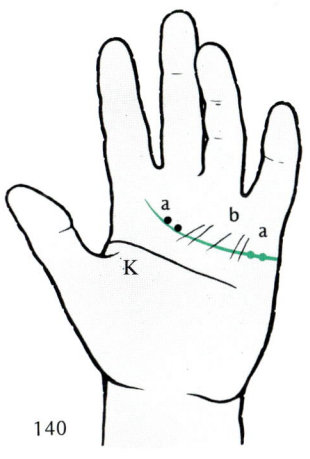

140

Die Herzlinie kann von besonderen Zeichen unterbrochen sein: Punkte (140a), Schnittlinien (140b), verschiedene Inseln (141), Gitter (142a), Sterne (142b), Kreuze (142c), und sie kann sogar geflochten oder verkettet sein (143). K in den Abbildungen 140, 141 und 143 ist die Kopflinie.

psychische Probleme, d. h. um Störungen der Empfindungen und Gefühle. Verfärbt sich das Gebiet um den Punkt dunkelrot, so kann dies möglicherweise auf leichte Herzstörungen wie Tachykardien oder ähnliches hindeuten.

2. *Die Herzlinie wird von Schnittlinien durchquert (140b):* Bestehen diese aus feinen Kapillarzeichen, die die Herzlinie längs durchschneiden, bedeuten sie lediglich Liebesprobleme von kurzer Dauer.

3. *Die Herzlinie weist eine oder mehrere Inseln auf (141):* In diesem Fall ist ganz sicher der Herzmuskel in Mitleidenschaft gezogen – wie und in welchem Ausmaß, müssen tiefergehende Untersuchungen in anderen Zonen der Hand

5. *Auf der Herzlinie befindet sich ein Stern (142b):* Auch dies ist immer ein ungünstiges Zeichen. Es weist auf Störungen hin, die Herz- und Kreislaufschäden hervorrufen können. Das vorzeitige Wissen um eine solche Gefahr, deren Ausmaß und deren zeitliches Eintreten durch weitere Hinweise festgestellt werden können, verleiht dem Betreffenden die Möglichkeit, diese Gefahr auf ein Minimum zu beschränken. Auch hier ist also ein indirektes Eingreifen des freien Willens möglich.

6. *Auf der Herzlinie befindet sich ein Kreuz (142c):* Wenn es auf der ersten Hälfte der Herzlinie liegt, kann es eine dem Stern entsprechende Bedeutung haben. Ein Kreuz auf der zweiten Hälfte der Herzlinie bedeutet tiefen Schmerz über den Verlust eines lieben Menschen oder das qualvolle Ende einer großen Liebe.

7. *Die Herzlinie ist geflochten (143):* Die Bedeutungen sind vielfältig. Sie deutet auf einen emotional eher instabilen Menschen hin, der für die Liebe zwar sehr empfänglich, aber nicht zu tiefen Gefühlen fähig ist. Bei dieser Person wechseln sich also zärtliche Momente mit sol-

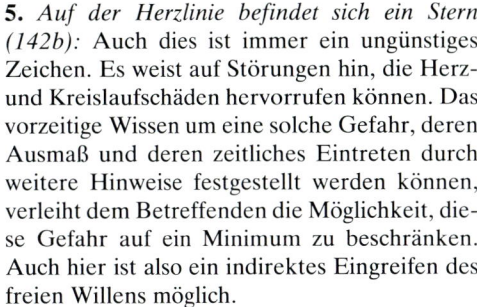

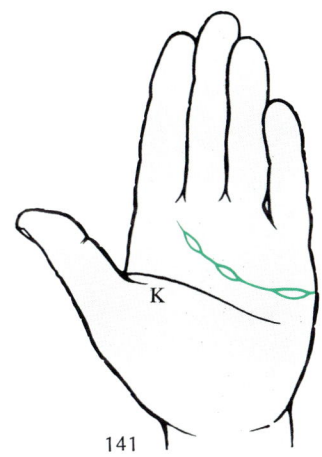

141

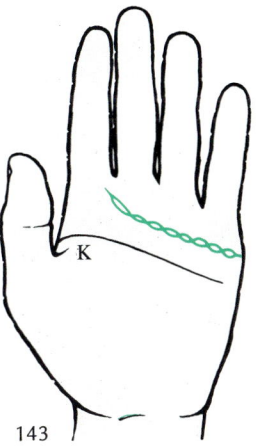

143

ergeben. Ist die Insel außerdem lang und schmal und beginnt ungefähr am Anfang der Herzlinie, so wird es sich mit hoher Wahrscheinlichkeit um einen angeborenen oder in der Kindheit erworbenen Herzfehler handeln. Eine kleine, in der Nähe des Jupiterberges plazierte Insel weist auf Enttäuschungen oder Liebeskummer hin. Man findet sie häufig in den Händen von Kindern getrennt lebender Eltern, die durch das Auseinanderbrechen der Familie ein Trauma erlitten haben.

4. *Ein Gitter besetzt den ersten Abschnitt der Herzlinie (142a):* Dieses Anzeichen ist nicht sehr positiv zu deuten; hier werden Durchblutungsstörungen, meist der unteren Gliedmaßen, auftreten. Es ist – wie alle anderen aufgeführten Zeichen – je nach Schwere der Krankheit mehr oder weniger gut sichtbar und wird mit Besserung des Krankheitszustandes wieder verschwinden.

chen der Gleichgültigkeit ab. So eine Herzlinie findet sich oft bei Menschen, die wegen ihrer gehobenen Position häufig im Mittelpunkt gefühlsmäßiger Interessen stehen, was sie natürlich nicht immer akzeptieren können.

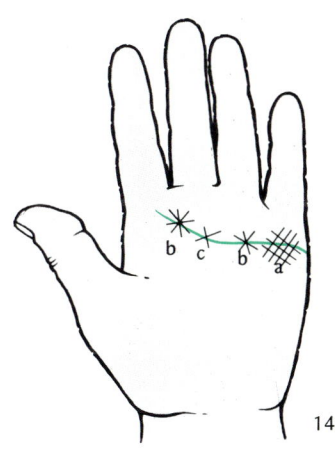

142

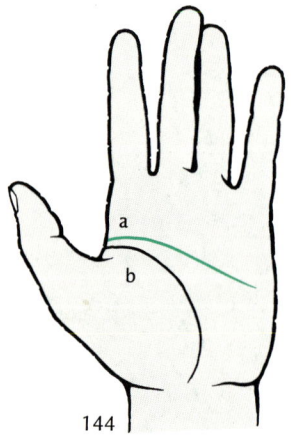

144

Eine »ideale« Kopflinie (144a) muß in ihrem gesamten Verlauf klar und deutlich, rötlich gefärbt und nicht zu tief eingekerbt sein. Sie sollte unterhalb des Großen Marsberges enden; b = Lebenslinie. Gemeinsamer Ursprung (145) der Kopflinie (a) mit der Lebenslinie (b).

Ganz rechts: Die Hände der Jungfrau Mariä, Verkündigung, von Antonello da Messina (Palermo, Galleria Regionale della Sicilia).

Die Kopflinie

Die Kopflinie gehört zu den Hauptlinien *(s. Abb. 144)* und befindet sich im oberen Teil der Handfläche, unterhalb der Herzlinie. Sie entspringt in der Bucht zwischen Jupiterfinger und Daumen und läuft über die Handfläche zur Handkante, die sie nur selten erreicht.

Sie wird »Kopflinie« genannt, weil sie wichtige Auskünfte über die Vernunft und die Tiefgründigkeit der Gedankengänge des Menschen gibt. Sie zeigt, auf welchen Grundlagen seine Argumentation basiert, hier findet man Angaben über die »Mentalität« und das Konzentrationsvermögen eines Menschen. Bei der Untersuchung dieser Linie ergeben sich Hinweise auf die Beeinflußbarkeit des Menschen, man erfährt aber auch, bis zu welchem Punkt er den Verführungen seiner Umwelt widersteht. Man erhält interessante Angaben über das Einfühlungsvermögen des Menschen in die seelische Verfassung derer, mit denen er in Kontakt kommt, oder in Situationen, in die er hineingeraten kann. In der Kopflinie zeigt sich also, auf welcher Stufe sich sein »Verständnis« für seine Umwelt befindet, inwieweit er an dieser Umwelt teilnimmt und wo er anfängt, sich in sich selbst zurückzuziehen. Durch die Analyse dieser Linie können wir also ziemlich fundierte Angaben über die »Intelligenz« des Menschen machen. Intelligenz wird hier im weitesten Sinn verstanden, also ungefähr dem lateinischen Sinn des Wortes entsprechend, der sich nicht mit der sogenannten »Fähigkeit zu verstehen« begnügt, sondern auch den Bereich der »Fähigkeit zu fühlen« umfaßt. Intelligenz ist also die Fähigkeit, auch die Dinge wahrzunehmen, die jenseits der reinen Vernunft liegen, ohne aber bis zur Intuition zu gehen, die durch die Herzlinie verkörpert wird. Hier wiederum läßt sich die Notwendigkeit der gleichzeitigen Untersuchung von Herz- und Kopflinie erkennen.

Um ein klares Bild zu erhalten, wollen wir im folgenden wieder zuerst von der Beschreibung einer »idealen Kopflinie« ausgehen. Hier lassen sich verschiedene Auffassungen unterscheiden, auf die wir später näher eingehen werden. Der Anfang der Kopflinie muß klar von der Lebenslinie getrennt sein und unterhalb des Jupiterberges liegen. Die Linie muß deutlich, aber nicht zu tief in die Hand eingekerbt sein. Sie sollte in einer leichten Kurve nach unten verlaufen und ohne Ausschweifung direkt unterhalb des Großen Marsberges enden *(144a)*. Natürlich findet man solch eine Kopflinie sehr selten; genauso selten trifft man auf Personen, die mit wirklich außergewöhnlichen intellektuellen Fähigkeiten ausgestattet sind. Bei den wenigen Gelegenheiten, bei denen man sich dem »Idealmodell«

merklich nähert, hat man jedoch Menschen gefunden, die in sich ruhen, verständnisvoll, sensibel und sehr intelligent sind.

Es folgen nun die Darstellungen der häufigsten Abweichungen von der geschilderten idealen Kopflinie sowie die Interpretationen der einzelnen Varianten.

Der Anfang der Kopflinie

Wir beginnen mit dem Entstehungspunkt der Kopflinie, die zwischen der Fingerwurzel des Zeigefingers und dem mittleren Daumenglied liegt. Dieser Zone entspringt auch die Lebenslinie, deshalb können diese beiden Linien über einen gemeinsamen oder einen getrennten Ursprung verfügen.

1. *Kopflinie und Lebenslinie verfügen über einen gemeinsamen Ursprung (145):* Ein solcher Anfang ist sehr häufig anzutreffen, und zwar immer in Händen von Personen, die sehr sensibel sind, sich aber nur schwer beherrschen können. Sie verlieren leicht die Fassung, besonders bei den kleinen Unannehmlichkeiten des täglichen Lebens. Bei wichtigen Angelegenheiten hingegen greifen sie auf schöpferische Kräfte zu-

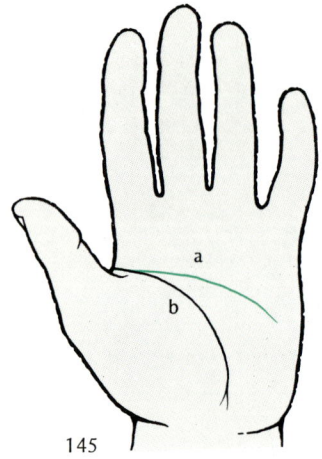

145

rück, beweisen beträchtliche Ausdauer und Besonnenheit. Sie möchten gefallen und ziehen sich deshalb immer korrekt an, sagen nie Dinge, die andere verletzen könnten, selbst wenn sie deshalb die Wahrheit verschweigen müssen. Trotz dieser eher widersprüchlichen Verhaltensweisen sind diese Menschen im Grunde sehr empfindsam und liebenswürdig. Um ihren Fähigkeiten Ausdruck verleihen zu können, benötigen sie das Gefühl, verstanden und geschätzt zu werden. Sie heben ihre Verdienste niemals

selbst hervor, erwarten dies aber von den anderen – und werden daher oft enttäuscht. Sie müssen sich vor skrupellosen Menschen in acht nehmen, die ihre Schwäche rücksichtslos ausnützen können. Je länger Kopf- und Herzlinie gemeinsam verlaufen, desto leichter ist auszumachen, wie und in welchem Ausmaß sich die Empfindungen, Träume, Pläne und Enttäuschungen der Kindheit auf diesen Menschen ausgewirkt haben. Die Zeitbestimmung ermöglicht festzustellen, bis wann er dem familiären Einfluß, besonders dem des Vaters, ausgesetzt war, und wenn wir das Gebiet um den Jupiterberg untersuchen, erfahren wir, ob und wieweit er sich von der Erziehung der Kindheit und Pubertät befreit hat.

Diese bis jetzt aus dem Studium einer solchen Kopflinie gewonnenen Informationen können durch das Einbeziehen von Form und Farbe der Nägel abgewandelt werden. Erscheinen die Nägel beispielsweise eckig und dunkelrosa, dann werden die für diese Menschen charakteristischen Nervenausbrüche heftiger, ihre Fähigkeit zur Selbstbeherrschung nimmt weiter ab.

Es muß aber gesagt werden, daß ein solcher Mensch nicht nachtragend ist und seinen Groll gegenüber demjenigen, der seine Wut hervorgerufen hat, schnell vergißt – wahrscheinlich sogar schneller als das jeweilige »Opfer« seines Ausbruchs.

Sind die Nägel konisch geformt und zeigen eine blasse Färbung, dann sind die Reaktionen des betreffenden Menschen zwar weniger impulsiv, dafür aber tiefergehend, und die Erinnerung an das, was seinen Ärger provoziert hat, wird lange in ihm wach bleiben.

2. *Die Anfangspunkte von Kopflinie und Herzlinie liegen zwar mehr oder weniger nah beieinander, sind aber getrennt (146):* Dieser Mensch verfügt über eine gewisse Sensibilität, die aber auf jeden Fall nicht so ausgeprägt ist wie die des vorher geschilderten Persönlichkeitstyps. Er reagiert nicht so ungestüm, die Reizschwelle ist höher anzusetzen. Er kann sich beherrschen, und sein Verhalten anderen gegenüber zeichnet sich durch die Selbstsicherheit einer »gefestigten« Persönlichkeit aus. Auch er freut sich über Anerkennung, doch wird er nicht sonderlich betrübt sein, wenn sie ihm einmal nicht zuteil werden sollte; dies kann für ihn sogar ein Anreiz sein, sich besonders anzustrengen, um auf seine Begabungen aufmerksam zu machen. Manchmal findet man in diesen Menschen eine Überbewertung der eigenen Person, mit allen Gefahren, die daraus hervorgehen können. Menschen, deren Kopflinie getrennt von der Lebenslinie beginnt, verfügen jedoch in jedem Fall über eine beträchtliche Fähigkeit, neue Situationen rasch

einzuschätzen und dann frei und unvoreingenommen zu handeln. Ihr kritischer Geist kommt manchmal sehr hart und deutlich zum Ausdruck, so daß sie fast offensiv wirken. Dies ist besonders dann zu beobachten, wenn die Kopflinie besonders nahe am Jupiterberg entspringt *(146b)*. Je stärker dieser Beginn aber dem Beginn der Lebenslinie näherrückt *(146a)*, desto gemilderter erscheint die Strenge. Das Benehmen dieser Menschen wird zwar immer noch als grob empfunden, aber doch etwas gemäßigter bewertet. Hier sei auch noch darauf hingewiesen, daß der egozentrische Anteil im Charakter dieses Menschen immer offensichtlicher hervortritt, je größer die Entfernung zwischen den Anfangspunkten der beiden Linien ist. So ein Mensch wird überall und bei jeder Gelegenheit versuchen, seinen persönlichen Standpunkt notfalls auch durch Aggressivität durchzusetzen. Er besitzt die Persönlichkeitsstruktur, die zu klassischen »Kurzschlußhandlungen« und vorschnellen, mitunter verhängnisvollen Entscheidungen tendiert.

Bevor aus dem Lesen einer solchen Kopflinie gültige Schlußfolgerungen gezogen werden, sollte man auch die Form und Farbe der Nägel in Betracht ziehen, da sie etwas über die Fähigkeit des Menschen, Geduld zu üben, aussagen können.

Eckige und stark gefärbte Nägel verraten, daß der Betreffende oft ungeduldig und wenig geneigt ist, die Unzulänglichkeiten anderer zu tolerieren, besonders, wenn es sich um einen jungen Menschen handelt. Bei konischen und blassen Nägeln erscheint der Mensch zwar nach außen hin zurückhaltender, aber in Wirklichkeit mischt sich in seine Bemerkungen immer ein Hauch von Verachtung, die sehr verletzend sein kann. Diese Menschen legen grundsätzlich ein schroffes Verhalten an den Tag, meinen es aber nicht böse; es sind Griesgrame, unter deren rauher Oberfläche man einen liebenswerten Kern entdecken kann.

Bei der überwältigenden Mehrheit der Menschen beginnt die Kopflinie in einer der beiden geschilderten Formen, aber es gibt einige Ausnahmen. Richten wir unsere Aufmerksamkeit auf eine solche Ausnahme, die zwar selten anzutreffen, aber leicht zu interpretieren ist.

Die Kopflinie beginnt im oberen Teil des Venusberges und durchschneidet die Lebenslinie (147): Ein solches Merkmal gehört zu einem schüchternen Menschen, der sich seiner Schüchternheit aus falsch verstandenem Stolz heraus schämt und daher Aggressionen gegen Menschen, die ihm nahestehen, oder gar gegen die ganze Gesellschaft hegt. Sein Verhalten resultiert scheinbar aus einem permanenten Miß-

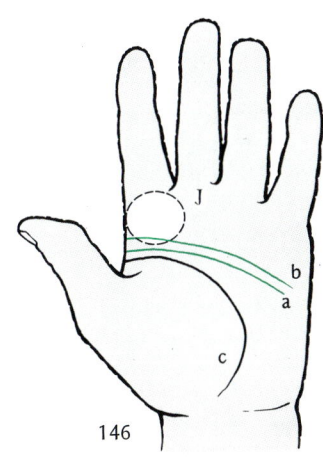

146

Die Kopflinie kann auch beginnen: 146a sehr nah, aber doch getrennt von der Lebenslinie (c), oder 146b sehr nahe am Jupiterberg (J), oder sie durchquert ihn tatsächlich in seinem unteren Bereich.

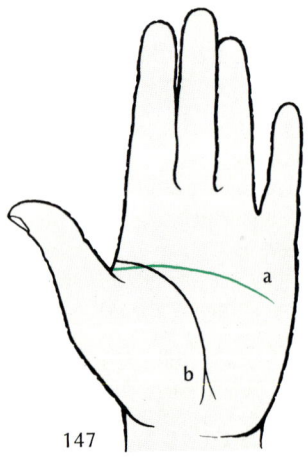

147

Die Kopflinie (a) *entspringt dem Venusberg, durchkreuzt die Lebenslinie* (b)*, und nimmt dann ihren weiteren Verlauf.*

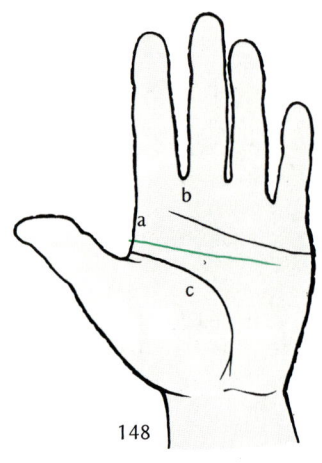

148

Die gerade Kopflinie (148a) *läuft teilweise parallel zur Herzlinie* (b)*; c = Lebenslinie. Die Kopflinie kann außerdem gekrümmt sein* (149a) *oder unregelmäßig* (149b)*; c = Lebenslinie.*

trauen gegenüber seiner Umwelt. In Wirklichkeit sucht dieser Mensch jedoch unbewußt nach neuen Ausdrucksformen, die von der Außenwelt eher akzeptiert werden.

Dieses Zeichen galt bis vor kurzem als typisch männlich. Seit zwanzig Jahren findet man es aber auch in weiblichen Händen, und zwar bei Frauen, die ihre Schüchternheit überwinden mußten, um in der Arbeitswelt bestehen zu können. Sie haben auch im familiären Bereich eine männliche Rolle mit den entsprechenden Vor- und Nachteilen übernommen und auf diese Weise ihre ursprüngliche Natur verfälscht.

Der Verlauf der Kopflinie

Nun wenden wir uns dem weiteren Verlauf der Kopflinie zu.

1. *Die Kopflinie verläuft gerade (148a):* Dies ist der Fall, wenn sie sich nicht deutlich nach oben oder unten krümmt, sondern sichtlich gerade verläuft, und zwar nicht waagerecht, sondern leicht abwärts. Für einige Chiromanten ist eine solche Kopflinie das Zeichen für Härte, für mangelnde Sensibilität und fehlende Phantasie, und tatsächlich dominiert bei diesen Menschen der Verstand über die Gefühle und Empfindungen. Wenn sie glauben, vom Partner beherrscht zu werden, gewinnen ihre von kalter Logik diktierten Entscheidungen auch im sexuellen Bereich die Oberhand über ihre Impulsivität. Daher rührt der ihnen oft gemachte Vorwurf, mit materieller und gefühlsmäßiger Zuwendung zu geizen. Allerdings haben diese Menschen einen ausgeprägten Gerechtigkeitssinn.

Das bisher Gesagte kann teilweise durch die aus der Herzlinie ersichtlichen Fakten korrigiert werden. Wenn beide Linien gerade sind und über einen gewissen Abschnitt hinweg parallel verlaufen, so können Eigenschaften wie Kälte und Geiz nicht nur vermutet werden, sondern sie sind auch wirklich vorhanden.

2. *Die Kopflinie ist gekrümmt (149a):* Hier nur ein kurzer, allgemeiner Hinweis, der die Kopflinien vorstellen soll, die sich von den »geraden« durch ihre Form unterscheiden, die aber weiterhin zusammenhängend und geschlossen sind und nicht als »unsicher« oder unterbrochen definiert werden können. Zwar ist es unerläßlich, auf Form und Richtung einer solchen Krümmung näher einzugehen, für den Moment begnügen wir uns jedoch mit der Feststellung, daß ein Mensch mit einer solchen Kopflinie sehr sensibel und intuitiv veranlagt ist. Er nimmt all das wahr, was jeder von uns hinter dem Bild versteckt, das wir den anderen zeigen möchten. Dieser Mensch ist extrem verschwiegen, er wird das, was er intuitiv erkannt hat, lediglich für sich

registrieren. Der erste Eindruck, den er gewonnen hat, bleibt als Gefühl in ihm vorhanden und kann bestätigt oder modifiziert werden. Unbewußt wird dieses Gefühl jedoch seine Entscheidungen beeinflussen.

3. *Der Verlauf der Kopflinie ist unterbrochen (149b):* Unter diese Definition fallen Kopflinien, die eher unordentlich aussehen und deren Bruchstückhaftigkeit auch noch »wellenförmig« in die Hand eingeprägt ist. Solche Linien sind nicht häufig anzutreffen, aber wenn, dann immer in Händen von Menschen, die viel, ja oft zuviel Wert auf die Meinung anderer legen. Diese Menschen passen ihren Stil dem Geschmack derjenigen an, mit denen sie verkehren, sie unterwerfen sich in jeder Beziehung vollkommen dem Diktat der jeweils herrschenden Mode. Sie haben wenig Persönlichkeit und können aus ihrem erworbenen Wissen keine Befriedigung ziehen. Ihr Urteilsvermögen beschränkt sich auf Oberflächlichkeiten, ihr geistiger Horizont reicht nicht über das Alltägliche hinaus. Wenn

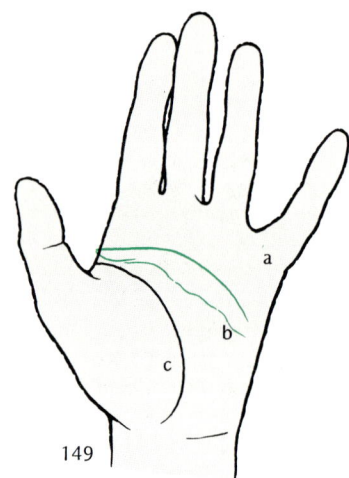

149

eine solche Linie zusätzlich stark gefärbte Zonen aufweist, so kann dies auf Veranlagung zur Kleptomanie hinweisen.

Eigenschaften und Beschaffenheit der Kopflinie

Für eine vollständige Untersuchung müssen wir uns mit den »Eigenschaften« und der »Beschaffenheit« des Zeichens beschäftigen. Wir wissen nun, wie eine »ideale« Kopflinie aussehen müßte und daß man eine solche Linie so gut wie nie vorfindet. Statt dessen wird sie eine der folgenden Formen annehmen.

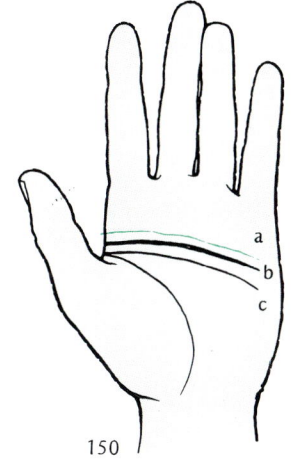

150

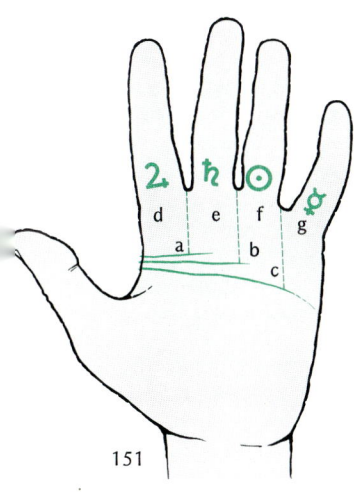

151

1. *Sehr dünn (150a):* Die intellektuellen Fähigkeiten des Menschen sind sehr gut entwickelt; er empfindet im allgemeinen tiefes Verständnis für Menschen und Situationen, seine Sensibilität ist überdurchschnittlich ausgeprägt. Aber es mangelt ihm an körperlicher Energie, die ihm erlauben würde, sich einer Arbeit über einen längeren Zeitraum hinweg zu widmen. Zwar ist dieser Mensch außerordentlich konzentrationsfähig, aber eben immer nur für kurze Zeit.

2. *Breit, aber nicht sehr tief (150b):* Hier haben wir einen sehr angenehmen Menschen vor uns, einen brillanten Gesprächspartner, der sich allerdings weigert, über andere Themen zu sprechen als über solche, die in seinen Tätigkeitsbereich fallen, und selbst da unterlaufen ihm Flüchtigkeitsfehler. Er kann weder Versprechen einlösen noch pünktlich sein. Seine Weigerung, sich näher auf irgend etwas einzulassen, läßt die Vermutung aufkommen, daß eine angeborene Kreislaufschwäche zu dieser Verhaltensweise beiträgt. Oft weiß der betreffende Mensch selbst nichts davon und schützt sich damit instinktiv vor Situationen, die seine Gefühle erregen und damit seine Gesundheit schädigen könnten.

3. *Schmal und tief (150c):* Dieser Mensch ist von einem geistigen Heißhunger befallen; er hat den Drang, hastig Wissen anzuhäufen und allen Dingen auf den Grund zu gehen. Er scheint von einem intellektuellen Fieber gepackt, das selten zu greifbaren Ergebnissen führt, sondern sich in sich selbst erschöpft. Häufig befindet sich diese Art Kopflinie in Begleitung einer ähnlich ausgebildeten, schmalen und tiefen Herzlinie, die dem Verhalten dieses Menschen genau den gierigen Zug bescheinigt, der sein psychologisches Bild charakterisiert.

Die Länge der Kopflinie
Die *Länge* der Kopflinie ist ein Aspekt, der unserer Untersuchung interessante Informationen liefert.
Im Gegensatz zur Lebenslinie, deren Länge unserer tatsächlichen Verweildauer in dieser Welt nicht entspricht, ist die Länge der Kopflinie sehr wohl ein Maßstab für den Grad der Intelligenz eines Menschen. Wir bezeichnen die Kopflinie als *kurz (151a)*, wenn sie, von ihrem Ursprung gerechnet, der sich zwischen Daumen und Zeigefinger befindet, in dem Gebiet endet, das normalerweise der Saturnberg umfaßt. In diesem Fall verfügt der Mensch über eine Intelligenz, die als »niedrig« oder eingeschränkt definiert wird. Die Interessen dieses Menschen reduzieren sich auf eine ganz bestimmte Materie, in die er aber sehr tief einzudringen vermag. Zwar

könnte er seinen Horizont durchaus erweitern, aber in der Regel verspürt er keinen Antrieb dazu und beschäftigt sich nicht mit Dingen, die er für unnötig erachtet. Natürlich müssen auch die anderen Merkmale der Kopflinie diese Aussage bestätigen.
Wenn die Kopflinie über den Saturnberg hinausläuft und unterhalb des Apolloberges abbricht, was am häufigsten vorkommt, gilt sie als *durchschnittlich lang (151b).* Man darf von einer solchen Intelligenz nicht allzu viel erwarten, aber sie wird die Probleme des täglichen Lebens bewältigen können. Dieser Mensch wird keine brillanten Lernerfolge erzielen, aber er kann mit einiger Mühe die Hochschulreife erlangen. Logischerweise wird er sich auf eine Beamten- oder Angestelltenlaufbahn verlegen, eventuell auch auf das Lehramt; sehr selten aber wird er sich auf das Abenteuer einer freiberuflichen Tätigkeit einlassen, wofür sehr viel mehr Persönlichkeit und Vertrauen in die eigenen Fähigkeiten vonnöten wären. Das Verständnis für die Probleme anderer bleibt bei diesen Menschen hinter ihrer egoistischen Betrachtungsweise zurück, und sie werden nur schwerlich einsehen, daß man zugunsten eines größeren späteren Vorteils heute besser auf einen kleinen verzichten sollte. Wenn diese »durchschnittlich lange« Kopflinie sehr gerade verläuft, so kann dies auf eine angeborene Geschäftstüchtigkeit hinweisen, vor allem, wenn dazu noch ein eindeutig eckiger Nagel auf dem kleinen Finger auftritt.
Wenn die Kopflinie über den Apolloberg hinausgeht, dann kann man von einer überdurchschnittlichen Intelligenz sprechen, die um so größer ist, je mehr sich die Linie der Handkante nähert. Im Vergleich zu den bis jetzt besprochenen Linien zeugt diese *(151c)* von einer tieferen Verständnisbereitschaft, mehr Intuition sowie von Kreativität; dieser Mensch hat alle Voraussetzungen dafür, eine herausragende Persönlichkeit zu werden. Ob er all das erreichen wird, was ihm von seinen Anlagen her offensteht, müßten wir aus anderen Bereichen der Hand ersehen. Es ist allgemein anerkannt, daß die Länge der Kopflinie und die Intelligenz in einem so direkten Verhältnis zueinander stehen, daß man genaue Nachforschungen anstellen muß, wenn eine Anomalie in diesem Verhältnis auftreten sollte. In der Regel werden solche Nachforschungen dann Hinweise auf Krankheiten oder Folgeerscheinungen schwerer Unfälle ergeben.

Der Verlauf der Kopflinie und die geistige Fähigkeit
Wenden wir uns nun dem Verlauf der Kopflinie zu, die uns ein Interpretieren der geistigen Fä-

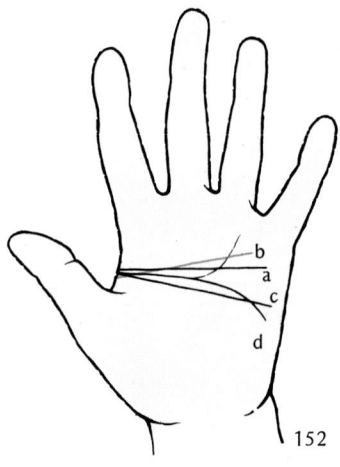

higkeiten des Menschen erlaubt. Die unzähligen Variationen können in drei Hauptgruppen zusammengefaßt werden.

1. *Die Kopflinie verläuft horizontal (152):* Das ist der Fall, wenn die ideale Verlängerung der Kopflinie die Handkante in unmittelbarer Nähe des Ursprungs der Herzlinie erreicht. Dann verfügt der Mensch über eine vornehmlich praktisch orientierte Intelligenz und zeigt sich wenig geneigt, Dingen, die nicht der reinen Zweckmäßigkeit dienen, irgendeinen Wert beizumessen. Es handelt sich meistens um Menschen, die behutsam mit ihrem Geld umgehen und in allen Bereichen eine konservative Auffassung vertreten. Diesen Menschen kann man aufgrund ihrer wenigen, aber klaren Ideen vertrauen, sie werden diese kaum ändern. Oft befinden sie sich im Konflikt mit ihrer Umwelt, da diese sich verändert hat, während sie selbst ihren herkömmlichen Vorstellungen verhaftet geblieben sind. Wenn sie einen für sie geeigneten Beruf gewählt haben, dann wird ihnen ihre Arbeit große Befriedigung verschaffen. Waren sie jedoch gezwungen, im entscheidenden Moment die Arbeit anzunehmen, die das Leben gerade bot, so werden sie diesen Posten gewissenhaft, wenn auch ohne Begeisterung ausfüllen, weil sie sich in dieser Umgebung immer als Fremdkörper fühlen werden.

2. *Die Kopflinie ist gerade und läuft nach oben (152b):* Sie nähert sich der Herzlinie, ohne diese aber zu erreichen. Bei den Betreffenden ist dies das Symptom für Kälte und Berechnung. Diese Menschen haben ihre ohnehin schwach ausgeprägte Impulsivität perfekt unter Kontrolle. Für sie besitzen Gefühle eine relative Bedeutung und werden in ihrer Denkweise und in ihren Gedankengängen nicht berücksichtigt. Solche Menschen sind fähig, einen nüchternen Plan auszuarbeiten, der mit den Gefühlen anderer spielt, ohne die Schäden zu bedenken, die sie damit anrichten können. Es handelt sich dabei jedoch weder um bewußte Grausamkeit noch um Sadismus. Hier liegt vielmehr eine Form von Egozentrismus vor, der sie nur für ihre eigenen Bedürfnisse sensibel macht. Diese Personen haben einen scharfen Verstand, von dem ihre Entscheidungen getroffen werden, sie sind zäh und selbstsichere Verhandlungspartner. Diese Menschen sollte man sich am besten zu seinen Verbündeten machen – oder gar nichts mit ihnen zu tun haben. Übrigens sind solche Menschen zum Glück nicht sehr zahlreich zu finden.

3. *Die Kopflinie läuft abwärts, in Richtung Mondberg:* Hier müssen zwei Möglichkeiten unterschieden werden: Bei einer *geraden Kopflinie (152c)* behält der Mensch, auch wenn es ihm nicht an Vorstellungskraft fehlt, eine prak-

tische und realistische Grundeinstellung, die eine sehr wirkungsvolle Bremswirkung auf seine Tendenz ausübt, sich in die Phantasie zu flüchten. Dieser praktische Geist offenbart sich besonders in Fällen, in denen die Kopflinie eindeutig gerade ausgebildet ist. Nimmt sie hingegen einen etwas unsicheren Verlauf, dann kann die Phantasie die Oberhand gewinnen. *Krümmt sich die Kopflinie und strebt dem Mondberg zu, den sie in seinem oberen Bereich streift (152d),* dann kommt zu den Eigenschaften, die wir in bezug auf die gerade Kopflinie aufgezählt haben, eine Vorstellungskraft hinzu, die die Kreativität dieses Menschen verstärkt, manchmal sogar sein Genie ausmacht. Solche Menschen sehen ihre Phantasieprojekte in Gedanken konkret vor sich und können sie damit auch tatsächlich in die Praxis umsetzen. Ihre Vielseitigkeit sowie die Fähigkeit, für jedes Problem eine Lösung nach ihrer Art zu finden, bringt allerdings auch häufig einen erheblichen Zeitaufwand mit sich, für den sie nicht immer angemessene materielle Entschädigung erhalten.

Eine solche Kopflinie weist auf einen Menschen hin, der durch das tägliche Leben ständig zu neuen Ideen angeregt wird. Allerdings fehlt ihm dann häufig die Zeit, angefangene Projekte zu einem Abschluß zu führen, da sie wegen der neu auftauchenden faszinierenden Pläne zurückgestellt werden. Für solche Menschen ist das kein Grund, Trübsal zu blasen, schließlich gefallen sie sich in der Rolle, neue Ideen zu verbreiten. Die tatsächliche Verwirklichung aber betrachten sie meist als die Aufgabe anderer. Diese Eile und diese Vielseitigkeit stehen der konsequenten Durchführung eines Vorhabens meist im Weg, was eine Atmosphäre der Unvollkommenheit um den betreffenden Menschen schafft und bei dem, der mit ihm lebt, große Enttäuschungen hervorruft.

Nun sollen zwei weitere Fälle vorgestellt werden, die ebenfalls sehr interessante Hinweise geben können, auch wenn sie nicht so häufig auftreten, daß ihnen ein eigenes Kapitel eingeräumt werden müßte.

Im ersten Fall dringt die gekrümmte Kopflinie ziemlich tief in das Gebiet des Mondberges ein *(153a).* Zu den bereits vorgenommenen Charakterisierungen muß hinzugefügt werden, daß derjenige, der dieses Merkmal in der Hand trägt, sich laufend mit der Vergangenheit beschäftigt – als Antiquar, Archäologe, Historiker usw. Ihrer Arbeit, für die die Phantasie unerläßlich ist, fügen diese Menschen eine praktische und kreative Komponente hinzu und gestalten sie dadurch konkret. Der zweite Fall ist eine Kopflinie, die mit ihrer starken Krümmung par-

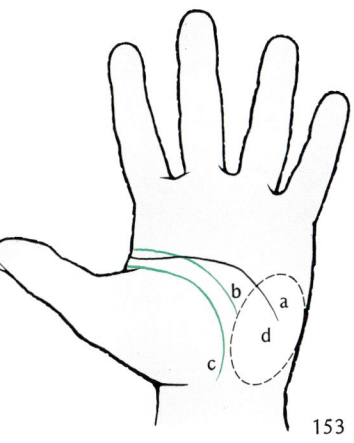

153

Die Kopflinie kann: 153a *im Mondberg enden* (b), 153b *die Lebenslinie entlang laufen* (c) *und in der Marsebene enden.*

Doppelte Kopflinie (154)*: Sie besteht normalerweise aus zwei zarten Linien, die teilweise oder ganz parallel verlaufen. Die Kopflinie kann unterbrochen sein* (155a) *oder sie kann verästelt* (155b) *zum Merkurberg hinstreben;* c = *Lebenslinie.*

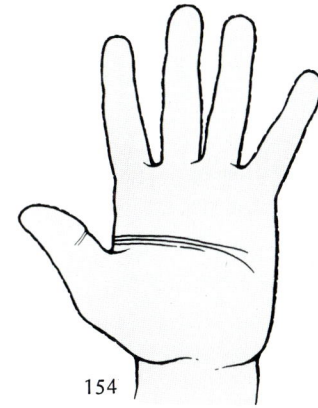

154

allel zur Lebenslinie verläuft und zielsicher in die Marsebene eindringt *(153b)*. Sie zeugt von einem scharfen Beobachtungsgeist, der häufig immer ein Bedürfnis zu schreiben hervorruft, zu erzählen, anderen Menschen reale, durch die eigene Phantasie gefilterte Ereignisse zu vermitteln oder, umgekehrt, Phantasieprojekten einen möglichst realistischen Anstrich zu geben. Es ist das Zeichen der Menschen, die an allem, was sie umgibt, ein neugieriges Interesse hegen. Natürlich verfügen jedoch nicht alle Schriftsteller oder Journalisten über eine solche Linie, und nicht alle, die diese Linie tragen, üben den Beruf eines Schriftstellers oder Journalisten aus. Aber solche Überlegungen würden uns jetzt zu weit in den unbestimmbaren Bereich des freien Willens führen, dem wir uns schon mehrere Male vorsichtig genähert haben.

Es gibt noch eine ganz besondere Form einer Kopflinie, die wir an dieser Stelle beschreiben möchten: Sie besteht aus zwei, meist dünnen Linien, dieüber die gesamte Strecke oder auch nur über einen bestimmten Abschnitt hinweg parallel verlaufen *(154)*. Sie ist leider sehr häufig anzutreffen, hat aber überhaupt nichts mit einer Spaltung der Persönlichkeit zu tun. Sie spricht eher von mangelndem Konzentrations- und Denkvermögen, schwachem Gedächtnis und plötzlichen, unüberlegten Entscheidungen. Es sind jedoch zahlreiche andere, sehr viel präzisere Informationen vonnöten, um die Feststellung zu wagen, daß eine solche Kopflinie die Tendenz zu Erscheinungen verrät, die zu einem psychischen Verfall führen.

Sofern es sich nur um eine partielle Verdoppelung dieser Linie handelt, treten die oben genannten Störungen nur während einer begrenzten, der Länge der Verdoppelung entsprechenden Periode auf, die durch die Zeitbestimmung ermittelt werden kann. Das Ausmaß einer solchen Störung, besonders im Hinblick auf einen psychischen Verfall oder eine Unterentwicklung, kann beim Untersuchen der Farbe der Linie erkannt werden. Ein Verfall würde durch eine dunklere Färbung angezeigt werden, während die Unterentwicklung durch eine blassere Farbe dargestellt ist. Das Auftauchen stark gefärbter Punkte auf diesen Abschnitten verrät ein vorhandenes Schutzbedürfnis.

Schließlich muß noch eine weitere, nicht allzu häufig anzutreffende Kopflinie erwähnt werden. Ihr Verlauf ist unterbrochen, sie setzt sich aus Bruchstücken zusammen, die klar voneinander getrennt und nicht ineinander verflochten sind und die nicht übereinander liegen *(155)*. Es handelt sich um ein sehr negatives Zeichen, wenn es bereits in den ersten Jahren der Kindheit auftritt; die Gedankengänge dieser Men-

schen sind zusammenhanglos und unvollständig, ihr Verhalten ähnelt dem mehr oder weniger stark zurückgebliebener Kinder. Je früher sich ein Spezialist dieses Schadens annimmt, desto größer sind die Aussichten auf Heilung.

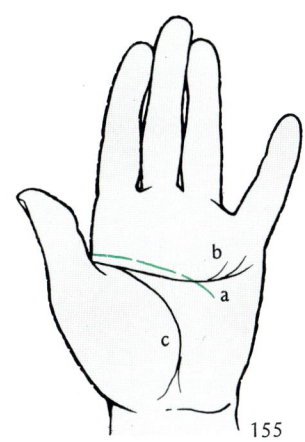

155

Ein anderer besonderer Fall, der auch nicht häufig auftritt, aber von besonderem Interesse ist, wird durch eine Kopflinie dargestellt, die ziemlich lang ist und dabei überwiegend gerade verläuft, aber plötzlich unvermittelt nach oben, zum Merkurberg hin, abbiegt *(155b)*. Dieses Zeichen erlaubt eine genaue Deutung, die in neunzig Prozent aller Fälle zutrifft. Die Gedanken dieses Menschen drehen sich zum größten Teil um Probleme wirtschaftlicher Art, sei es, weil er sich in einer momentanen oder chronischen Notlage befindet, sei es, weil er sich vorwiegend dafür interessiert, wie man eventuell auf mehr oder weniger legitime Art und Weise an das Geld anderer Menschen herankommt, oder wie man das eigene Kapital am besten anlegt. Auf jeden Fall will dieser Mensch herausfinden, wie er seine persönliche Situation am besten nutzen kann, um daraus den höchstmöglichen Gewinn zu ziehen. Es versteht sich von selbst, daß es sich hier um eine bewußt getroffene Entscheidung dieses Menschen handelt. Biegt sich nicht nur der Endabschnitt der Kopflinie zum Merkurberg hin, sondern kann man eine ganze Reihe von Verästelungen bemerken, die die gleiche Richtung einschlagen, dann ändert sich die Bedeutung ein wenig: Hier sind es äußere Umstände, die den Menschen zu einer solchen Haltung zwingen, und tatsächlich werden diese Linien, die nur unbedeutend kräftiger als die Kapillarlinien sind, verschwinden, sobald der Grund für die Probleme beseitigt wird. Wenn diese Verästelungen jedoch bei wohlhabenden Personen auftreten sollten, dann ändert sich die Bedeutung vollkommen: In diesem Fall

Ganz rechts: Antike Hand aus
Pappmaché mit allen Linien und
deren Bedeutungen.

verraten sie den starken Groll, den der betreffende Mensch gegenüber seiner Umgebung hegt. Er richtet sich fast immer gegen seine Familie, die seine persönlichen Neigungen in eine bestimmte Richtung gebremst hat, weil sie ihr nicht lieb und mit der Würde der Familie nicht in Einklang zu bringen waren. Natürlich reicht dieser Hinweis allein nicht aus, vielmehr ist eine Ausweitung der Untersuchungen bis auf die Herzlinie für die Interpretation erforderlich.

Das Ende der Kopflinie

Wie alle anderen Linien, so kann auch die Kopflinie auf verschiedene Art und Weise enden; jede Variation stellt einen besonderen Fall dar. Die häufigsten Möglichkeiten können in vier Einteilungen zusammengefaßt werden.

1. *Die Kopflinie endet klar und eindeutig (156a):* Ein positives Zeichen für einen Menschen, der einer beruflichen Tätigkeit nachgeht, die über einen längeren Zeitraum eine starke Konzentration auf ein bestimmtes Thema verlangt. Man findet es bei Menschen, die in sich zurückgezogen und verschlossen sind. Sie können nicht von einem Vorhaben ablassen, bevor sie das Ziel erreicht oder aber eingesehen haben, daß das Erreichen ihre Möglichkeiten oder den möglichen zeitlichen Rahmen übersteigen würde. Um sie mit Sicherheit dieser Gruppe zuordnen zu können, darf die Kopflinie in ihrem letzten Abschnitt keinerlei Abweichung nach oben oder nach unten aufweisen.

2. *Die Kopflinie endet unbestimmt (156b):* Auch sie hat weder nach oben noch nach unten irgendwelche Abzweigungen, sie versickert in der Hand wie ein Rinnsal im Sand. Sie gilt als Zeichen für Kummer und Unzufriedenheit im Menschen, bedingt durch vergangene oder zukünftige Ereignisse, die sich fast immer auf die berufliche Tätigkeit beziehen. Die Probleme, die die Verwirklichung dieses Menschen verhindert haben (oder verhindern werden), sind meistens nicht zu vermeiden: wirtschaftliche Schwierigkeiten, widrige Umstände, Unfälle, Krankheit oder Krieg. Sie können genau definiert werden, wenn die Nachforschungen auf das Gesamtbild der Hand ausgeweitet werden.

3. *Die Kopflinie endet mit einer Gabelung (157):* Dies ist eine ziemlich verbreitete Endung, und sie deutet auf Menschen mit einer herausragenden, wachen Intelligenz, die die Welt so nehmen können wie sie wirklich ist, sie aber auch mit Hilfe ihrer Phantasie farbiger gestalten können. Diese Menschen führen ihr Studium meistens nicht zu Ende, und die Tätigkeiten, denen sie normalerweise nachgehen, setzen keine besondere Ausbildung voraus; die wichtigsten Voraussetzungen dazu sind den Men-

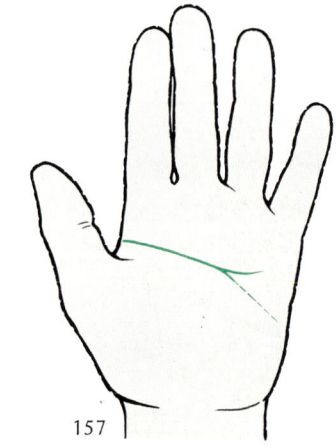

157

schen bereits von der Natur mitgegeben worden. Eine akademische Bildung könnte bei manchen von ihnen sogar die wertvolle Spontaneität unterdrücken. Sie gehen künstlerischen Berufen nach oder üben Tätigkeiten aus, die mit der Kunst in Berührung kommen; unter ihnen sind Innenarchitekten, Kostümbildner, Bühnenbildner, Kabarettisten und Kunsthandwerker, um nur einige Beispiele zu nennen. In diese Gruppe fallen aber auch all die vielen Menschen, die im Volksmund einfach als »Lebenskünstler« bezeichnet werden. Erreicht einer der beiden Zweige der Gabelung die Handkante, dann hat der Mensch gute Aussichten auf Ruhm und Erfolg, wird dabei aber nicht unbedingt das große Geld erringen.

4. *Die Kopflinie endet mit einer weiten Gabelung (158):* Sie sieht eher wie eine Verzweigung mit einem absteigenden und einem aufsteigenden Ast aus und hat keine positive Bedeutung. Der Mensch vernimmt zwar die Eingebungen seiner Phantasie, aber er wird nicht fähig sein, etwas davon zu realisieren. Statt dessen verwirren ihn die Eingebungen nur, was seiner Entscheidungsfreudigkeit nicht eben zuträglich ist und was bei manchen Menschen dazu führt, ihre eigene Realität als unsicher und problematisch zu empfinden. Diese Personen haben eine normale Intelligenz und sind oft sehr intuitiv veranlagt, können ihrem Leben aber keine konsequente Richtung verleihen. Wenn die Kopflinie vor ihrer Gabelung eindeutig gerade und waagrecht verläuft, dann behält der praktische Sinn wenigstens auf manchen Gebieten die Oberhand. Bei einer gekrümmten, zum Mondberg hinstrebenden Linie dagegen überwiegen die negativen Folgen besonders stark.

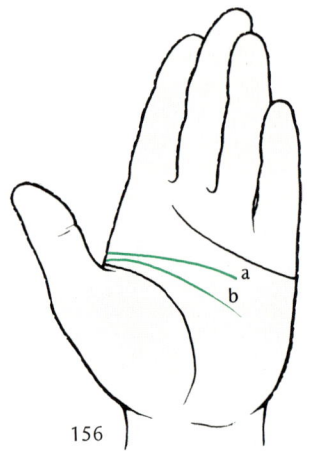

156

*Die Kopflinie kann enden:
156a abrupt, 156b vage,
157 mit einer Gabelung.*

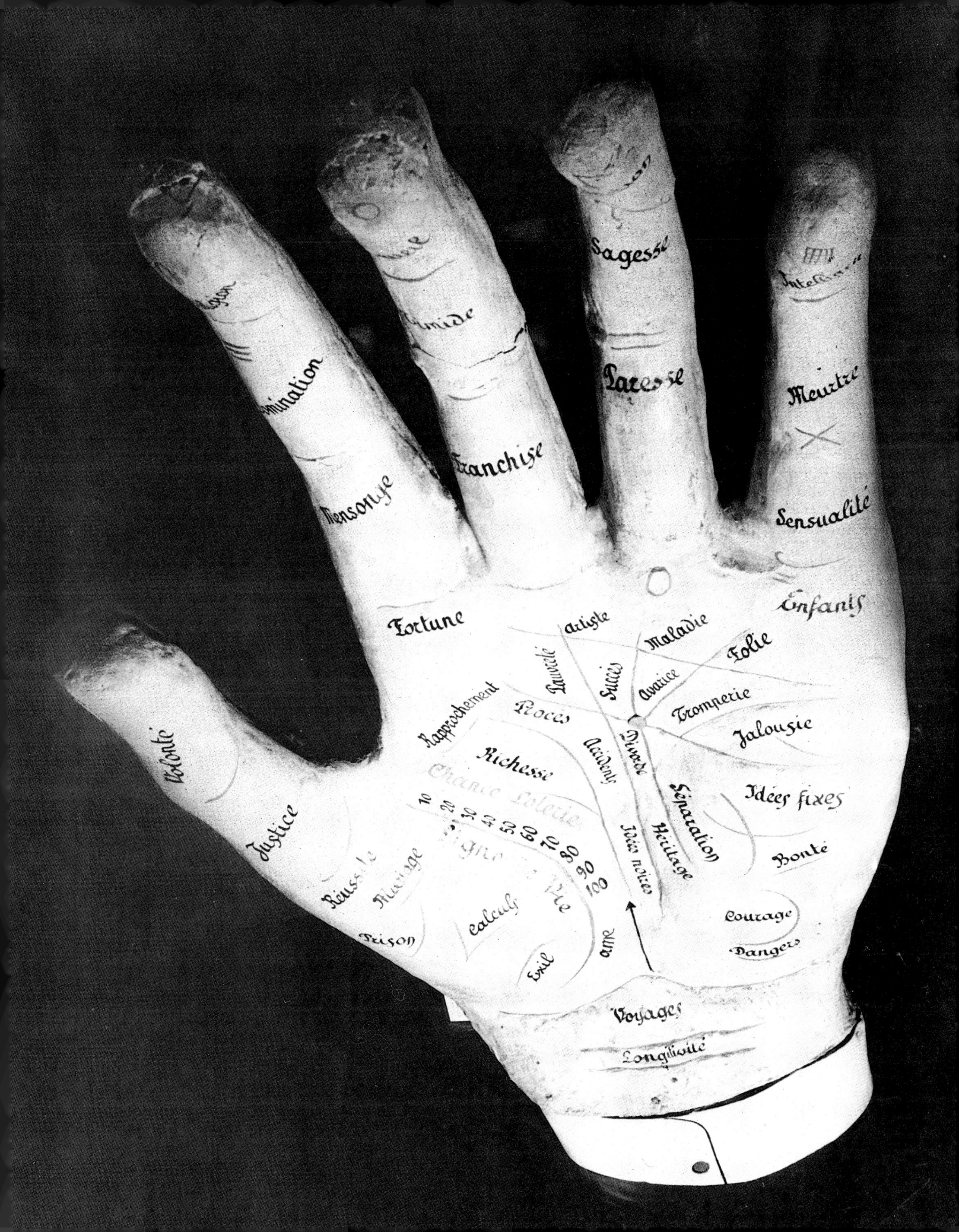
Sagesse
Paresse
Meurtre
Franchise
Mensonge
Sensualité
Enfants
Fortune
artiste
Maladie
Folie
Pauvreté
Succès
Avarice
Tromperie
Rapprochement
Procès
Jalousie
Richesse
Accidents
Divorce
Séparation
Idées fixes
Chance Loterie
Volonté
Justice
Héritage
Idées noires
Bonté
Mariage
Calculs
Prison
Exil
âme
Courage
Dangers
Voyages
Longévité
10
20
30
40
50
60
70
80
90
100

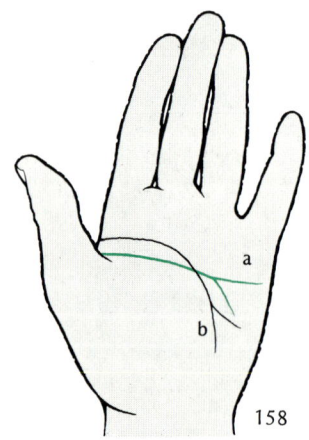

Die Kopflinie kann mit einer weiten Gabelung enden: a *gerade,* b *gebogen.*

Ganz rechts: 160 *Kopflinie mit Gitter* (a)*, Punkten* (b)*, Schnittlinien* (c)*;* 161 *Kopf- und Herzlinie verschmolzen* (a)*,* b = *Lebenslinie;* 162 *die kurze und absteigende Kopflinie* (a) *und die kurze, aufsteigende Herzlinie* (b) *sind in ihrem Mittelteil zu einer Linie verschmolzen* (c)*, die »Vereinigung« genannt wird.*

Kopflinie mit: a *Inseln, und Gittern:* b *in der Nähe der Herzlinie* (d)*,* c *in der Marsebene;* e = *Lebenslinie.*

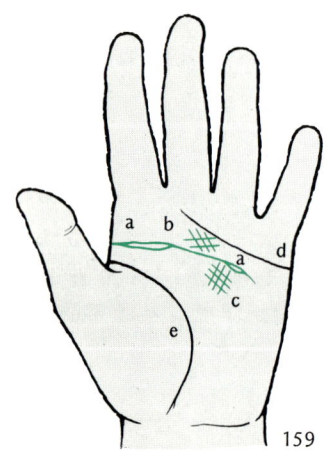

Die Verästelungen der Kopflinie

An dieser Stelle müssen wir uns den Erscheinungen zuwenden, die immer von großer Bedeutung sind, auch wenn sie bei der Kopflinie nicht den Stellenwert einnehmen, den sie bei der Lebenslinie haben: *die Verästelungen.*

Auch die Verästelungen der Kopflinie können *aufsteigend* oder *absteigend* sein. Wenn sich diese Äste der Herzlinie zuwenden, dann wird ihre Richtung in dem Sinn gewertet, daß sie vom Jupiterberg weg- und dem Merkurberg zustreben. Es handelt sich um schwach angedeutete Verästelungen, die nur wenig kräftiger als Kapillarlinien sind, und die man mit Sicherheit nur dann deuten kann, wenn man ein Vergrößerungsglas zu Hilfe nimmt. Sie können als durchschnittlich positiv gewertet werden.

Wenn die Kopflinie einen geraden Verlauf nimmt, so kommt den Verzweigungen, die dem Merkurberg zustreben, die größte Bedeutung zu. Ihr Vorhandensein deutet bei dem betreffenden Menschen auf einen geschickten Spekulanten hin. Wir bleiben beim Thema der aufsteigenden Verästelungen, betrachten uns jetzt aber eine gekrümmte Kopflinie; ihre interessantesten Äste sind die, die sich am Apolloberg ausrichten. Der Mensch besitzt hier allgemein künstlerische Neigungen, die er allerdings nie ernsthaft in einem entsprechenden Künstlerberuf in die Praxis umsetzen kann.

Bei den *absteigenden Verästelungen* verdienen lediglich jene unsere Aufmerksamkeit, die sich von einer geraden Kopflinie in das Gebiet des Merkurberges abscheiden. Ihre Bedeutung ist – wie bei allen absteigenden Verzweigungen – negativ. Im vorliegenden Fall verraten sie uns, daß der Mensch sich zum Spekulieren gedrängt fühlt, sich dabei jedoch meistens irrt und Schaden anrichtet. Bei diesen Menschen kann man auf Charakterzüge treffen, die ihn den Spielernaturen sehr ähnlich erscheinen lassen. Handelt es sich aber um eine gekrümmte Kopflinie, so zeigen uns die absteigenden Verästelungen, die man unterhalb des Apolloberges sieht, daß dieser Mensch eine Künstlerkarriere begonnen hat, bescheidenen Erfolg verbuchen konnte, diese Karriere aber aus unvermeidbaren Gründen vorzeitig abbrechen mußte.

Besondere Zeichen auf der Kopflinie

Nun werden wir bestimmen, inwieweit die aus der Kopflinie bereits gewonnenen Erkenntnisse durch das Auftauchen »besonderer Zeichen« entlang ihres Verlaufes abgeändert werden müssen.

1. Eine *Insel* auf der Kopflinie *(159a)* ist ein Zeichen für Erschöpfung. Sie ist einfach zu erkennen, sagt aber noch nichts über die mögli-chen Ursachen aus, die außerhalb der Kopflinie gesucht werden müssen: ein schlimmes Ereignis, eine anstrengende Arbeit, eine lange Konzentrationsphase, ein psychophysisches Trauma oder eine falsche Ernährungsweise, die keine ausreichende Durchblutung und somit keine ausreichende Ernährung der Gehirnzellen gewährleistet. Eine sehr lange und schmale Insel kann auf eine sehr lange Erschöpfungsphase hinweisen, die die gleichen Folgen hervorrufen kann, die wir bereits bei den parallel verlaufenden Kopflinien kennengelernt haben.

2. Ein *Gitter* oder ein *Netz* breitet sich an der Seite der Kopflinie aus *(159b)*. Liegt es oberhalb der Linie, also zwischen Kopf- und Herzlinie, so zeugt es von mangelnder Konzentrationsfähigkeit, Energieverlust, wenig Interesse an emotionalen Problemen. Liegt das *Gitter* unterhalb der Kopflinie *(159c)*, ungefähr in dem Handbereich, der als *Marsebene* bezeichnet wird, dann beziehen sich die mangelnden Interessen hauptsächlich auf die Arbeit und auf die Bereitschaft, Initiativen zu ergreifen. Diesen Menschen wird es zeitweilig an Willenskraft und praktischem Verstand fehlen.

3. Das *Gitter* oder das *Netz* hat sich direkt über die Kopflinie gelegt *(160a)*. Jetzt haben die mangelnde Konzentrationsfähigkeit sowie die totale Interesselosigkeit an allem, was den Menschen umgibt, krankhafte Ursachen, die durch eine entsprechende Behandlung behoben werden können. Diese Gitter können manchmal von psychischen oder physischen Traumata herrühren.

4. Ein oder mehrere *Punkte* auf der Kopflinie *(160b)* sind Symptome für Sorgen, deren Intensität an der Farbe der Punkte abgelesen werden kann. Meistens entstehen und verschwinden sie gleichzeitig mit der äußeren Ursache und betreffen vorrangig das Berufsleben.

5. Die Anwesenheit von *Schnittlinien* irgendwo auf der Kopflinie *(160c)* verrät eine analoge Bedeutung zu den Punkten, ist aber nicht so schwerwiegend. Diese Schnittlinien unterliegen ständigen Veränderungen. Falls sie aber für ein Problem stehen, das im betreffenden Menschen eine bleibende Spur hinterlassen wird (und hier wird es sich fast immer um ein Problem mit der Familie handeln), dann erscheint die *Schnittlinie* markanter. Sie kann sich natürlich auch auf vergangene oder zukünftige Ereignisse beziehen, was aber durch die Zeitbestimmung ermittelt werden kann.

Die Verschmelzung von Kopf- und Herzlinie

Jetzt, da wir sowohl die Herz- als auch die Kopflinie behandelt haben, können wir uns einer Erscheinung widmen, die mitunter beobachtet

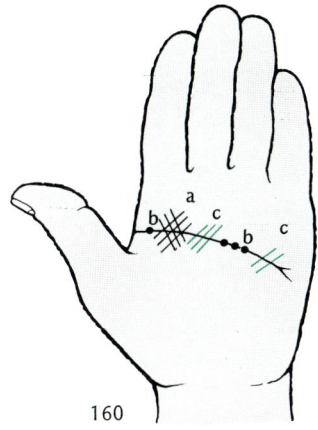

160

werden kann: Diese beiden Linien vereinigen sich ganz oder zum Teil zu einer einzigen Linie, der einige Chiromanten den Namen *Affenlinie (161a)* gegeben haben, weil sie sehr häufig in den Händen von Primaten auftaucht. Ein Vergleich der Untersuchungsergebnisse, die wir aus der Herz- und der Kopflinie erhalten haben, kann uns ziemlich genaue Angaben über den inneren Gleichgewichtszustand eines Menschen geben, über die Beziehung seiner emotionalen zu seiner intellektuellen Seite und über seine Fähigkeit, ein ausgewogenes Verhältnis zu seiner Umwelt herzustellen. Wenn wir uns dann ins Gedächtnis rufen, daß die Herzlinie von der unbewußten Zone der Hand zu der des bewußten Ichs läuft und die Kopflinie die entgegengesetzte Richtung einschlägt, dann muß eine vollständige oder auch nur teilweise Verschmelzung dieser beiden zwangsläufig zu einem Ungleichgewicht führen. Der Konflikt zwischen Rationalität und Emotionalität wird von zwei getrennten Linien repräsentiert. Wie muß dieser Konflikt im Falle einer Vereinigung der beiden Linien wohl interpretiert werden? In welche Richtung fließt die Energie, die beim Zusammenprall dieser beiden Gegensätze frei wird? Der einfachste und sicher auch üblichste Weg führt über die Gewalt, und tatsächlich sah man in einem Zusammenschluß von Herz- und Kopflinie bis vor nicht allzu langer Zeit noch die Bedeutung von roher Gewalt und brutaler Grausamkeit, nicht zuletzt auch, weil dieses Merkmal ziemlich oft in den Händen gefährlicher Krimineller aufzufinden ist.

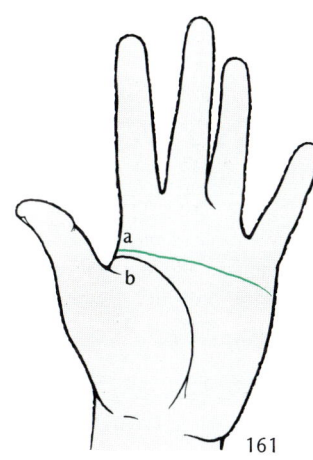

161

Da sich dieses Merkmal aber auch in Händen von Personen finden läßt, die wirklich keinerlei Neigung zur Kriminalität verspüren lassen, mußte dieses Urteil überprüft werden. Man hat festgestellt, daß dieses Zeichen regelmäßig bei Menschen auftaucht, die ihre gesamten intellektuellen und geistigen Energien in eine einzige Richtung und auf ein einziges Ziel ausgerichtet haben. Der Kriminelle befindet sich in solch einer Situation; das gilt aber eben auch für den tief religiösen Menschen, der seinem Glauben einen konkreten Inhalt geben möchte, sowie für den Künstler, der das Bedürfnis empfindet, seiner inneren Unruhe Form und Ausdruck zu verleihen. In solchen Beispielen offenbart sich, daß bei diesen Menschen ein sehr großes Bedürfnis nach Sublimierung vorhanden ist, das nicht der Kontrolle des gesunden Menschenverstandes und der Vernunft unterliegt. Hier muß man also herausfinden, in welche Richtung sich der Konflikt zu entladen droht und welche Kräfte ihn zum Guten oder zum Bösen lenken können. Dazu muß man auf alle zur Verfügung stehenden Elemente zurückgreifen: auf die Form der

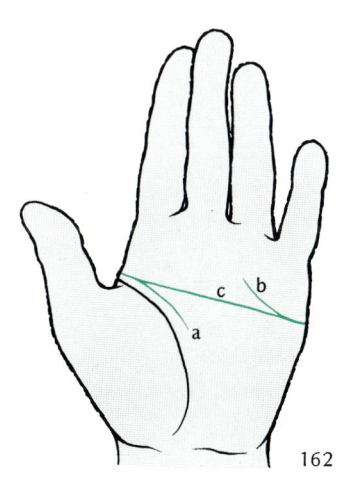

162

Hand, die Form des kleinen Fingers, die des Daumens, auf die Entfernung zwischen Daumen und Zeigefinger, die Entwicklung des Mondberges und auf andere Bestandteile, die nützliche Hinweise liefern können, um die negative oder positive Richtung einer durch die Verschmelzung möglicherweise entstandenen Energieaufladung erkennen zu können.

Wenn diese Verschmelzung aber nur partiell stattfindet *(162)*, so ist die Bedeutung nicht so schwerwiegend. Von der Gewalt und dem eben erwähnten Konflikt bleibt nur ein blasser Abdruck. Man findet diese partielle Verschmelzung bei Menschen, die über die seltene Fähigkeit verfügen, sich immer und überall innerlich aus ihrer Umgebung zu lösen, um den eigenen Gedanken nachzuhängen. Sie werden zum berühmten »zerstreuten Professor«, Quelle amüsanter Anekdoten und geistreicher Witze.

Dazu muß noch gesagt werden, daß dieser Mensch in hohem Maße für die wissenschaftliche Forschung geeignet ist, wenn sich ein vertikal plaziertes Paar von Schnittlinien auf dem Merkurberg zu dieser Mischlinie gesellt.

Die heutigen Chiromanten sind bereit, der Linie, die wir im Moment behandeln, eine Beziehung mit der vorhergehenden zuzuschreiben, auch wenn beide sehr kurz sind und getrennt voneinander auftreten, und sie als einen aufsteigenden und einen absteigenden Ast zu sehen, die sich aus der Linie abscheiden, die sie miteinander verbinden. Eine Linie wie die abgebildete ist ziemlich häufig; die betreffenden Menschen sind äußerst scharfsinnig und phantasievoll und haben Hellseherfähigkeiten.

Man darf sich bei der Untersuchung der Kopflinie nicht mit dem ersten Eindruck zufriedengeben. Es reicht nicht, festzustellen »Sie ist gerade« oder »Sie verläuft unsicher«. Ein Vergleich beider Hände ist immer ratsam, nicht nur im Hinblick auf die Kopflinie, sondern auch dann, wenn keine Zweifel bezüglich der Interpretation auftauchen sollten. Wir haben schon mehrmals darauf hingewiesen: Bei der überwiegenden Mehrheit der Menschen trägt die linke Hand die Zeichnung, wie die Natur sie vorgesehen hat; in der rechten hingegen ist zu ersehen, was der Mensch mit seinem Willen daraus gemacht hat.

Ein Beispiel: Wenn eine Kopflinie am Anfang die Lebenslinie schneidet und diese Erscheinung nur in der linken Hand zu bemerken ist, dann zeigt sich der betreffende Mensch der Gesellschaft gegenüber nicht aggressiv, wird aber tiefe Bewunderung für diejenigen hegen, die den Mut dazu besitzen. Findet man dieses Zeichen nur in der rechten Hand, dann ist es der Betreffende selbst, der diesen Mut aufbringt.

Die Schicksalslinie

Die Schicksalslinie ist als letzte der vier Hauptlinien auch die undeutlichste von ihnen *(163)*. Sie ist nicht in jeder Hand anzutreffen, sie kann aber auch die unterschiedlichsten Erscheinungsformen annehmen. Diese Linie bildet sich erst ziemlich spät und verändert sich nach dem 20. Lebensjahr kaum noch, da sich um diesen Zeitpunkt herum auch die Fähigkeit zur Anpassung an die Umwelt zu festigen beginnt. Es handelt sich um eine eher launenhafte Linie, die gerade diesem Charakterzug ihren herkömmlichen Namen verdankt. Je nach der Bedeutung, die ihr der jeweilige Chiromant beimißt, hat sie die verschiedensten Bezeichnungen: Erfolgslinie, Saturnlinie, Schicksalslinie, Glückslinie, Richtungslinie, Längsachse. Und vielleicht definiert dieser letzte Namen sie am exaktesten, selbst wenn von dieser »Längsachse«, die quer über den ganzen Handteller verlaufen und das Handgelenk mit der Mittelfingerwurzel verbinden sollte, oft nur eine schwache Spur in der Marsebene zu entdecken ist.

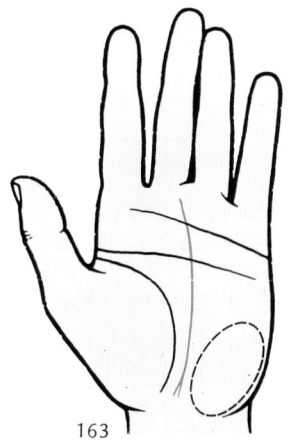

Die »ideale« Schicksalslinie verläuft vom Saturnberg quer über die Handfläche, bis sie in der Nähe des Handgelenkes zwischen Venus- und Mondberg endet.

Wir wollen die Schicksalslinie als Längsachse begreifen und nach einer möglichst umfassenden Definition suchen. Die Schicksalslinie trennt den bewußten Teil der Hand von dem unbewußten, die Welt des Verstandes von der des Irrationalen; sie kann also von allen Linien am besten darüber Bescheid geben, wie der Mensch seine natürlichen Talente praktisch nutzt.

Auch hier kann man von einer Gleichung mit mehreren Unbekannten sprechen. Vorgegeben sind eine gewisse Anzahl an natürlichen Eigenschaften, eine gewisse Sensibilität, ein besonderes Wesen sowie bestimmte Lebenssituationen. Die Frage ist, was der Mensch aus sich selbst machen kann, das Schicksal kommt also kaum ins Spiel! Vor allem drückt diese Linie die Fähigkeit des Menschen aus, sich an Situationen anzupassen, sie zu nutzen und den eigenen Lebensweg zu wählen. Man könnte sie auch »Linie der Handlungsfreiheit«, »Linie der Entscheidung« oder »Linie der Anpassungsfähigkeit« nennen. Bei der Interpretation darf man natürlich auf keinen Fall die Informationen unbeachtet lassen, die aus der Prüfung der anderen Hauptlinien hervorgehen. Man sollte die Schicksalslinie zweckmäßigerweise sogar zuletzt betrachten. Sie kann bereits aufgestellte Hypothesen bestätigen oder modifizieren und gleichzeitig der »rote Faden« sein.

Die Schicksalslinie gibt keinerlei Hinweis auf die gesellschaftliche Position des Menschen, sie zeigt jedoch die Art von Beziehungen auf, die zwischen ihm und seiner Umwelt bestehen. Außerdem kann sie etwas darüber aussagen, ob der betreffende Mensch – angenommen, er hat die nötigen Qualitäten, um auf längere Sicht hin erfolgreich zu sein – das gesteckte Ziel tatsächlich erreichen wird. Wir können sogar herausfinden, welches der beste, der steilste oder der müheloseste Weg ist, der zur Verwirklichung der Pläne führt.

Einige Menschen besitzen die notwendigen Fähigkeiten von Natur aus. Der großen Mehrheit aber kann eine genaue und im rechten Moment durchgeführte Analyse der Hand dabei helfen, tiefgehende Einsichten zu gewinnen. Denn solche sind vonnöten, um gewisse Probleme zu bewältigen und manch eine grundsätzliche Entscheidung richtig zu treffen. Nicht die Wünsche dieses Menschen, sondern seine inneren Fähigkeiten stehen hier im Vordergrund.

Die Schicksalslinie erscheint nicht auf allen Händen, sie ist vielmehr nur in etwa 50% aller Fälle vorhanden und erkennbar. Wer sie nicht besitzt, ist jedoch nicht aussichtslos zum Scheitern im Leben verurteilt. Allerdings muß er vielleicht etwas größere Anstrengungen machen als andere Menschen. Menschen, die diese Linie nicht besitzen, stecken sich häufig weniger ehrgeizige Ziele, und die Wege, die zu diesem Ziel führen, sind leichter begehbar.

Wenden wir uns nun wieder dem »idealen« Aussehen *(163)* der Schicksalslinie zu. »Idealerweise« entspringt die Linie im unteren Teil des Handtellers, dort wo sich Venus- und Mondberg berühren, also in der Neptunebene. Mit einem eher vertikalen Verlauf durchschneidet sie Kopf- und Herzlinie und stößt bis zum Saturnberg vor. Die Linie soll deutlich, zart, ununterbrochen und rosa sein. Sie sollte sowohl auf der rechten wie auf der linken Seite kleine aufsteigende Verästelungen aufweisen, die ihr entfernt das Aussehen einer Ähre verleihen.

Eine Schicksalslinie der eben beschriebenen Form existiert praktisch nicht. Aber manchmal kommen ihr Schicksalslinien von Menschen im Aussehen nahe, die aus eigenen Kräften Fähigkeiten in sich entwickelt haben, die die Natur nur grob in ihnen skizziert hatte. Diese Menschen haben sich und ihr Leben geradezu erfunden. Es handelt sich hier um außergewöhnliche Persönlichkeiten, die ein ehrgeiziges Ziel angesteuert haben, indem sie die eigenen Kräfte mit Intelligenz einsetzten. Für das übergeordnete, wichtige Ziel haben sie immer wieder harte Opfer gebracht.

Der Anfang der Schicksalslinie

Sehen wir nun, wie sehr die Schicksalslinie tatsächlich von der gerade beschriebenen abweicht. Wir beginnen beim Ursprung, der nur selten wirklich in der Neptunebene liegt.

1. *Die Schicksalslinie beginnt im unteren Teil des Venusberges (164) und verläuft in Richtung Saturnberg:* In diesem Fall ist die Bedeutung relativ positiv; auffällig ist die Tendenz des Menschen, sich an die Familie anzulehnen, da er Angst hat, auf den eigenen Füßen zu stehen. Diese Unselbständigkeit rührt von einer falsch verstandenen früheren Beschützerrolle der Familie her. Aber man kann dies auch anders sehen: Günstige Umstände oder eine tatkräftige Familie haben dem jungen Menschen schon sehr bald zu einem »sicheren« Arbeitsplatz verholfen. Diese »verlängerte Wiege« kann bewirken, daß ein schwacher Charakter endgültig auf alle Ambitionen verzichtet. Dies gilt auch für Kinder, die in das gutgehende Familienunternehmen einsteigen, falls sie nicht zu faul dazu sind oder keinen Drang verspüren, sich selbst einen Weg zu bahnen.

Wir haben dieses Erscheinungsbild zuerst besprochen, weil es der Schicksalslinie häufigstes Aussehen ist und weil man sie so in allen gesellschaftlichen Schichten findet, besonders bei Familien, die nur ein Kind haben. Bei betroffenen Kindern kann es schon von jugendlichem Alter an nützlich sein, ihnen mit Hilfe der Hand einige Aspekte ihrer Persönlichkeit zu erklären und gleichzeitig den Familienmitgliedern die oft ungewollten Fehler aufzuzeigen. Wenn man aber eine ähnliche Situation in der Hand eines Erwachsenen antrifft, so kann man rasch darauf schließen, daß der Wunsch, sich selbständig zu entwickeln, bei dem Betreffenden nicht stark genug zum Ausdruck kam.

2. *Die Schicksalslinie beginnt in der Lebenslinie (165):* In diesem Fall hätte die Familie den Betreffenden zwar gern voll unterstützt, aber die Umstände sprachen dagegen. Er mußte lernen, auf eigenen Füßen zu stehen. Mit den Jahren wird er wehmütig zurückblicken und immer wieder von seinen Vorstellungen erzählen, bis er schließlich selber an sie glaubt. Dieser Ursprung der Schicksalslinie läßt sich aber auch anders interpretieren, wofür uns die Kopflinie Bestätigung sein kann. Handelt es sich um einen besonders unternehmungslustigen Menschen, so begann sein Aufstieg möglicherweise in einem kleinen Familienunternehmen, das er immer weiter vergrößerte und so den eigenen Wohlstand sicherte, oder er stieg von einer untergeordneten Position eines kleinen Unternehmens zu einer höheren Position auf.

Die Schicksalslinie bietet sich also zu den verschiedensten Interpretationen an, und man sollte sie deshalb zuletzt betrachten, wenn die Grundzüge der Persönlichkeit bereits ein ziemlich klares Bild ergeben.

3. *Die Schicksalslinie beginnt unabhängig von anderen Linien und begegnet dann in ihrem weiteren Verlauf der Lebenslinie (166):* Auch in diesem Fall geht es wiederum um die Beziehung Familie–Karriere, die Bedeutung ist allerdings negativer. Aus klar ersichtlichen Gründen, die zum Beispiel wirtschaftlicher oder moralischer Natur sein können, wirkt die Familie sehr ungünstig auf die Karriere des betreffenden Menschen, die sich vielleicht schon in einem fortgeschritteneren Stadium befindet, ein. Der genaue Zeitpunkt der Krise kann mit Hilfe der Zeitbestimmung errechnet werden. Wird der betreffende Mensch jedoch in irgendeiner Weise von einem Familienmitglied erpreßt, so läßt sich die Situation viel schwerer auflösen und kann sich über Jahre hinziehen.

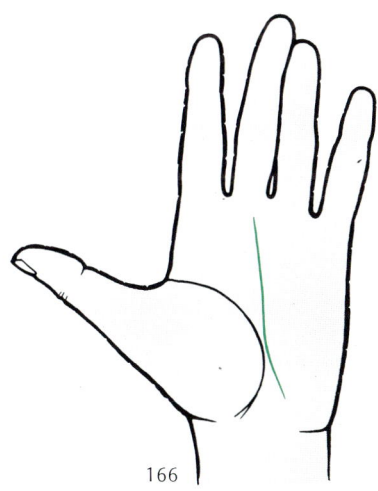

4. *Die Schicksalslinie beginnt im Mondberg (167):* Wiederum spielt die Familie eine Rolle für die Karriere des Betreffenden, aber dieses Mal auf indirekte Weise: Man muß dem väterlichen Haus »entfliehen«, weil man sich darin »gefangen« fühlt. Folglich wird der einzelne einen Weg wählen, der ihn möglichst weit von der Familie wegführt, wie sehr sie sich auch bemühen mag, dies zu verhindern. Seltsamerweise aber wird die Verbindung zum Vaterhaus nie endgültig reißen. Dieser Mensch wird später sogar häufig versuchen, sich eine Familie zu schaf-

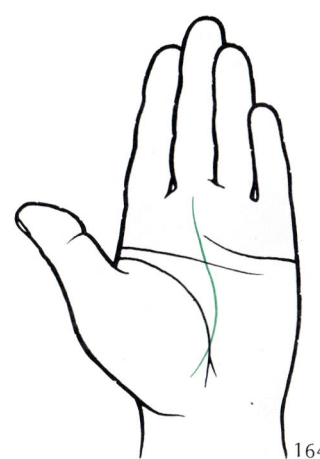

Die Schicksalslinie entspringt im Venusberg (164) zusammen mit der Lebenslinie 165, oder sie streift die Lebenslinie in ihrem Verlauf (166).

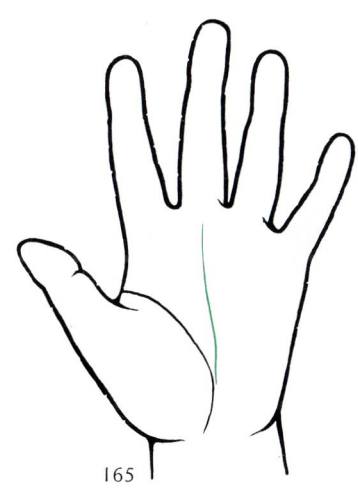

Die Schicksalslinie beginnt im Mondberg (167).

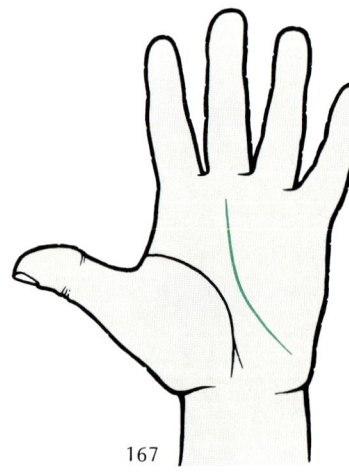

167

Die Schicksalslinie kann streben (168): a *zum Jupiterberg*, b *zum Saturnberg*, c *zum Apolloberg; sie kann auch kurz und tief sein* (169).

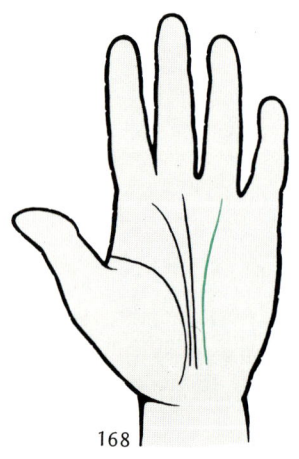

168

fen, die der seiner Kindheit bis aufs Haar gleicht.

In dem Maß, in dem sich der Beginn der Schicksalslinie vom unteren Teil der Hand entfernt und sich zur Marsebene hinbewegt, lockert sich auch die Beziehung zwischen Familie und Karriere. Der Bruch erfolgt im richtigen Moment auf ganz natürlichem Wege, ohne Narben zu hinterlassen.

Zunächst einmal läßt sich mit Sicherheit behaupten, daß dieser Mensch die Gesetze des Lebens sehr ausgewogen betrachtet. Aber die allmähliche Entfernung der Lebenslinie von der Neptunebene bedeutet auch, daß der befriedigende Erfolg erst spät einsetzen wird und daß zuerst schwierige und harte Situationen bewältigt werden müssen.

Das Ende der Schicksalslinie

Kann sich der Anfangspunkt der Schicksalslinie sehr vielseitig zeigen, so ist ihr Endpunkt noch verwirrender. Ein »ideales« Ende liegt auf dem Saturnberg, aber es läßt sich auch auf dem Jupiter- oder auf dem Apolloberg finden. Es kann jedoch nicht auf dem Merkurberg liegen, da sich die Schicksalslinie seltsamerweise niemals in diese Richtung bewegt. Allerdings mündet manchmal einer ihrer Zweige im Merkurberg, worüber wir später sprechen wollen. Betrachten wir nun die einzelnen Fälle.

1. *Das Endstück der Schicksalslinie zeigt in Richtung Jupiterberg (168a):* Der Mensch hat große Ambitionen und ist bereit, alles und jeden für sein Ziel zu opfern, wenn er nur sein Ziel erreicht oder zur ersehnten Macht gelangt. Wenn nötig, tritt er Familie und Freunde mit Füßen, und kümmert sich nicht um Gefühle, da die einzige Sache, die ihm wirklich am Herzen liegt, der Sieg über die anderen ist. Bei solchen Menschen formt sich die Linie in der Pubertät. In dieser Zeit entsteht auch das Verlangen nach ersten Kontakten, die wiederum die ersten, die spätere Karriere betreffenden Entscheidungen beeinflussen. Sehr oft wird es sich hier um eine politische Karriere handeln.

2. *Die Schicksalslinie mündet in den Saturnberg (168b):* Dies ist der häufigste Fall. Das Streben nach einer glänzenden Karriere verdeckt bei diesen Menschen das normale Bedürfnis nach anderen Interessen nicht.

Das positivste Ergebnis, das eine solche Schicksalslinie andeuten kann, ist ein ausgewogener Gleichgewichtszustand zwischen Persönlichkeit und Umwelt. Wie sehr der Mensch in diesem Sinn Erfolg hat, zeigen die mehr oder weniger intensive Farbe der Linie, ihre Länge und ihre Tiefe.

3. *Die Schicksalslinie strebt dem Apolloberg entgegen (168c):* Der Ehrgeiz treibt den Menschen zu einer möglichst glänzenden Karriere an, aber das Interesse gilt der Welt der Kunst. Der betreffende Mensch ist von Natur aus hoch begabt und kann diese Begabung noch vertiefen. Eine Untersuchung des Mondberges, der Herzlinie und des Venusberges erlaubt uns Aussagen über die gefühlsmäßigen Beziehungen. Solche Menschen, wie die eben beschriebenen, entzünden sich leicht und entbrennen schnell in hellster Liebe, die aber nur kurz dauert.

4. *Die Schicksalslinie ist sehr kurz, aber sehr tief (169):* Meist beginnt sie in der Marsebene und endet dicht bei der Kopflinie. Dies ist ein nicht seltener Sonderfall, der folgendes bedeuten kann: Der Beginn der Karriere war oder wird sehr steil verlaufen und von günstigen Umständen begleitet sein. Es handelt sich fast immer um eine frühzeitige Karriere, um ein »enfant prodige«, besonders wenn es um Musik oder Mathematik geht. Wenn die Schicksalslinie die beschriebenen Merkmale aufweist, ist es allerdings leicht möglich, daß die Karriere mit Eintritt in das Erwachsenenalter abbricht und in dem Moment verdorrt, in dem die sexuelle Reifung die Energie abzieht, die bis dahin die hohe Kreativität gespeist hat.

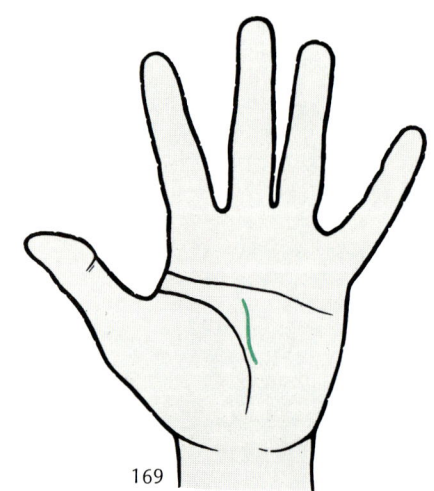

169

Die Verzweigungen der Schicksalslinie

Als wir von der »idealen« Schicksalslinie sprachen, haben wir ihre ährenartigen Verästelungen erwähnt, die die Feinheit von Kapillarlinien haben. Aber es gibt auch Verzweigungen, die so deutlich gezeichnet sein können, daß Zweifel entstehen, wo der wahre Beginn der Schicksalslinie liegen könnte.

Die wichtigsten Fälle sind die beiden folgenden *(170)*.

Von der im Mondberg entsprungenen Schicksalslinie zweigt in der Marsebene ein Ast ab, der die Lebenslinie schneidet und bis zum Venusberg fortläuft (170a): Das seltene Erscheinungsbild gleicht einer Gabelung und wird manchmal auch entsprechend gedeutet. Der betroffene Mensch befindet sich in einer sehr heiklen Lage, in der ein paar Ausführungen einer Handdeutung ihm dabei helfen könnten, Zweifel zu beheben. Dieser Mensch wird an eine Weggabelung kommen, wo er eine schwere Wahl zu treffen hat: Die Karriere führt vom Vaterhaus weg, aber gefühlsmäßige oder familiäre Bindungen hindern den Menschen dieser Berufung zu folgen. Einer der beiden Zweige muß abgeschnitten werden, um dem Konflikt ein Ende zu bereiten; welcher davon betroffen ist, läßt der Endteil der Schicksalslinie ersehen. Streckt er sich dem Apolloberg entgegen, so wurde die Entscheidung zugunsten der familiären oder gefühlsmäßigen Bedürfnisse gefällt. Dringt er zielstrebig in das Gebiet des Saturnberges ein, so ist die Wahl aus wirtschaftlichen Gründen zugunsten der Karriere gefallen.

Zeigt die Linie in Richtung Jupiterberg, so ist es der Ehrgeiz, der die Entscheidung für die Karriere getroffen hat.

Der zweite Sonderfall, den wir etwas näher unter die Lupe nehmen wollen, ist dem eben beschriebenen entgegengesetzt.

Die Schicksalslinie beginnt im Venusberg und ein Ast verläuft in Richtung Mondberg (170b): Zu einem bestimmten Zeitpunkt des Lebens, der sich mit Hilfe der Zeitbestimmung ziemlich exakt berechnen läßt, wird der Mensch eine für seine Karriere wichtige Bekanntschaft machen. Es wird sich um eine Person oder um eine ganze Gruppe von Personen handeln, die ausschlaggebend für seine zukunftsweisenden Entscheidungen ist und seine Karriere beeinflussen kann. Die Beeinflussung ist positiv, wenn der besagte Zweig sich mit der Schicksalslinie vereint, sie ist dagegen negativ, wenn der Zweig die Schicksalslinie hart durchtrennt. Einige Wissenschaftler glauben, in der positiv verstandenen Abzweigung eine immerwährende Liebe erblicken zu dürfen, die bereits in der Schulbank entstanden ist. Weitere bedeutsame Verästelungen fin-

den sich am Ende der Schicksalslinie, die sich in diesen Fällen gewöhnlich gleich nach dem Überqueren der Kopflinie löst. Die Richtung der Kopflinie liefert genau dieselben Informationen, die wir aus der Richtung der Schicksalslinie erhielten, je nachdem ob sie dem Jupiter-, Saturn- oder Apolloberg entgegenstrebt. Doch dieses Mal kann sie auch den Merkurberg erreichen *(171)* und zeugt dann von einer hohen Wahrscheinlichkeit, auf wissenschaftlichem oder wirtschaftlichem Gebiet Erfolg zu haben. Ziemlich interessant ist die Bedeutung einer Abzweigung in Richtung Apolloberg. Der Mensch wird wirtschaftlich erfolgreich sein und dann seiner Liebe zur Kunst frönen können, und sei es auch nur indirekt, z. B. als Sammler, Förderer oder Kunstmäzen.

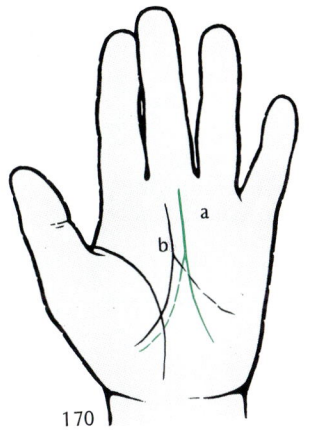

170

Die Schicksalslinie entspringt dem Mondberg, ein Zweig verläuft zum Venusberg (170a). Die Schicksalslinie, die dem Venusberg entspringt hat einen Zweig, der zum Mondberg strebt (170b). In der Abbildung 171 hat die Schicksalslinie einen Ast, der zum Merkurberg strebt.

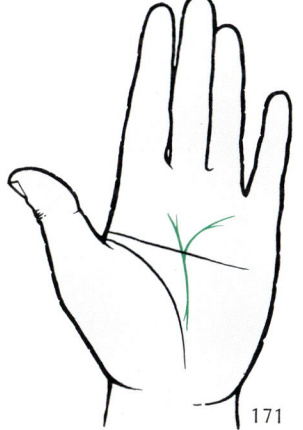

171

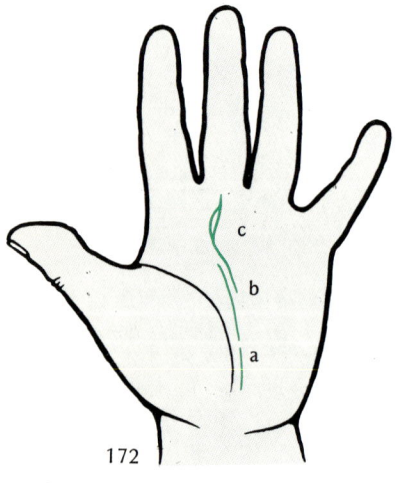

172

Unterbrochene Lebenslinie (172):
a *eindeutige Unterbrechung mit sofortiger Wiederaufnahme des Verlaufs,* b *Bruchstücke, die ein kurzes Stück lang parallel verlaufen,* c *Insel. Hier ist eine von der Kopflinie unterbrochene Schicksalslinie (173a) und eine von der Herzlinie unterbrochene Schicksalslinie (173b) zu sehen.*

Unterbrechungen und Inseln auf der Schicksalslinie

Die Schicksalslinie trägt nur selten besondere Zeichen wie *Punkte, Gitter, Inseln* usw. Aufgrund der vielfältigen Erscheinungsformen dieser Linie würde eine gründliche Besprechung in eine lange Auflistung der Sonderfälle ausarten. Es wird jedoch im Einzelfall sicher nicht schwierig sein, die Bedeutung der Linie in ihrem jeweiligen Aussehen mit der Bedeutung zu verknüpfen, die dem betreffenden besonderen Zeichen in der Regel zugeschrieben wird. Wir wollen hier nur die *Unterbrechung* und die *Inseln* betrachten.

Die *Unterbrechungen (172)* sind immer negativ und können sich in den verschiedensten Formen und Lagen auf der Schicksalslinie zeigen.

1. *Der Bruch in der Schicksalslinie ist deutlich, und die Linie setzt sich kurz danach weiter fort (172a):* Die Karriere stößt auf ein großes Hindernis, es kommt zu einem festgefahrenen Stillstand. Darauf folgt eine Änderung des Lebens mit all den Problemen, die eine solche Umgewöhnung mit sich bringt. Unterbrechungen dieser Art sind nicht immer negativ: Verfügt der Mensch über ein ausreichendes Maß an Können und Willen, so wird er den unterbrochenen Weg wieder aufnehmen und mit größerem Bewußtsein weitergehen. Es gibt aber auch Fälle, in denen die Betreffenden so vielseitig und willensstark waren, daß sie in kürzester Zeit eine vollkommen neue Karriere starteten.

2. *Die Schicksalslinie ist unterbrochen, die beiden Stümpfe aber verlaufen ein kurzes Stück parallel zueinander (172b):* Auch hier eine Änderung der Karriere, aber nicht aus negativen äußeren Umständen heraus, sondern gewolltermaßen. Der Betreffende möchte ruhig und ohne traumatische Erlebnisse zu einer anderen Aktivität überwechseln. Bestätigende Zeichen hierfür können in der Kopflinie gefunden werden.

3. *Eine Insel fügt die Bruchstelle in der Schicksalslinie zusammen (172c):* Es handelt sich nicht um eine bewußte Änderung der Karriere, sondern um eine Gefahr, die von dem Menschen selbst herrühren kann. Solche Gefahren können moralische Skrupel, falsche Schritte oder üble Nachreden sein. Es handelt sich aber um zeitlich begrenzte Situationen, danach kehrt alles größtenteils in die gewohnten Bahnen zurück, und das Zeichen verschwindet wieder.

4. *Die Unterbrechung in der Schicksalslinie wird von der Kopflinie hervorgerufen (173a):* Die Bedeutung bleibt negativ. Das Ereignis, das die Karriere unterbricht, ist geistiger Natur: Der Konflikt wird vom rationalen Ich ausgelöst, das die Realität der Tatsachen nicht mehr anerkennt. Dies kommt bei starken Persönlichkeiten

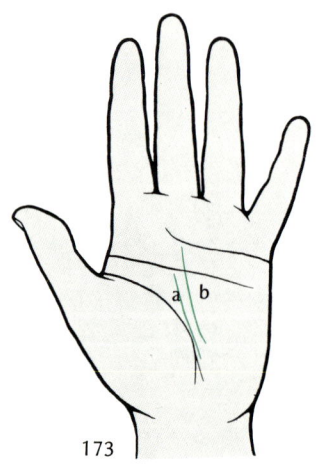

173

vor, die aus Stolz keine Kompromisse oder Ratschläge akzeptieren können. Dieser Fall tritt fast nie am Anfang einer Karriere ein, und bei seinen immer drastischen Auflösungen spielen oft wirtschaftliche Faktoren, die als ideologische Probleme getarnt werden, eine wichtige Rolle.

5. *Die Unterbrechung wird von der Herzlinie hervorgerufen (173b):* Zwischen den Menschen und seine Karriere stellen sich hier die eigenen Gefühle: plötzliche Skrupel, eine neue Liebesbeziehung, zu großes Vertrauen in einen Mitarbeiter oder das Fehlverhalten eines Familienmitgliedes. Die Herzlinie wird darüber klare Auskunft geben. Es handelt sich auf jeden Fall um eine Änderung der Beziehung zwischen Mensch und Umwelt, die wohl nie sehr stabil gewesen war, aber erst endgültig zusammenbrach, als das Ereignis eintrat, das die Störung herbeigerufen hat (oder noch herbeirufen wird).

Für die richtige Interpretation der Schicksalslinie muß man beide Hände miteinander vergleichen. Ziemlich häufig tritt die Schicksalslinie nur in der linken Handfläche auf, dieser Mensch nimmt willensmäßig kaum Anteil an der Entwicklung der Ereignisse, die ihm das Schicksal vorgibt. Ist sie jedoch nur in der rechten Hand zu bemerken, so nutzt der Mensch die richtigen Gelegenheiten bewußt voll aus, manchmal bestimmt er sogar den Gang der Ereignisse. Wenn die Linie in beiden Händen mit kleineren Abweichungen voneinander vorkommt, so muß der Chiromant die verschiedenen Hinweise mit den schon erworbenen Erkenntnissen verknüpfen.

Die Nebenlinien

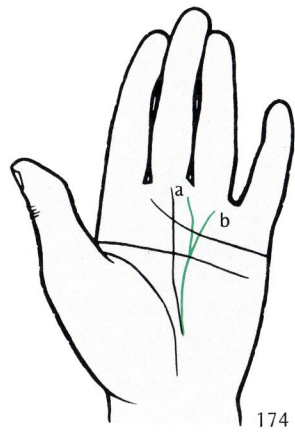

174

Die Sonnenlinie endet meistens beim Apolloberg und manchmal auf der Seite des Saturnberges (174a) oder auf der Seite des Merkurberges (174b); sie kann dem Venusberg entspringen (175a) oder der Lebenslinie 175b), manchmal auch dem Mondberg (176).

Neben den bisher behandelten vier Hauptlinien beherbergen die Handflächen einiger Menschen noch weitere Linien. Da zur Verständigung untereinander eine einheitliche Terminologie nötig ist, faßten die Gelehrten der Chiromantie diese Linien unter einem charakteristischen Namen zusammen, obwohl eigentlich jede von ihnen als Einzelfall behandelt werden müßte. Diese Linien treten selten auf und sind für eine gründliche Handdeutung eigentlich als überflüssig zu bezeichnen. Außerdem ist ihr Erscheinungsbild immer ziemlich vage, oft sogar nur angedeutet.

In diesen Fällen sollte man die Deutung der Hauptlinien sehr sorgfältig ausführen und erst dann nach weiteren Linien oder Bruchstücken suchen, die man anhand ihrer Lage einer der folgenden Gruppen zuordnen kann.

Die Sonnenlinie

Von den Nebenlinien kommt die *Sonnenlinie* am häufigsten vor. Sie wird so genannt, weil sie meist im Apolloberg endet. In den letzten Jahrhunderten wurde sie mehrmals umbenannt, woraus man auf die Unsicherheiten bei ihrer Definition schließen kann. Sie wird auch als »Apollo- oder Phöbuslinie«, als »Linie der Intuition«, »Linie der Kreativität« oder »Linie des Reichtums« bezeichnet. Wir halten uns an die heute übliche Terminologie und nennen sie »Sonnenlinie«. Nicht zuletzt, weil sie in sich das Maß an Sonnenhaftigkeit birgt, das diesen besonders kreativen, spontanen und intuitiven Menschen zu eigen ist. Lage und Ausrichtung der Sonnenlinie erlauben die Behauptung, daß sie verschiedene von der Schicksalslinie repräsentierte Eigenschaften bestätigt.

Untersuchen wir sie in einigen ihrer Aspekte genauer, wobei wir die Tatsache berücksichtigen wollen, daß sie – ganz gleich, wo sie entspringt – immer dem Apolloberg entgegenstrebt. Hier angekommen, wendet sie sich entweder dem Saturn- oder dem Merkurberg zu. Der Erfolg gründet sich im ersten Fall *(174a)* nicht nur auf die natürlichen Begabungen, sondern er basiert vor allem auf der Ausdauer, mit der sich der Betreffende an Hindernissen gemessen hat. Im zweiten Fall *(174b)* ist des Individuums ständiger Leitfaden der finanzielle Aspekt, unter dem er Dinge wie Situationen betrachtet.

Ziemlich selten liegt der Ursprung der Sonnenlinie in der Neptunebene. Verläuft die Linie dann noch regelmäßig und direkt bis zum Apolloberg, so stehen wir vor einer »idealen« Sonnenlinie. Dies trifft selten zu und ist überaus positiv zu bewerten: Dieser Mensch wird ohne allzu viele Schwierigkeiten Erfolg haben, und er

wird ein ganzes Leben lang von den Gaben begleitet sein, die das Glück an seine Schützlinge verteilt: die Sympathie der anderen, große Lieben, keinerlei finanzielle Probleme, Befriedigung auf jedem Gebiet. Diese Person ist sich ihres natürlichen Charmes voll bewußt.

Beginnt die Sonnenlinie im Venusberg *(175a)* oder in der Lebenslinie *(175b)*, so wird dieser Mensch besonders auf künstlerischem Gebiet – etwa auf der Bühne – erfolgreich sein oder vor allem in den Disziplinen, die viel Mühe und Schweiß kosten. Hierzu gehören: Tänzer, Solisten, Akrobaten und Taschenspieler. Häufig schneidet die Sonnenlinie die Schicksalslinie: Intuition und Sensibilität des Menschen sind stark ausgeprägt. Sein Erfolg wird ihn viel Leid kosten, und er muß wirklich hart erarbeitet werden. Wenn die Sonnenlinie im Mondberg *(176)* entspringt, so deutet dies meist auf einen Erfolg in künstlerischem Bereich hin, der relativ leicht erworben wird. Die äußere Attraktivität hilft hier nach. Dieser Fall tritt typischerweise bei Schauspielern ein, deren sympathische Ausstrahlung und Anmut die Aufmerksamkeit der Zuschauer auf sich ziehen. Liegt der Ursprung der Sonnenlinie recht nah am Mondberg, so

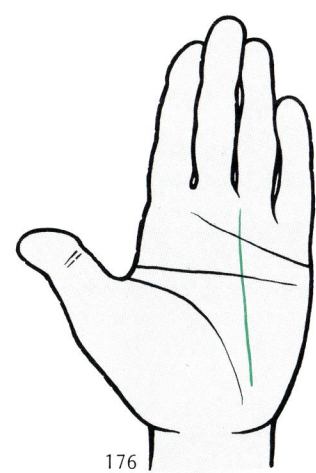

176

glauben manche Gelehrte, auf eine sichere Erbschaft schließen zu dürfen.

Als etwas steiniger und langsamer wird sich der Erfolgsweg erweisen, wenn die Sonnenlinie kurz ist und weit oben beginnt (s. S. 106, Abb. 177). Ein später Erfolg jedoch macht es möglich, sehr hohe Ziele zu erreichen, da die Hindernisse und Unebenheiten des Weges die Intelligenz des Individuums schärfen und seine Sensibilität verfeinern. Dieser Fall liegt vor, wenn die Sonnenlinie in der Marsebene beginnt.

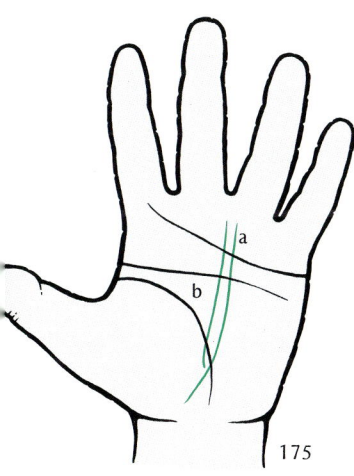

175

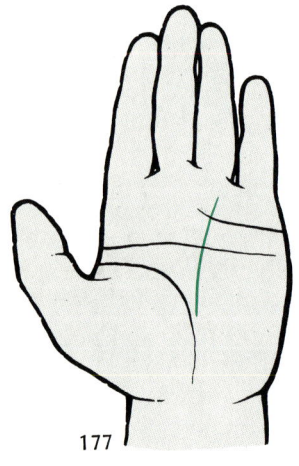

177

Eine Sonnenlinie, die dem Großen Marsberg entspringt, läßt ersehen, daß dieser Mensch, wenn auch spät, so doch zu Berühmtheit gelangen wird, und daß er noch dazu in vielen Fällen eine überaus angesehene Persönlichkeit in seinem Betätigungsbereich sein wird. Ziemlich häufig trifft man besondere Zeichen auf der Sonnenlinie an. Ihre Bedeutung ist gewöhnlich negativ. Ein *Quadrat (178a)* warnt vor einer großen Gefahr für die Tätigkeit des Menschen, die aber glücklich umgangen werden kann. Natürlich verschwindet das Quadrat, wenn alles wieder seinen normalen Verlauf nimmt. Die Anwesenheit einer *Insel (178b)* prophezeit den Verlust der Achtung der anderen, bedingt durch

Die Sonnenlinie ist kurz und beginnt oben (177); Sonnenlinie mit einem Quadrat (178a) und Inseln (178b), verkettete Sonnenlinie (179), »ideale« Merkurlinie (180).

Ganz rechts: Die Hände des Buddha (Yakushi Nyorai) mit einigen Linien und dem Rad mit seinen Strahlen, die die Wege ins Nirvana symbolisieren. (Ausschnitt aus der Bronzestatue im Hauptsaal des Buddha gewidmeten Tempels in Nara, Japan).

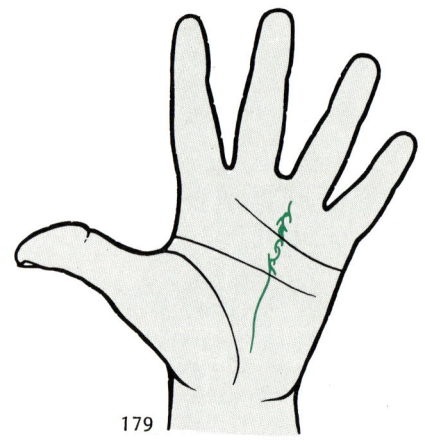

179

Geschwätzigkeit oder üble Nachrede. Hierauf folgt der Stillstand der Karriere, die erst nach vielen Jahren wieder in Bewegung kommt. Sind mehrere kleine, dicht aneinandergedrängte Inseln am Ende der Sonnenlinie oder zumindest oberhalb der Kopflinie zu bemerken, so gründet sich die Berühmtheit auf einen Skandal, auf den man immer wieder zu sprechen kommen wird. *Ketten (179), Kreuze, Sterne* und *Schnittlinien* sind auch hier Kennzeichen für Widrigkeiten, die je nach Farbe mehr oder weniger beeinträchtigen können. Diese Widerwärtigkeiten werden aber nie ein solches Ausmaß annehmen, daß sie den Erfolg ganz verhindern könnten. Läuft die Sonnenlinie in einer Kette aus, was ein entschieden ungewöhnlicher Fall ist, so ist dies negativ zu bewerten: Trotz starken Willens und ausreichend vieler Begabungen verhindern die Umstände, daß der Mensch berühmt wird, vielleicht sogar im Gegensatz zu anderen, die weniger gut sind als er. Er ist zwar nicht zum Scheitern verurteilt, wird sich aber sicherlich mit mäßigen Erfolgen begnügen müssen.

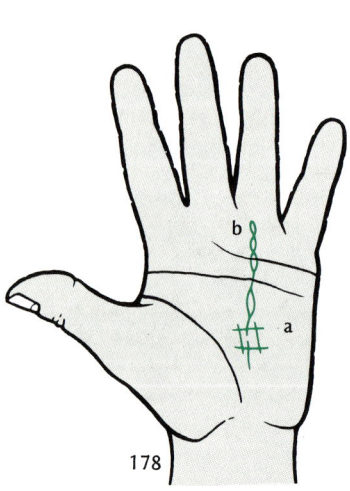

b

a

178

Die Merkurlinie

Auch diese Linie wird nach dem Berg bezeichnet, in dessen Richtung sie meist tendiert. In der langen und langsamen Entwicklung der Chiromantie wurde die Merkurlinie *(180)* allerdings ebenfalls mit den verschiedensten Namen versehen. Aber sie galt immer als Anzeiger für den Grundzustand des Wohlbefindens. In der Tat nannte man sie »Leber- oder Gesundheitslinie«, »Temperamentslinie«, »Linie der Intui-

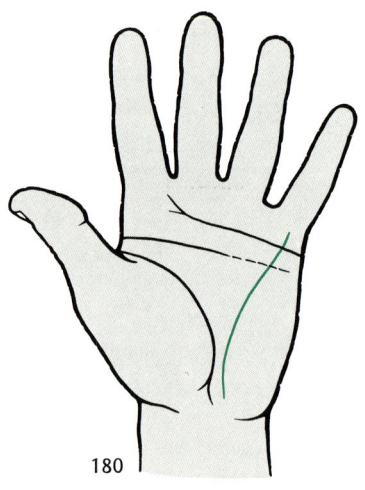

180

tion oder der Geschäfte« oder schließlich »Merkurlinie«. Wie überall, so kennt eben auch jede Epoche in der Chiromantie ihre eigene Mode, und die Nebenlinien bieten sich geradezu an, den momentanen Moden entsprechend interpretiert zu werden. Zum Beispiel maß man in alten chiromantischen Abhandlungen einer Linie besondere Bedeutung zu. Sie besteht aus vielen sehr feinen Kapillarlinien und verläuft parallel zur Merkurlinie. Heutzutage trifft man sie selten an, aber vielleicht kam sie angesichts der Wichtigkeit, die man ihr zumaß früher weit häufiger vor.

Zeitweise bezeichnete man sie als *soror hepaticae*, d. h. als Schwester der Leberlinie. Leberlinie ist bekanntlich ein anderer Name für Merkurlinie. Heute nennt man die Schwester der Leberlinie *Milchstraße* oder *via lasciva*. Diese Bezeichnung rührt von ihrer damaligen Bedeutung her: Der Besitzer dieser Linie soll den größten Teil seiner Zeit darauf verwandt haben, sich fleischlichen und kulinarischen Freuden hinzugeben. Heute wird diese Linie meist anders interpretiert. Manche schreiben ihr eine Art von Ideosynkrasie gegen bestimmte Stoffe zu. Man könnte sie also »Allergielinie« nennen.

Hin und wieder tritt sie zusammen mit besonderen Zeichen auf der Kopflinie und auf dem Venusberg auf. Dann bezieht sie sich von neuem auf die Sexualität des Betroffenen und macht Fälle von Nymphomanie oder Priapismus offenkundig. Zumindest aber bekräftigt die *soror hepaticae* die Aussagen der Merkurlinie. Unsere Entscheidung ist zugunsten dieser letzten Interpretationsweise gefallen, weil sich so ihre Bedeutung nicht allein auf die Bewertung des physischen Wohlbefindens beschränkt, sondern sich auch auf die gewöhnlich von Merkurberg und -finger enthüllten Qualitäten erstreckt, also auf die Intelligenz, die Bereitwilligkeit, die intuitiven Anlagen und schließlich auf die Fähigkeit, Wesentliches zu erkennen. Mit ziemlicher Sicherheit gibt die Merkurlinie außerdem recht genaue Informationen über die Funktionalität der Leber, die ja eine fundamentale Rolle für das Gleichgewicht des Organismus spielt und folglich Intelligenz und Charakterstärke des einzelnen fördert.

Wie die Schicksalslinie das Gleichgewichtsniveau zwischen Mensch und Umwelt darstellt, so repräsentiert die Merkurlinie das psychophysische Gleichgewicht des Menschen und informiert uns, ob er eine ihm adäquate Ausdrucksform zu finden imstande ist.

Diese Linie sagt weniger über die Gesundheit des Menschen aus (dazu können wir andere Linien oder Berge etc. mit größerer Zuverlässigkeit befragen), sie verrät uns vielmehr, in welchem Maße der Gesundheitszustand die Qualität der Leistungen auf allen Gebieten beeinflußt.

Die Merkurlinie tritt nur selten, meistens jedoch in stark durchfurchten Handflächen auf. Man muß also sehr aufmerksam vorgehen, um diese Linie eindeutig zu erkennen, da schon ihre alleinige Anwesenheit einige vorher gewonnene Erkenntnisse zurechtrückt. Die »ideale« Merkurlinie (s. S. 106, Abb. 180) nimmt ihren Anfang vorzugsweise in der Neptunebene und läuft von da aus zielstrebig zum Merkurberg, am Mondberg und am Großen Marsberg vorbei. Erst schneidet sie die Kopflinie oder deren gedachte Verlängerung, dann die Herzlinie. Die Merkurlinie muß gerade sein, rosa und nicht zu tief, teilweise sogar eher schwach gezeichnet. Außerdem darf sie keine besonderen Zeichen aufweisen. Hiermit haben wir eine Seltenheit beschrieben, die für den begnadeten Menschen die ausgewogenste Harmonie zwischen intellektuellen und physischen Eigenschaften bedeutet, eine Harmonie, die es ihm erlaubt, sich mit dem gleichen Interesse und der gleichen Befriedigung allen möglichen intellektuellen und praktischen Dingen hinzugeben. Das spricht für die Fähig-

keit, auch in solchen Angelegenheiten, die überwiegend praktischer Natur sind, geistige Werte zu entdecken.

Das Erscheinungsbild der Merkurlinie

Betrachten wir nun, wie sich die Merkurlinie am häufigsten zeigt.

1. *Die Merkurlinie entspringt dem Venusberg und durchschneidet die Lebenslinie, um schließlich in Richtung Merkurberg zu verlaufen (181a):* Wie so oft bei Umständen, die aus der Lebenslinie ersichtlich sind, stellt auch hier die Familie für den Menschen eine große Belastung dar und zwingt ihn in Rollen, für die er nicht geeignet ist. Oft entstehen daraus Störungen der Gesundheit. Wegen der Seltenheit und der speziellen Bedeutung dieses Zeichens sollte man jedoch in anderen Teilen der Hand nach bestätigenden Hinweisen suchen.

2. *Die Merkurlinie entspringt der Lebenslinie (181b):* In diesem Fall ist die Situation ähnlich, nur daß sich der Mensch nicht von anderen gezwungen sieht, irgendeine Rolle in der Familie anzunehmen, sondern sich selbst moralisch dazu verpflichtet fühlt. Gewöhnlich gilt dies nur für eine begrenzte Zeitspanne, die aber für den Betroffenen zu einer lehrreichen Zeit der Erfahrung werden kann. Außerdem besitzen Träger dieses Typs von Merkurlinie eine hohe moralische Gesinnung, intuitive Intelligenz und Beredsamkeit. Tatsächlich ist eine solche Linie häufig bei öffentlichen Rednern, berühmten Verteidigern, Richtern usw. Sie ist meist zusammen mit einem sehr gebogenen Daumen und einem spitzen kleinen Finger anzutreffen. Sitzt jedoch der Beginn der Merkurlinie sehr weit oben, etwa in der Mitte der Marsebene, so betrifft ihre Bedeutung die Gesundheit, worüber wir schon am Anfang dieses Kapitels gesprochen haben.

3. *Die Merkurlinie entspringt dem Mondberg (181c):* Der Mensch ist sehr kontaktfreudig und außergewöhnlich intuitiv veranlagt, er kann Wesentliches als solches identifizieren und komplexeste Zusammenhänge begreifen. Er vermag logisch und konsequent nachzudenken. Menschen mit dieser Art von Merkurlinie können gute Schriftsteller sein, die lieber Essays als Erzählungen verfassen. Sie sind gewandte Redner und faszinierende Unterhalter. Ihrer Mentalität nach sind sie Wahrheitsfanatiker, weswegen ihnen jedes diplomatische Geschick fehlt. Tatsächlich werden sie nur selten die politische Karriere wählen. Qualität und Ausmaß der bisher beschriebenen Anlagen hängen von der Länge der Linie ab. Ist sie kurz, endet sie gar vor der Kopflinie oder deren gedachter Verlängerung, so sind intuitive Anlagen unterentwickelt;

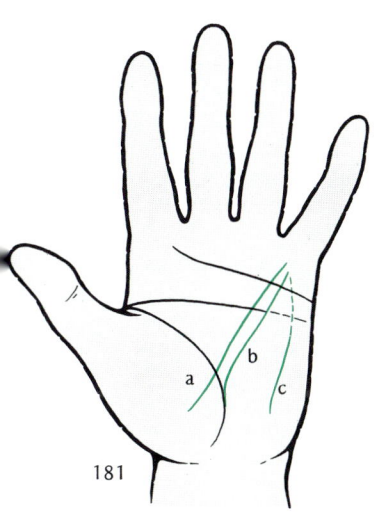

181

Die Merkurlinie kann entspringen: a *dem Venusberg,* b *der Lebenslinie,* c *dem Mondberg.*

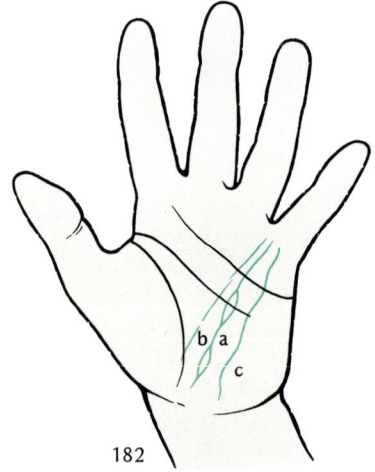

182

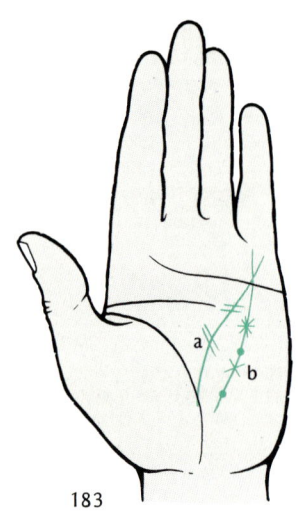

183

Merkurlinie mit Inseln (182a), mit Unterbrechungen (182b), wellig (182c), mit Schnittlinien (183a), mit Kreuzen, Sternen und Punkten (183b).

der Mensch kann nur vage erahnen, ob Positives oder Negatives auf ihn zukommt. Führt die Merkurlinie hingegen noch weiter, bis sie die Herzlinie durchquert, so können die stark ausgeprägten intuitiven Fähigkeiten sogar seine Intelligenz in den Schatten stellen. Ratschläge des betreffenden Menschen, besonders im geschäftlichen Bereich, können Gold wert sein, falls seine Finger noch dazu eckig sind. Diese spezielle Bedeutung der Merkurlinie muß von einer aufmerksamen Prüfung der Kopflinie bestätigt werden. Die Auswertung aller Daten ermöglicht recht eindeutig festzustellen, ob dem Individuum die Fähigkeit gegeben ist, mit Umsicht an der Börse tätig zu sein, oder ob er nach einer akademischen Laufbahn Wirtschafts- und Finanzwissenschaften lehren wird.

Die besonderen Zeichen auf der Merkurlinie
Besondere Zeichen *(182 und 183)* kommen auf der Merkurlinie häufig vor. Ihre Bedeutung betrifft meist die Gesundheit.
1. *Der Verlauf der Merkurlinie wird von einer Insel unterbrochen (182a):* Die traditionelle Chiromantie deutete dies als Symptom für schwere Funktionsstörungen der Leber und gleichzeitig als Zeichen für Unaufrichtigkeit. Nach heutiger Sicht offenbart diese Insel jedoch eher eine drohende Krankheit oder zumindest die – möglicherweise unbegründete – Angst vor einer solchen, die auf eine innere Unausgeglichenheit schließen läßt. Eine Insel am Anfang der Merkurlinie verrät einen Menschen, der kaum schläft, aber nicht aus Schlaflosigkeit heraus, sondern weil er wenig Schlaf zur Erholung braucht und eine lange Erholungspause lieber durch mehrere kurze Momente des Schlafes ersetzt; er kann in den undenkbarsten Momenten und unter unglaublichsten Bedingungen schlafen. In ganz besonderen Fällen leidet er an Somnambulismus. Bestätigungen hierfür lassen sich in der Kopflinie finden.
2. *Der Verlauf der Merkurlinie ist mehrfach unterbrochen (182b):* Das deutet auf eine zeitweise geschwächte Gesundheit hin, die den Menschen keine Befriedigung aus seiner Arbeit ziehen läßt. Es gibt Phasen der Stagnation, Pausen, in denen er seine Unternehmungen stark reduzieren muß, um nicht das Risiko einzugehen, Fehlentscheidungen zu treffen.
3. *Der Verlauf der Merkurlinie ist wellig (182c):* In diesem Fall kann die Phase der Beschwerden lang anhalten. Diese Beschwerden sind auf nervöse Störungen im Magen-Darm-Trakt zurückzuführen und können das Wesen und die Arbeitsweise des Betroffenen stark beeinflussen.
4. *Die Merkurlinie wird von deutlichen Schnittlinien durchquert (183a):* Wo auch immer auf

der Linie sie sich befinden mögen, diese Schnittlinien warnen den Menschen vor bevorstehenden Schwierigkeiten auf intellektuellem Gebiet. Das kann von der Begriffsstutzigkeit in einer bestimmten Situation bis zur Konfliktscheuheit reichen. Wegen seines Verhaltens fühlt sich der Mensch vorübergehend unwohl. Dieses Unwohlsein soll dann wiederum sein Verhalten in seinen Augen rechtfertigen, was ihm auf rationalem Wege nicht gelingen will.
5. *Auf der Merkurlinie befindet sich ein Stern und/oder ein Kreuz und/oder Punkte bzw. Flecken (183b):* Nach einer weit verbreiteten Interpretationsweise deutet eine solche Linie bei Männern wie bei Frauen auf Unfruchtbarkeit hin, wofür aber unbedingt bestätigende Zeichen gesucht werden müssen, z. B. am Merkurberg oder an den Raszetten, aus denen sich vielleicht ersehen läßt, ob geeignete Kuren genügen würden, die Fruchtbarkeit zurückzugewinnen.

Die Ehelinie

Diese Bezeichnung ist nicht exakt. Logisch wäre es, von »Zusammenleben« zu sprechen, aber da in unserer Gesellschaft die Ehe die übliche Form des Zusammenlebens ist, behalten wir diese allgemein anerkannte Bezeichnung bei. Diese Linie, genauer gesagt diese Gruppe von Linien *(185)*, erscheint auf der Handkante zwischen dem Ansatz des kleinen oder Merkurfingers und der Herzlinie.
Diese Linie trägt ihre Bedeutung zu Recht; das wird deutlich, wenn man bedenkt, was über den Merkurfinger gesagt wurde. Dieser beschränkt sich ja nicht nur auf die sprachlichen Fähigkeiten des Menschen, sondern beschreibt auch alle Arten von Beziehung, die der Mensch zu denjenigen pflegt, die ihm am nächsten stehen. Und so kann auch die Ehelinie viele Dinge über die Art des Zusammenlebens – gewöhnlich mit einer andersgeschlechtlichen Person – verraten.
Biegt man die Finger zur Handfläche hin ab, so treten die Ehelinien an der Handkante deutlich hervor. Wir haben von »Linien« gesprochen, da man in dem eben beschriebenen Bereich, der praktisch mit dem Merkurberg deckungsgleich ist, fast nie eine einzelne Linie sieht, sondern meist zwei oder drei unterschiedlich lange. Die Ehelinie oder »Linie des längeren Zusammenlebens« ist die Linie, die am besten sichtbar ist *(184a)*, während die anderen die kleineren Repräsentanten der eventuellen vor- *(184b)* oder außerehelichen *(184c)* Beziehungen darstellen. Diese Beziehungen müssen nicht zu einem Zusammenleben unter gleichem Dach geführt haben, aber auch nicht episodisch gewesen sein, auf jeden Fall haben sie ein »Zeichen hinterlas-

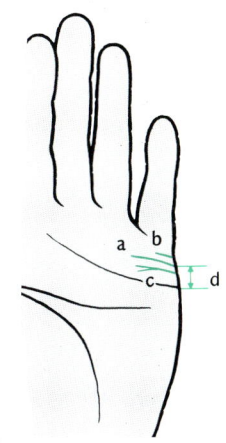

184

Die Ehelinie (184a): b verkörpert eine oder mehrere Beziehungen vor der Ehe, c Verhältnisse nach der Hochzeit, d die Entfernung zur Herzlinie. Ehelinie, die zum Ansatzpunkt des kleinen Fingers strebt (185a), mit einer Gabelung bis zur Lebenslinie (186), mit einer Schnittlinie (187).

sen«. Sollten die kleineren Linien nur auf der linken Hand sichtbar sein, so kann es sich um einfache sentimentale Schwärmereien handeln, die nie über eine platonische Beziehung hinausgegangen sind, obgleich sie lange andauerten.

Besonderheiten der Ehelinie

Natürlich ist die »ideale« Ehelinie ebenso selten wie die »ideale« Ehe. In diesem Fall liegt eine einzige Linie vor, die klar gezeichnet ist, sich tief in den Merkurberg einkerbt, sanft ausläuft und keine besonderen Zeichen aufweist. In der Realität aber sind folgende Abweichungen vom Idealfall häufig zu beobachten.

1. *Es gibt zwei Ehelinien, die fast parallel verlaufen und gleich gewichtig sind:* Die außereheliche Beziehung, die oft vor der ehelichen begann, war der legalisierten Beziehung an Bedeutung zumindest gleichrangig. Vielleicht sind ihr auch Kinder entsprungen. Es ist nicht gesagt, daß sie nicht doch noch in einer zweiten Ehe mündet.

2. *Die Entfernung von Ehelinie und Herzlinie (184d):* Dieses Merkmal enthüllt uns, in welchem Lebensalter die Ehe geschlossen wird oder wurde. Liegt die Ehelinie näher zur Herzlinie, so deutet dies auf eine Heirat in sehr jungen Jahren hin. Befindet sie sich aber mehr in der Nähe des Merkurfingeransatzes, so ist dies ein Zeichen für eine späte Eheschließung.

Der Anfangspunkt der Ehelinie

Achten wir nun auf den Beginn der Ehelinie.

1. *Die Linie beginnt gerade, ohne verschwommen zu sein (184a):* Zwischen den Eheleuten wird von Beginn des Zusammenlebens an ein reifes Verständnis füreinander vorherrschen, das eine dauerhafte und heitere Verbindung gewährleisten kann.

2. *Die Linie beginnt mit einer Gabel, die sich aber sehr schnell in einer einzigen geraden Linie fortsetzt (185b):* Ihr Beginn gleicht also einer offenen Insel. Die Verbindung ist in Gefahr, eine Trennung ist wegen der Unverträglichkeit der Charaktere nicht ausgeschlossen. Ist die Linie jedoch nach der Vereinigung der beiden Zweige sehr lang und markant, so kann die Beziehung nach einer Zeit der Verwirrung ein ziemlich stabiles Gleichgewicht finden. Diese Bedeutung bleibt erhalten, wenn die Gabelung am Anfang der Ehelinie wie ein Dreieck mit einer fehlenden Seite aussieht. Zieht sich der untere Gabelzweig bis zur Lebenslinie hin *(186)*, so werden sich Schwierigkeiten gesetzlicher Natur einer Trennung in den Weg stellen. Es wird Kämpfe geben um die Zusprechung eventuell vorhandener Kinder und um die Verteilung der Güter.

3. *Die Ehelinie wird von einer weiteren Linie begleitet, die feiner, oft länger und eher unregelmäßig ist und einen fast immer welligen Verlauf nimmt:* Das ist Kennzeichen für eine starke außereheliche Liebesbeziehung, die die Ehe zerstören und an ihren Platz treten kann. Daraus entsteht ein Zusammenleben oder eine zweite Ehe. Nach einiger Zeit wird man in der Hand des betreffenden Menschen sehen können, daß die feine wellige Linie das Aussehen einer richtigen Ehelinie angenommen hat.

Die besonderen Zeichen in der Ehelinie

Das Vorkommen von »besonderen Zeichen« auf der Ehelinie erweitert die Liste der bisher aufgezählten Bedeutungen.

1. *Eine Schnittlinie zerteilt die Ehelinie (187):* Die Eheschließung kann auf Hindernisse stoßen, die durch die Familie oder durch wirtschaftliche Gründe bedingt sind. Wenn die Schnittlinie kräftiger als die Ehelinie ist, dann ist die Familie das Hindernis: Die Verbindung wird nicht oder erst sehr spät zustande kommen.

Bei einer im Vergleich zur Ehelinie weniger deutlichen Schnittlinie hingegen können die

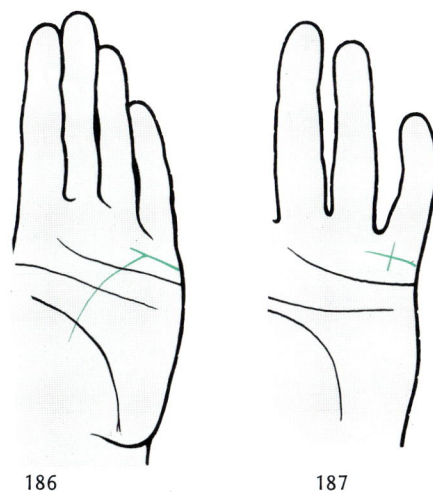

186   187

wirtschaftlichen oder familiären Hürden überwunden und die Hochzeit gefeiert werden. Im ersten Fall beginnt sich die Schnittlinie – im Gegensatz zur Ehelinie – nach einiger Zeit aufzulösen, falls dem Betreffenden eine Heirat vorbestimmt ist.

2. *Die Ehelinie verläuft in Richtung des Merkurfingeransatzes (185a):* Dieses Mal gehen die Hindernisse von der betreffenden Person aus, die die Verantwortung eines Ehelebens scheut

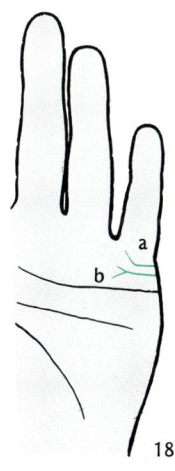

185

und den Beginn des Zusammenlebens hinauszuschieben sucht. Es handelt sich gewöhnlich um Menschen, die nicht auf ihren altgewohnten Lebensstil verzichten können. Sollten zusätzlich noch sexuelle Gründe vorliegen, so können uns die Kopflinie, die Herzlinie oder der Venusberg nützliche Informationen liefern. Solche Ehelinien kennzeichnen meist eher brüchige Beziehungen. Ein langes Zusammenleben ist nur auf Kosten eines der beiden Partner möglich, der sich dem Willen des anderen unterwirft.

3. *Im Zentrum der Ehelinie ist eine Insel:* Das Zusammenleben ist gefährdet. Die Farbe der Insel zeigt an, wie brisant die Gefahr ist. Bemerkt man keine Unregelmäßigkeiten in der Färbung, so handelt es sich wahrscheinlich um eine zeitweilige Trennung oder um eine schwerwiegende Meinungsverschiedenheit, verbunden mit vorübergehender Einstellung des körperlichen Kontaktes. Befindet sich die Insel hingegen am Anfang der Linie, so drohen Trennung oder Scheidung.

4. *Die Ehelinie endet in einer Gabel (188):* Hier sollte man überaus gründlich prüfen, ob es sich tatsächlich um eine Gabel handelt, nicht um eine Kapillarlinie, die zufällig an dieser Stelle entstanden ist und ganz andere Bedeutungsinhalte trägt. Die Gabelung besagt nämlich, daß der Träger aus Schuld des Ehepartners nicht wenig leiden wird.

5. *Die Ehelinie ist von einem oder mehreren Punkten unterbrochen:* Mehrere Reisen werden den Betreffenden längere Zeit vom Ehepartner trennen. Während dieser Zeiten wird er keine Gelegenheit zu körperlichem Kontakt finden. Dauern diese Reisen sehr lange, so können sie psychische Störungen hervorrufen. Auf jeden Fall stellen sie für ihn ein beträchtliches Opfer dar.

Verästelungen der Ehelinie

Mag das Einvernehmen zwischen den Ehepartnern auch bestens sein, die Ehe kann dennoch Anlaß zu Kummer geben, der durch die Verästelungen, die von der Ehelinie ausgehen, dargestellt wird.

1. *Haarfeine Verästelungen, die nach unten in die Richtung der Herzlinie zeigen (189a):* Am ehelichen Kummer trägt der Partner die Schuld. Ursache kann aber auch eine lange Trennung sein bzw. eine lange Krankheit, die direkt in das Leben des betreffenden Menschen eingreift. Es handelt sich nur selten um ein Zeichen für Witwertum, über das wir später sprechen werden, und das ebenfalls auf der Herzlinie zu finden ist.

2. *Haarfeine Äste, die nach oben in Richtung der Wurzel des kleinen Fingers zeigen (189b):* Hier gibt es zwei verschiedene Interpretationsweisen.

Die ältere besagt, daß in diesem Fall die Liebe zu den Kindern die Liebe zum Partner übersteigt. (Nebenbei gesagt symbolisiert die Anzahl der Äste nach dieser Theorie die Anzahl der Kinder, die nach heutigem Wissen allerdings ganz anders ermittelt werden muß!) Die zweite Interpretationsart, der auch die Autorin mehr Gültigkeit beimißt, sieht in diesem Zeichen nicht nur eine ausgeprägte, verständnisvolle Liebe zu den eigenen Kindern, sondern auch zu Kindern im allgemeinen. Wenn das Bemühen, ihnen im Leben wirklich weiterzuhelfen, vom Ehepartner nicht geteilt wird, so können Meinungsverschiedenheiten und fortschreitende Abkühlung der ehelichen Beziehung die Folge sein.

Die Kinderlinie

Dies ist vielleicht der günstigste Augenblick, auf die *Kinderlinie* zu sprechen zu kommen. Wir verweilen noch ein wenig auf dem Merkurberg und betrachten die Linien, die von der Wurzel des kleinen Fingers aus vertikal zur Herzlinie verlaufen, diese aber nicht erreichen. Jede Linie entspricht einem Kind. Der besagte Bereich ist von einer oder mehreren Linien durchzogen, deren verschiedene Länge und Ausprägung die Anzahl und das Geschlecht der schon geborenen oder erst zukünftigen Kinder anzeigen. Die kräftigeren Linien repräsentieren die männlichen, die etwas schwächeren die weiblichen Kinder. Ein Mädchen mit einem starken Charakter kann sich aber auch in einem männlichen Zeichen ausdrücken oder der gegenteilige Fall bei einem Jungen mit zartem Wesen eintreten. Das Wesen ist also leichter herauszulesen als das Geschlecht. Bei Frauen sind unter diesen Linien manchmal solche zu entdecken, die ganz normal

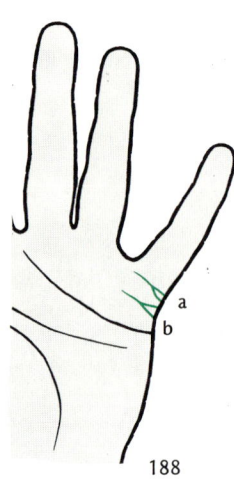

Ehelinie, die mit einer offenen Insel endet (188a) oder mit einem zu einer Seite hin offenen Dreieck (188b). Ehelinie mit Verzweigungen (189): a absteigend, b aufsteigend.

188

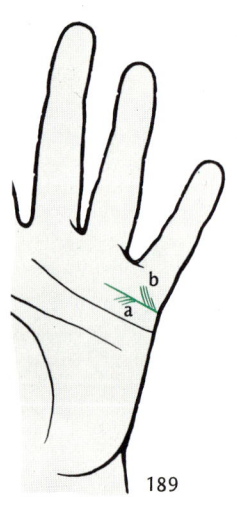

189

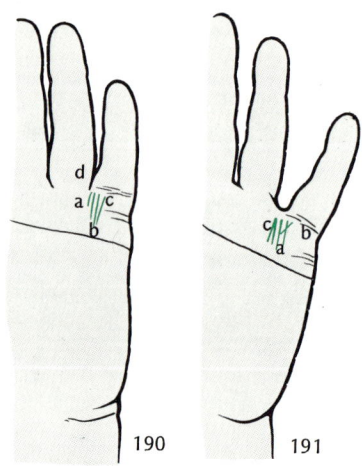

190   191

beginnen, sich aber sehr schnell wieder verlieren. Es handelt sich hierbei um natürliche Abgänge.

Diese Zeichen können uns auch Auskunft über eventuelle Geburtsverletzungen des Kindes geben. Wenn die das Kind betreffende Linie, statt gerade und kräftig an der Wurzel des kleinen Fingers zu beginnen, hier eine feine Kurve aufweist *(190c)*, so entspricht die Länge dieses Bogens der Zeit, während der das Kind die erlittene Verletzung spüren wird. Geburtsverletzungen der Mutter hingegen können an der Lebenslinie oder den Raszetten abgelesen werden.

Kinderlinien finden sich an den Händen von Frauen als auch an denen von Männern. Im zweiten Fall ist die Angabe eher summarisch, während man im ersten Fall sehr präzise Informationen aus ihr gewinnen kann, und zwar sowohl was Gesundheit und Wesen als auch einige fundamentale Lebenserfahrungen des Kindes anbelangt. Diese Tatsache mag vielleicht überraschen, aber man muß sich nur vergegenwärtigen, welche Bedeutung Schwangerschaft und Geburt für die Mutter annehmen können und welch großen Teil ihrer Lebenszeit sie der Erziehung ihrer Kinder opfert. Natürlich wird ein solches Ereignis für lange Zeit gravierende Spuren hinterlassen. Eine gründliche chirologische Untersuchung kann uns nützliche Ratschläge geben, was die Wahl der richtigen Erziehungsmethoden, unser Verhalten dem kleinen Kind und später dem Heranwachsenden gegenüber anbelangt, aber auch in bezug auf die Frage, wie wir dem Kind Dinge mitgeben können, die ihm ein besseres Einfügen in die Gesellschaft ermöglichen.

Welches sind die brauchbarsten Erkenntnisse, die wir einer Prüfung dieser Linien entnehmen können?

Da unsere Untersuchung sich auf einen eher kleinen Handbereich beschränkt und folglich winzige, feine Linien unser Untersuchungsgegenstand sind, ist der Gebrauch einer Lupe anzuraten.

Besonderheiten der Kinderlinie

1. *Die Kinderlinie verläuft gerade und ist stark eingekerbt (190a):* Dies deutet sehr wahrscheinlich auf ein männliches Kind, das eine starke Persönlichkeit besitzt, sehr intelligent und wohl auch dickköpfig ist. Während der Entwicklungszeit sollte man wenig, aber durchdacht mit ihm sprechen, ihm besonders durch das eigene Verhalten Vorbild sein, ihm weitestmögliche Entscheidungsfreiheit lassen und Verantwortung übertragen, so daß seine Selbstsicherheit wächst.

2. *Die Kinderlinie ist gerade und zart (190b):* Wenn es sich um ein weibliches Kind handelt, so wird es einen normalen Charakter und eine gute Gesundheit besitzen. Handelt es sich hingegen um ein männliches Kind, so wird es sehr sensibel, leicht beeinflußbar und unsicher sein. Wird die Linie zur Herzlinie hin stärker, so wird das Kind in der Pubertät sein Gleichgewicht finden.

3. *Die Kinderlinie beginnt sehr deutlich, wird aber in ihrem Verlauf immer feiner und undeutlicher:* In diesem Fall führt irgendein Ereignis bei dem Jungen zu einer Veränderung des Wesens. Sehr oft handelt es sich um eine nervöse Erschöpfung nach der Pubertät. Oft zieht dies eine Umorientierung des gesamten Lebens nach sich. Wenn noch dazu der zarte Teil der Linie leicht nach oben hin zum Apolloberg gebogen ist, so wird der Junge – häufig durch eine unpassende Heirat – Anlaß zur Sorge geben.

4. *Die Kinderlinie wird diagonal von einer haarfeinen, kurzen Schnittlinie durchquert (191b):* Das heißt, daß der betreffende Mensch eine Narbe von einem chirurgischen Eingriff, dem vielleicht ein Unfall vorausging, behalten wird. Dies ist die Bedeutung, wenn die Schnittlinie keine Veränderung nach der Durchquerung der Kinderlinie erfährt. Wenn sie jedoch weniger sicher weiterläuft, so zeichnet die Verletzung den Menschen nicht nur mit einer einfachen Narbe. Die Lage des Schnittpunktes beider Linien zwischen oberem und unterem Ende der Kinderlinie entspricht der Lage der Narbe am Körper zwischen dem Kopf und den Füßen.

5. *Die Kinderlinie verläuft eher wellenförmig (192a):* Dies weist auf eine anfällige Gesundheit, auf übergroße Zartheit vor allem des Nervensystems hin, auf die bis zur Pubertät geachtet werden muß.

6. *Zwei parallele Linien:* An diesem Merkmal sind Zwillinge zu erkennen. Entspringen sie einem gemeinsamen Punkt, so handelt es sich um eineiige Zwillinge *(191c)*. Sind die Zwillinge verschiedenen Geschlechts, so ist eine der Linien für gewöhnlich stärker ausgeprägt als die andere. Bei gleichgeschlechtlichen Kindern liegt in diesem Fall ein Unterschied der Charaktere vor. Ist gar eine der Linien vollkommen gerade, die andere aber ziemlich gebogen, so werden sich starke Unterschiede ergeben, und einer der beiden wird seinem Erzieher Probleme bereiten. In der Regel bezieht sich die stärkere Linie auf den letztgeborenen der beiden.

7. *Die Kinderlinie verläuft bis zur Herzlinie (192b):* Diese Person bindet eine besondere Zärtlichkeit an das Kind, das sich die Gelegenheit, diese Zärtlichkeit auszunutzen, nicht entgehen lassen wird. So besteht die Gefahr, das Kind zu verwöhnen und so seinen Charakter zu verderben. Um mögliche Reaktionen des Kindes auf seine Erziehung herauszufinden, muß man Form und Farbe der Linie zu Rate ziehen. Bei geradem Verlauf und rosiger Färbung ist die Eltern-Kind-Beziehung durch und durch in Ordnung. Wenn die Linie hingegen etwas gewunden und sattrosa ist, so wird sich das Kind der Disziplin widersetzen und die übergroße Anhänglichkeit der Eltern ablehnen.

Es wurde auch auf die Zeichen der »ungeborenen« Kinder, also auf die natürlichen Abgänge, hingewiesen. Aber es gibt auch Zeichen für die »nichtgewollten«, bewußt abgetriebenen Kinder in der Hand einer Frau. Sie beginnen in der Lebenslinie *(193)*, sind sehr deutlich und erstrecken sich in Form von Verästelungen in Richtung Marsebene. Aus der Länge der Linien läßt sich auf die Tiefe des durch die Abtreibung erlittenen Traumas schließen. Ein deutliches Gitter auf der Marsebene deutet eine Störung der Schilddrüsenfunktion als Folgeerscheinung an und weist darauf hin, daß das Trauma nicht nur physisch, sondern auch psychischer Art ist. Dieses Gitter zeigt sich zwar nur vorübergehend, aber während dieser Zeit leidet die betroffene Frau unter Nervosität, Reizbarkeit und Schlaflosigkeit und ist nicht in der Lage, klare Entscheidungen zu treffen.

Wegen der Ähnlichkeit beider Zeichen wollen wir hier auch eine Kinderlinie betrachten, die eine schwierige Geburt oder Lebensgefahr für die Mutter offenbart. Sie beginnt ebenfalls an der Lebenslinie und ähnelt der hinunterführenden Verästelung der Abtreibung, zeigt jedoch am Anfang eine kurze Unterbrechung oder einen deutlichen Fleck auf der Lebenslinie, der die Lebensgefahr für die Mutter symbolisiert.

Die Linie der Verwitweten

Am Ende dieses kurzen Zyklus, der mit der Ehelinie begann und zur Kinderlinie fortschritt, soll nun auch noch kurz die *Linie der Verwitweten* erwähnt werden. Aufgrund der verschiedenen möglichen Reaktionen bei den Hinterbliebenen können wir zwei unterschiedliche Linien dieses Typs unterscheiden. Die Fälle, in denen das Ableben des Partners tiefen Schmerz auslöst, sind nicht sehr häufig. Meistens herrscht ein Gefühl des Befreitseins vor.

1. *Der Verlust des Partners bereitet dem Hinterbliebenen tiefen Schmerz (194):* Diese Art des Witwen- bzw. Witwertums drückt sich in einem haarfeinen Zeichen aus, das bei der Ehelinie mit einem leichten Bogen beginnt, die Herzlinie schneidet und weiter bis zur Kopflinie verläuft, wo es mit einem sehr bestimmten und tiefen *Punkt* endet.

Dieser Punkt ist Zeichen für das erlittene Trauma. Eine Bestätigung für diesen Seelenzustand läßt sich aus der Lebenslinie entnehmen, besonders wenn der Verlust auch Veränderungen der Lebensgewohnheiten und der wirtschaftlichen Bedingungen nach sich zieht. So kann sich auf der Lebenslinie eine *Insel* zeigen, die mehr oder weniger deutlich ist, je nachdem, wie weitreichend und schwerwiegend die Veränderungen sind. Existieren noch weitere Inseln auf der Lebenslinie, so läßt sich die Insel, die uns hier interessiert, mit Hilfe der Zeitbestimmung herausfinden. Die Schicksalslinie gibt uns mit großer Klarheit Auskunft über die Dauer des Leidens und des psychischen Ungleichgewichts.

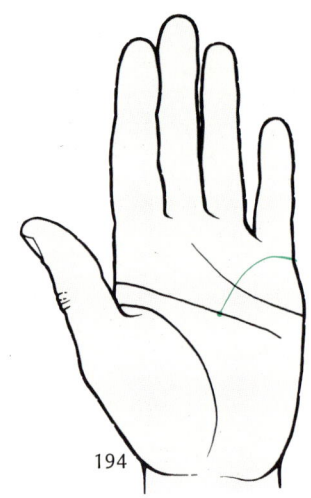

194

2. *Der Verlust des Partners bereitet dem Hinterbliebenen keinen Schmerz (195):* In diesem Fall endet die Ehelinie in einer feinen Linie, die sich für ein kurzes, wenige Millimeter langes Stück der Herzlinie entgegenbiegt. Sowohl die Lebenslinie als auch die Schicksalslinie nehmen nach dem durch Zeitbestimmung datierbaren Ereignis einen sicheren Verlauf mit deutlichen Zeichen eines psychischen Findungsprozesses. Bricht die Ehe vor einem so gearteten Witwertum, so geht dem entsprechenden Zeichen eine Unterbrechung auf der Ehelinie voraus.

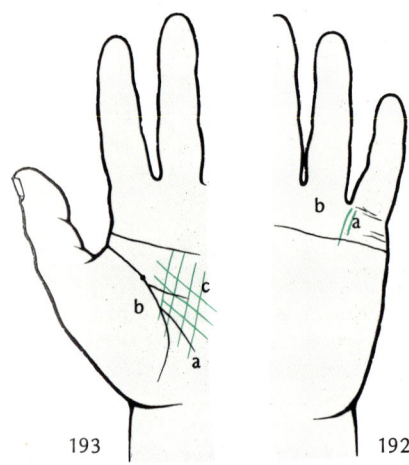

193   192

Kinderlinie (192): a mit unregelmäßigem Verlauf, b berührt die Herzlinie.
Von der Lebenslinie können sich Linien ablösen, die zur Marsebene hin streben (193): a gewollte Abtreibung, b schwirige Geburt mit Lebensgefahr. Zwischen der Lebenslinie und der Kopflinie bei der Marsebene kann sich gleichzeitig ein Gitter bilden (c), das Zeichen für Schilddrüsenstörungen.
Die Linie der Verwitweten (194), die die Herzlinie überquert und die Kopflinie berührt, kann einen tiefen Schmerz widerspiegeln.

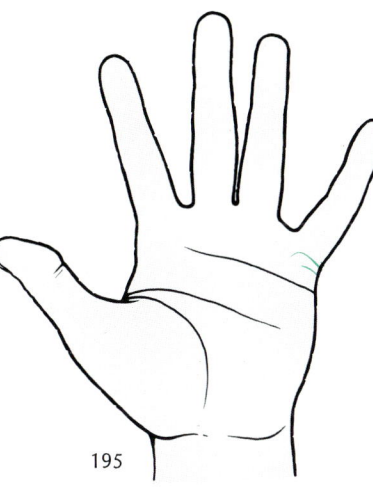

195

Verwitweten-Linien, die keinen Schmerz ausdrücken (195).

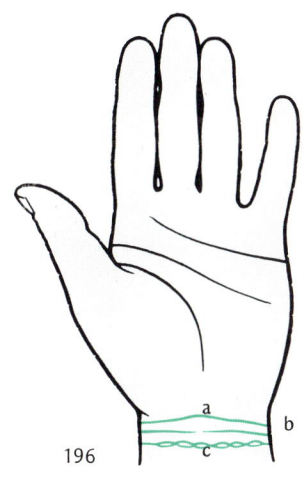

196

Es gibt normalerweise drei Raszetten (196): a *erste Raszette*, b *zweite Raszette*, c *dritte Raszette mit ketten- oder flechtenartigen Unterbrechungen.*
Der Salomonring (197) *kann aus zwei Bruchstücken bestehen, die nicht miteinander verbunden sind* (a), *aus zwei Zeichen, die übereinanderlappen* (b), *aus einem Zeichen* (c).

Die Raszetten

Um das Kapitel über die Deutung der Handlinien abschließen zu können, fehlen uns noch die *Raszetten (196)*. So nennt man die zwei oder drei Linien, die sich am Handgelenk befinden. Wenn man das Handgelenk leicht nach innen abbiegt, kann man sie deutlich erkennen.

Eine Raszette kann man mit Sicherheit in jeder Hand finden, und zwar die erste, die dem Handgelenk am nächsten liegt. Ihr mißt die Chiromantie die größte Bedeutung zu. Die anderen Raszetten sind Nebenlinien. Sie können manchmal fehlen und dienen dazu, die Bedeutung der ersten zu unterstreichen. Bildet die erste Raszette einen leichten, deutlich gezeichneten Bogen, so ist sie Zeichen für körperliche Ausgeglichenheit.

Aber man kann auch aus dieser Raszette ersehen, daß der Mensch aktiv auf die Gesundheit seines Körpers achtet.

Wenn die erste Raszette jedoch von Störungen unterbrochen ist, so spricht das für einen Hang zur Launenhaftigkeit und zur Vergnügungssucht, was auch von anderen Linien bestätigt wird.

Früher hätte man diesen Menschen wahrscheinlich als »Wüstling« bezeichnet.

Ist die erste Raszette gut gezeichnet und weisen die beiden anderen Raszetten *Inseln* auf oder sind *kettenartig* zusammengesetzt, so läßt sich zusammenfassend sagen: Es gibt zwar genug Schwierigkeiten, aber der Mensch besitzt die Fähigkeit, Verpaßtes aufzuholen, und den Willen, ein verlorenes Gleichgewicht wiederherzustellen.

Die Raszetten bergen einige Informationen, die nur das weibliche Geschlecht betreffen. Nimmt die erste Raszette einen gewundenen Verlauf, so weist das einigen Wissenschaftlern nach selbst bei einem ansonsten regelmäßigen und gleichmäßigen Zeichen auf Sterilität oder Schwierigkeiten, eine Schwangerschaft auszutragen, hin. Für diese etwas veraltete Prognose müßten aber auf jeden Fall Bestätigungen bei anderen Zeichen eingeholt werden, vor allem bei der Kopf- und bei der Merkurlinie. Normalerweise sind die Raszetten das letzte Element, dem die Aufmerksamkeit des Chiromanten gilt, aber wir wollen die folgenden Seiten noch anderen Zeichen widmen, die zwar nicht sehr auffällig sind, aber trotzdem eine Bedeutung und auch einen Namen besitzen: die *Ringe*.

Die Ringe

Wir haben die Ringe in dem Kapitel über die Berge schon flüchtig kennengelernt. Wir stellen die Besprechung dieser Ringe ans Ende unserer Abhandlung über die Handlinien, weil sie im Lichte des gesamten Handstudiums besser zu beurteilen sind. Die Ringe sind keine grundlegenden Zeichen, sie sollen die Ergebnisse der bisherigen Beobachtungen abschwächen oder verstärken. Sie stellen also den interessanten »letzten Schliff« oder das »Zünglein an der Waage« dar.

Der Salomonring (197): Dies ist ein Halbkreis, der sich durch den Jupiterberg zieht und die Wurzel des Zeigefingers fast vollkommen umschließt. Manchmal besteht er auch aus zwei Halbkreisen, die sich zu schließen suchen und sich ab und zu überlappen. Das ist jedoch ein besonderer Fall, der die ursprüngliche Bedeutung des Ringes zumindest teilweise zunichte macht. Der Salomonring ist Zeichen großer Weisheit und befindet sich als solches genau am richtigen Platz, da der Jupiterfinger und folglich auch sein Berg die Anpassungsfähigkeit der Person an das Leben erkennen lassen, welche wiederum ein Aspekt der Weisheit ist. Weisheit besteht gleichermaßen aus Kultur, Vernunft, Intuition, Ob-

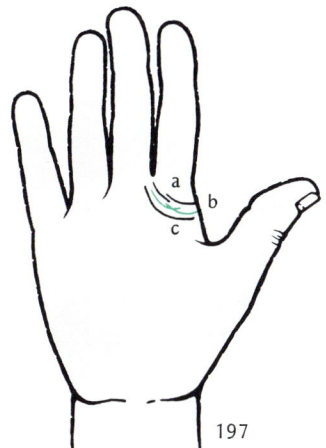

197

jektivität und Umsicht. Oft versteht es der Weise, und auf einen solchen deutet der Salomonring hin, die genannten Eigenschaften bei einer den eigenen Möglichkeiten entsprechenden Lebensführung vorteilhaft anzuwenden. Gleichzeitig mit diesem Ring ist häufig auch ein Bedürfnis nach Einsamkeit zu beobachten. Aber dieses Bedürfnis beruht nicht auf dem Wunsch,

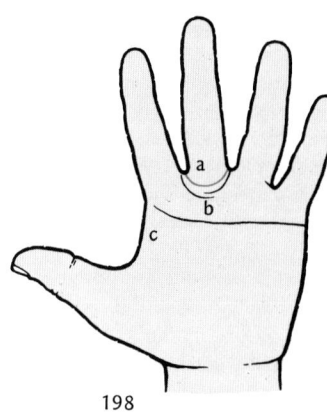

198

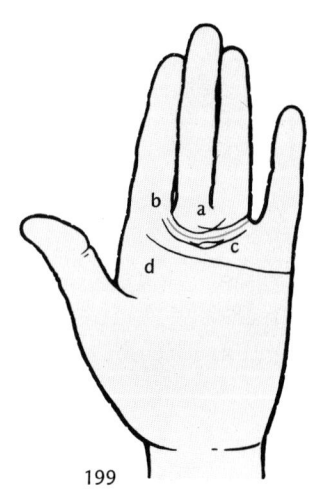

199

andere zu meiden, sondern entspringt dem Verlangen, Zeit zum Nachdenken zu finden und durch innere Sammlung und Schweigen die eigene Spiritualität zu verfeinern.

Der Saturnring (198): Wie der Mittelfinger, um dessen Wurzel er einen Bogen schlägt, scheidet auch der Saturnring die bewußte Hälfte der Hand von der unbewußten. Dieses problematische Zeichen zeigt die Unbeständigkeit der Gefühle, die der ständig erforderliche Kompromiß zwischen Innen und Außen auslöst. Dieser Ring sagt weniger über das innere Gleichgewicht des Menschen aus, er ist vielmehr ein Indikator für die negativen Werte. Er verzeichnet das Maß an Ungleichgewicht und damit auch die Schwierigkeiten, die die Person überwinden muß, um Gemütsruhe zu erlangen. Der Ring verkörpert existentielle Ängste, innere Einsamkeit, Kommunikationsschwierigkeiten, die Erkenntnis der eigenen Grenzen und außerdem eine objektive Sicht all dieser Probleme. Beständig ist dieser Ring selten, er wird deutlich, wenn sich die besagten Probleme im Innenleben des Menschen zuspitzen. Er verschwindet, wenn sich ein zufriedenstellendes Gleichgewicht eingependelt hat. Die Anwesenheit des Saturnringes deutet nur die Existenz von Problemen an, bestimmt jedoch die Art dieser Probleme nicht genauer. Diese nähere Bestimmung wird man in den Bergen oder in den Linien, wie z. B. der Kopf-, Herz- und Schicksalslinie, suchen müssen.

Der Venusring (199): Manche nennen ihn auch *Venusgürtel*, was aber nichts an seiner Bedeutung ändert. Er besteht aus einer bogenförmigen Linie, die den Saturn- und den Apolloberg und somit auch den Mittel- und den Ringfinger einbezieht.

Der Venusring beginnt seitlich vom Mittelfingeransatz, dort wo sich Mittel- und Zeigefinger gabeln, und endet in der Gabelung von Ring- und kleinem Finger. Der Venusring liegt immer oberhalb der Herzlinie.

Traditionsgemäß wird ihm eine positive Bedeutung zugeschrieben, die die Sensibilität und Kreativität betrifft. Hinzu kommt noch eine teilweise recht lebhafte sexuelle Aktivität. Deshalb taucht auch der Name Venus in der Bezeichnung des Ringes auf, dem die heutige Wissenschaft andere Eigenschaften zuschreibt: Der Venusring verbindet den Saturnring mit dem Apolloberg.

Die Unsicherheiten und Ängste des ersteren hält er in Grenzen und gibt dafür den Intuitionen den Vorrang, die zusammen mit der bewußten Kreativität des Apolloberges nicht nur dankbarer Empfänger, sondern auch fruchtbarer Boden für die zarten, sensiblen Eigenschaften des Saturnfingers sind.

Der Gleichgewichtszustand mit dieser Welt ist zwar nicht vollkommen stabil, auf jeden Fall aber ist ein guter Kompromiß gefunden worden, der die Kreativität und die Phantasie vorteilhaft zum Zuge kommen läßt. Auch das besondere Interesse an sexueller Aktivität ist ein Aspekt dieses Gleichgewichts, das nur scheinbar stabil ist und für das folglich ständig gesorgt werden muß.

Die negativste Bedeutung dieses ansonsten für die Vitalität und Energie des Menschen insgesamt positiven Zeichens ist in einer verminderten Fähigkeit zur Selbstkritik und Selbstkontrolle zu sehen, sowohl in Hinsicht auf die Kreativität als auch in bezug auf die sexuellen Beziehungen.

Die besonderen Zeichen auf diesem Ring haben ganz präzise Bedeutungen, die wir nun auflisten werden.

Eine *Insel* sagt aus, daß die Sexualität des Menschen aus dem Gleichgewicht geraten ist, was beachtliche Probleme, darunter etwa auch Homosexualität, mit sich bringen kann.

Negative Bedeutung nimmt der Venusberg an, wenn er aus zwei sich überschneidenden Halbkreisen besteht. Der Hang zur Leichtfertigkeit in der Persönlichkeit des Menschen und in seiner Kreativität beeinträchtigt die Schönheit der künstlerischen Schöpfung durch oberflächliches Improvisieren.

Der Marsring (200): Bekannter ist er unter dem Namen »Marslinie«, obwohl es sich um einen richtigen Ring handelt, der den Venusberg parallel zur Lebenslinie umschließt. Manchmal kommt er auch doppelt vor, was seine positive Bedeutung noch unterstreicht. Er kennzeichnet eine starke Vitalität, besonders wenn die Lebenslinie nicht sehr deutlich ausgeprägt ist, Unterbrechungen oder negativ zu bewertende Zeichen aufweist. Es gibt genug Widrigkeiten, aber die Person hat die Fähigkeit, sie zu überwinden. Sie erholt sich leicht, benötigt nur kurze Rekonvaleszenzzeiten und setzt Schicksalsschlägen und Krankheiten eine überdurchschnittliche Widerstandskraft entgegen. Nach demselben Muster ist das Selbstverteidigungskonzept des Betreffenden aufgebaut, mit dem er sich gegen Gefahren, die ihm von Neidern drohen, verteidigt.

Wer den Marsring oder die Marslinie besitzt, ist dynamisch, eifrig und fähig. Er ist entschlossen, die nötigen Opfer zu bringen, denen er letztlich gute und oft beneidete Erfolge bei seiner Aktivität verdankt.

Der Familienring (201): Dieser Ring sitzt genau an der Stelle, an der man den Daumen abbiegt, d. h. an dem Gelenk zwischen dem Mittel- und Wurzelglied des Daumens, das dem Venusberg

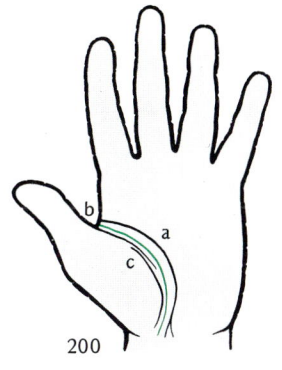

200

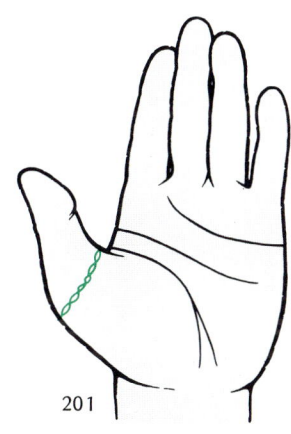

201

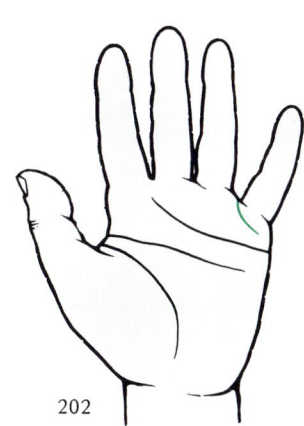

202

*Der Marsring oder auch Marslinie
genannt (200) kann sein: b durch-
gehend, c teilweise überlappend;
a ist die Lebenslinie.
Der Familienring (201) ist eine
verkettete Linie, die am Daumenansatz verläuft.
Die Merkurlinie (202) wird auch
„Linie der Ledigen" genannt.*

als Basis dient. Er ist sehr verbreitet und setzt
sich aus zwei oder drei Linien zusammen, die
miteinander verflochten sind, so daß sie eine Art
Kette bilden. Er heißt *Familienring*, da sein Träger mit einem lebhaften Familiensinn ausgestattet ist. Das Wort Familie ist hier nicht nur als
Gruppe von Personen zu verstehen, die durch
Zuneigung miteinander verknüpft sind, sondern
als Grundeinheit der Gesellschaft und als Umgebung, die Trost und Sicherheit spendet. Ein
Mensch mit diesem Zeichen fühlt sich außerdem
besonders verantwortlich für die Familienmit-
glieder.

Je deutlicher und markanter das Zeichen ist, desto stärker ist auch das Verantwortungsbewußtsein.

Das Gegenteil ist der Fall, wenn der Familienring im Gewirr anderer Kapillarzeichen unter-
geht. Zur letztgültigen Bedeutung dieses Ringes
tragen die Daumenstruktur und das Verhältnis
der beiden äußeren Glieder bei, aber normalerweise legt ein Mensch mit diesem Ring der Familie gegenüber ein Verhalten an den Tag, das
von großem Respekt gekennzeichnet ist, soweit
es sich mit seinem eigenen Wesen vereinbaren
läßt.

Der Ring der Ledigen (202): Er wird auch »Linie der Ledigen« oder auch »Merkurring« genannt.

Diese Bogenlinie beginnt an der Wurzel des
Merkurfingers, zwischen diesem und dem Apollofinger. Sie überquert den Merkurberg, erreicht aber nur selten die Handkante. Wer dieses Zeichen besitzt, zeigt ein lebhaftes Interesse
für das andere Geschlecht. Er muß seine Partner
stets nach Lust und Laune und ohne allzu große
Schwierigkeiten wechseln können. Sollte er
dennoch einmal eine Ehe eingehen, so wird er
dies nur unter ganz besonderen Bedingungen,
die ihm seine persönliche Freiheit garantieren,
tun.

Eine Bestätigung hierfür läßt sich häufig in der
Ehelinie finden.

Die Kapillarzeichen

Es handelt sich hier tatsächlich um das eigenwil-
ligste und persönlichste Element, dem man auf
der Handfläche begegnen kann. Diese feinen,
oberflächlichen, oft flüchtigen, für die Vollen-
dung des Gesamtbildes jedoch sehr wichtigen
Zeichen werden bei der chirologischen Prüfung
in der Schlußphase betrachtet.

Nachdem wir uns anhand aller bisher untersuchten Elemente ein möglichst genaues Bild von
der Vergangenheit und der Zukunft des Menschen gemacht haben, wird es uns nun möglich
sein, anhand der Kapillarzeichen die Gegenwart
auszukundschaften. Wir richten unsere Aufmerksamkeit auf die wichtigen Ereignisse, die
gerade erst einen Niederschlag in der Hand gefunden haben (oder in Kürze finden werden),
um so – falls nötig – einzugreifen und dem betreffenden Menschen zu Hilfe zu kommen. Mit
den aus den Kapillarzeichen gewonnenen Einsichten steht es dem Menschen dann frei, sich
den ungünstigen Umständen nach eigenem
Gutdünken und in gewissen Grenzen zu widersetzen, um so einen tieferen Eindruck in der
Hand bzw. schwerwiegendere Konsequenzen zu
vermeiden.

Über die Kapillarzeichen läßt sich wenig Allge-
meines sagen; mehr als die anderen Zeichen
sind sie an die individuelle Persönlichkeit ge-
bunden und ändern ihre Bedeutung je nach dem
ihnen zugehörigen Kontext. Da sie dem besonderen Einfluß des Mondrhythmus und dem anderer schneller Planeten unterliegen, erscheinen und verschwinden sie sehr leicht. Folglich
kann man im Laufe mehrerer Monate an einer
Hand empfindliche Veränderungen im Umfeld
der Kapillarlinien beobachten. Sie signalisieren
im voraus, bei sehr sensiblen Menschen sogar
schon ein halbes Jahr vorher, das Eintreffen eines Ereignisses, welches positiv oder negativ,
auf jeden Fall aber so eindrucksvoll sein kann,
daß es im Menschen Spuren hinterlassen wird.
Meist handelt es sich um Ereignisse, die schon
durch das Studium der Hauptlinien ans Licht
kamen, sogenannte »Schicksalsereignisse«, gegen die der freie Wille wenig ausrichten kann.
Das Kapillarzeichen kann aber auch das Nahen
eines Ereignisses von weniger großer Tragweite
anzeigen, das im Gesamtbild des Lebens eine
weniger bestimmende Rolle spielt. Eine gute
Kenntnis der Situation und des Wesens der betroffenen Person helfen einen Weg zu finden,
widrige Ereignisse so gering wie möglich zu halten und positive Ereignisse so gut wie möglich zu
nutzen. Wir haben gerade das Wesen des Menschen angesprochen. Darauf zu achten ist wichtig, denn ein beeinflussender Wink, der nicht die
gewünschte Reaktion zeigt, kann natürlich auch

nicht zu den gewünschten Resultaten führen. Je schwächer der Mensch ist, desto stärker unterliegt er den Ereignissen. Seine Reaktion wird weniger schnell und weniger brillant sein. Aber auch der gegenteilige Fall kann eintreten, wenn es darauf ankommt, Ungestüm und Impulsivität zu bremsen.

Die einzige allgemeine Aussage, die wir über die Kapillarzeichen machen können, ist die, daß sie sich ihrer jeweiligen Bedeutung entsprechend in einem der verschiedenen Bereiche der Hand befinden. Gewöhnlich erscheinen sie in der Nähe des »besonderen Zeichens«, mit Hilfe dessen man die Natur des angekündigten Ereignisses bestimmen kann. Anhand ihrer mehr oder weniger intensiven Färbung kann man mit einer gewissen Übung die Dauer der Ereignisse erkennen. Wenn man die Entwicklung der Situation auf der Hand beharrlich verfolgt, so läßt uns diese Färbung des Kapillarzeichens den weiteren Verlauf voraussagen, und sie verrät uns auch, inwiefern die richtigen Entscheidungen getroffen wurden, um Probleme zu vermeiden. Die Schwierigkeiten können natürlich verschiedenster Art sein, aber im Prinzip betreffen sie immer die Arbeit, die Gesundheit und die Liebe, also die drei Eckpfeiler eines jeden Menschenlebens. Um gültige Aussagen machen zu können, muß man eine Linse mit beträchtlicher Brennweite und genügend großem Durchmesser benutzen, um einen möglichst großen Teil der Handfläche erfassen zu können.

Widrigkeiten, die die Arbeit und die Geschäfte betreffen: Die Kapillarlinien befinden sich in der Marsebene und bilden ein sehr feines Gitter zwischen der Kopf- und der Lebenslinie. Weitere überaus feine, schnittlinienförmige Kapillarzeichen erscheinen in der Nähe des Zeichens, das das Problem näher bestimmt. Je nachdem, ob es sich um wirtschaftliche, künstlerische oder berufliche Probleme handelt, ist das Gitter zum Merkur-, zum Apollo- oder zum Saturnberg hin ausgerichtet.

Schwierigkeiten in der Gefühlswelt: Sie können von der Drohung Außenstehender herrühren, die die Gemütsruhe der beiden Partner stören wollen. Dann erscheinen die Kapillarzeichen auf dem Venusberg parallel zur Lebenslinie als ein leichtes Gitter, das dort auftaucht, wo die Zeitbestimmung die Gefahr ansiedelt. Ein ähnliches Erscheinungsbild bieten sie, wenn es sich um den Widerstand der Familie des Partners oder um böswilliges Geschwätz von »Freunden« handelt. Bei sehr feinen Kapillarlinien ist die Gefahr gering; sobald das Hindernis überwunden ist, verschwinden sie wieder. Zeigen sie aber eine gewisse Konsistenz und eine intensivere Rosafärbung, so werden ein längerer Kampf und durchschlagendere Maßnahmen erforderlich. Dadurch kann sich manchmal natürlich auch das Verhalten der betroffenen Person merklich verändern.

Die Bedrohung einer Liebesbeziehung, worunter auch das Zusammenleben verstanden wird, kann auch durch ein Kapillarzeichen sichtbar werden, das die Ehelinie äußerst fein durchschneidet und sich nur unter der Lupe erkennen läßt. Seine Länge variiert je nach Dauer der Gefahr.

Es gibt auch Kapillarzeichen, die Gefahr für eine Liebesbeziehung, wie sie zwischen Eltern und Kindern besteht, signalisieren. Befindet sich unter den Zeichen zwischen Herz- und Kopflinie, die eben diesen Typ von Beziehung symbolisieren, ein von einem sehr feinen Kapillarzeichen quer durchschnittenes Zeichen, so weist das auf eine mögliche Störung der Beziehung oder auf eine gefühlsmäßige Entfernung hin. Sieht man der Gefahr ins Auge und akzeptiert die neue Situation, so verschwindet das Zeichen, und alles kehrt in normale Bahnen zurück.

Gefahr einer bevorstehenden Krankheit: Natürlich muß es sich hierbei um eine Krankheit handeln, die man nicht ganz und gar umgehen kann, die aber bei angemessener Pflege keine dauernden Spuren hinterlassen wird. Schwerere Krankheiten kommen in anderen Zeichen zum Ausdruck und unterliegen anderen Maßstäben. Einige Monate vor Ausbruch der Krankheit erscheinen intensiv gefärbte Kapillarzeichen in der Nähe des Zeichens, das die Krankheit ansagt. Diese Kapillarzeichen warnen vor Gefahr und ermöglichen Gegenmaßnahmen. Die Kapillarzeichen verhalten sich auch ähnlich, wenn der Gesundheit des Individuums eine weniger schwere, aber dennoch ernstzunehmende Gefahr droht. Die Intensität der Färbung läßt auf die Dauer der physischen Störung schließen, während der Bereich, in dem das Zeichen erschienen ist, Art und Weise der Krankheit anzeigt. Wenn die Krankheit ausbricht, verblaßt das Zeichen. Dem Menschen war eine zeitliche Frist gelassen worden, um die notwendigen Maßnahmen zu ergreifen. Der Verlauf der Krankheit hängt zum Teil also auch von dem freien Willen des Betroffenen ab.

Die »anderen« Ringe

Wir haben das Kapitel über die in der Handfläche enthaltenen *Ringe* abgeschlossen und wollen nun auch die betrachten, die man sich gewohnheitsmäßig an die Finger steckt. Diese Abhandlung ist durchaus nicht überflüssig, schon deshalb nicht, weil man einer Gewohnheit Achtung zollen muß, die bis in die frühesten Zeiten der Zivilisation zurückreicht. Damals wie heute galten Ringe als Symbole der Macht: an Männern als Symbol politischer, militärischer und religiöser Macht, an Frauen als Symbol für finanzielle Macht, und folglich für die Macht des Mannes. Eine unverheiratete Frau durfte früher keine Ringe tragen, ganz gleich welchen sozialen Status sie innehatte. Heute ist diese Sitte in Vergessenheit geraten, und nur auf den höchsten Stufen kirchlicher Hierarchie symbolisieren Ringe noch immer Macht.

Aber es ist interessant, welche Wahl jeder von uns trifft, wenn er sich einen Ring an den Finger steckt. Der Ring lenkt die Aufmerksamkeit auf den erwählten Finger. Man hat somit einen Weg gefunden, diesen Finger zu privilegieren und von den anderen zu isolieren; als wolle man so seine besondere Bedeutung hervorheben, entsprechend der Bedeutung, die die Chiromantie jedem Finger zuschreibt. Und diese Wahl läßt meistens auf ein unbewußtes Defizit in dem Bereich schließen, den der ausgewählte Finger verkörpert. Diese Beobachtung reicht sicherlich nicht für eine genauere Deutung aus, aber sie lädt doch dazu ein, mit anderen chirologischen Mitteln weiter nachzuforschen.

Heutzutage ist es besonders unter Jugendlichen stark verbreitet, viele Ringe an den Fingern zu tragen, sogar am Daumen. Welche Störung im Gefühlsleben der jungen Leute mag diese Mode bewirkt haben? Abgesehen von dem Bedürfnis nach Gruppenzugehörigkeit, das ja schon an sich auf Mangel an familiärer Zuneigung hinweist, ist diese Angewohnheit ein deutliches Symptom für einen zu schnellen Sittenwandel, der der jungen Generation nicht die Zeit gelassen hat, sich anzupassen. Hier zeigt sich die Verwirrung, die ein Leben ohne Zwänge – auch auf sexuellem Gebiet – in den jungen Leuten gestiftet hat. Ein entsprechend freies Verhalten löst jedoch auch heute noch quälende Schuldgefühle aus. Darüber kann auch die nach außen hin gezeigte Dreistigkeit nur denjenigen hinwegtäuschen, der sich mit einem oberflächlichen Urteil zufriedengibt. Sehr häufig werden Ringe am kleinen oder Merkurfinger und am Ring- oder Apollofinger getragen. Der Merkurfinger repräsentiert bekanntlich die intimen Beziehungen eines Menschen, also auch jene, die die Sexualsphäre betreffen. Ein Ungleichgewicht in diesem Bereich durch einen Ring kundzutun, ist eine indirekte Erklärung für eine Mangelerscheinung. Das logische Bedürfnis nach Kompensation dieses Mangels kann sich manchmal etwa in dem Wunsch äußern, mehr Geld als nötig zu haben. Das Ungleichgewicht kann aber auch die mehr oder weniger deutlich ausgeprägte Form einer andersgearteten Sexualität annehmen. So tragen z. B. westliche Homosexuelle sehr häufig als Erkennungszeichen einen Ring am kleinen Finger der linken Hand. Die jeweils zutreffende Bedeutung des Ringes am kleinen Finger herauszufinden, ist nicht weiter schwierig. Nach einer westlichen Sitte trägt man den Ehering am Ring- oder Apollofinger. Der Apollofinger verrät die sensible, emotionale Seite des Menschen. Die Ehe stellt sicher eine Veränderung der Lebensgewohnheiten und der Beziehung dar. Sie kann also eine Veränderung des Gefühlslebens bewirken und damit zumindest zeitweilig eine Störung des Gleichgewichts. Darauf will der Ring hinweisen. Hinzu kommt noch die positive Wirkung des Metalls, und hier wiederum ganz besonders die hohe Einschätzung des Goldes, von dem man glaubt, daß es eine ausgeglichenere Verteilung der elektrostatischen Ladungen im Menschen fördern könnte.

Es gibt – wenn auch recht selten – Menschen, die den Ring gerne am Zeigefinger tragen. Berühmte historische Persönlichkeiten, die üblicherweise einen aufwendigen Ring am Jupiterfinger trugen, waren bekannt für ihren Ehrgeiz und ihre Machtgelüste. Auch bei den Menschen, die heutzutage einen Ring am Zeigefinger tragen, stößt man auf ähnliche Gefühle, die allerdings, dem Zeitgeist und der Stärke der Persönlichkeit entsprechend, andere Dimensionen annehmen.

Sehr selten wird ein Ring am Mittel- oder Saturnfinger getragen. Frauen, die diese Wahl treffen, haben in der Regel sehr zarte Hände, die dem sensiblen Typ zuzuordnen sind. Ein großer Ring in der Mitte einer solchen Hand kann einen beachtlichen ästhetischen Effekt erzielen. Tatsächlich aber verbergen sich dahinter eine äußerst labile Gefühlswelt sowie der Versuch, die eigenen Ängste und Unsicherheiten hinter sicherem Auftreten zu verstecken.

Das Lesen der Hand

Allgemeine Ratschläge

Wir wollen an dieser Stelle noch einmal auf die Verantwortung hinweisen, die derjenige trägt, der eine Hand deuten möchte: Der Deutende hält nicht nur buchstäblich Vergangenheit und Gegenwart in seinen Händen, sondern auch einige Seiten der Zukunft eines Menschen. Das ist eine Sache, die man nicht auf die leichte Schulter nehmen sollte.

Vor allem blutige Anfänger werden mehr als einmal versucht sein, mit ihrem Können zu brillieren und unüberlegte Dinge sagen, die einer späteren Prüfung nicht standhalten können und werden. Oder man berührt dabei Themen, die dem Betroffenen den Seelenfrieden rauben können. Man muß also vorsichtig vorgehen. Ungestümen Naturen mag diese Vorsicht ungerechtfertigt übertrieben erscheinen, aber auch sie werden im Laufe der Zeit erkennen, wie zerbrechlich die Seele eines Menschen ist und welche Präzision die Chiromantie erreichen kann, wenn sie nur mit der nötigen Genauigkeit durchgeführt wird. In diesem Zusammenhang möchte ich ein paar Ratschläge aus Tricasso da Cerasaris sehr berühmtem Buch *l'Epytoma chyromantico*, verlegt im Jahre 1635, ergänzen. Cerasari warnt, »... nicht dem ersten Augenschein vertrauen ... und nicht vorschnell urteilen, sondern immer jedes Element bedenken und genau untersuchen, wie eindeutig es auch immer erscheinen mag ... und nur so kann sich wiederum Wissen und Wahrheit niederschlagen in der chiromantischen Lehre, die sich als wahrhaftig und unter den ernsthaftesten Gesichtspunkten erprobt erweist.«

Hier mahnt uns ein großer Chiromant der Vergangenheit zur Vorsicht, und wir könnten noch viele andere Zitate hinzufügen.

Andererseits sollte man das Handlesen aber niemals verweigern, wenn erste Anzeichen vermuten lassen, man könne im Laufe der Deutung gezwungen sein, negative Dinge zu sagen. Diese Situation läßt sich mit gesundem Menschenverstand durchaus meistern, und die halbe Wahrheit ist immer noch besser als eine Weigerung, die den Betroffenen erst recht das Schlimmste für seine Zukunft befürchten läßt.

Jeder, der die Zeichen einer Hand deuten möchte, wird sich wohl in dem Moment, in dem er die beiden offenen Hände wie die Seiten eines Buches vor sich liegen sieht, gepackt fühlen von einer Flut überstürzender Gefühle, unter denen einige stärker, andere weniger stark hervorstechen.

Man darf sich jedoch niemals von einem solchen Gefühlsstrom mitreißen lassen, da man sonst sehr leicht einen falschen Eindruck, ein viel zu gefühlsbetontes Bild seines Gegenübers gewinnen würde.

Links: Das Handlesen, Zeichnung von Gustave Doré.

Man muß entschieden alle Eindrücke abwehren, die sich in dieser ersten Phase des Handlesens aufdrängen könnten, wenn man will, daß die gesamte Deutung ordnungsgemäß vorangeht. Das aber ist ein unbedingtes Muß, wenn man übereilte Schlußfolgerungen vermeiden will, noch bevor man die für ein gültiges Urteil nötigen Elemente sammeln und gegeneinander abwägen konnte. Natürlich interessiert sich der Deutende für das Motiv des betreffenden Menschen, einen Chiromanten aufzusuchen. Es wäre aber ein großer Fehler, dieses Motiv als Ausgangspunkt zu wählen. Es kann immer nur Endpunkt sein, gereift durch eine lange Reihe von Ereignissen und Gefühlszuständen, die entscheidend zur Bildung der Persönlichkeit beigetragen haben. Wir benötigen Distanz und Objektivität, um eine möglichst wissenschaftliche Analyse der Hand vornehmen zu können.

Jede Methode der Handdeutung hat ihre Vor- und Nachteile, und es handelt sich in jedem Fall um eine sehr komplexe Angelegenheit. Die Verfasserin beschränkt sich darauf, das von ihr seit Jahren angewendete System darzulegen und die Gründe für ihre Wahl zu erläutern.

Der erste Teil der Untersuchung ist deutlich chirognomischer Natur. Er ist nicht nur notwendig, weil er interessante Erkenntnisse vermitteln kann, sondern weil er uns die Eingrenzung unseres Untersuchungsfeldes erlaubt, indem wir einige Persönlichkeitsaspekte unmißverständlich festlegen können. Danach prüfen wir den Widerstand, den die Hand einem Druck entgegensetzt, sowie Farbe, Durchsichtigkeit der Haut, Biegsamkeit der Gelenke, Steifheit des Daumens, Lebhaftigkeit der Gesten, Form und Farbe der Nägel. Bei diesem Punkt der Handlesung angekommen, wird ein erfahrener Chiromant bereits einige allgemeine Schlußfolgerungen über das Wesen des Betreffenden ziehen können. Diese Schlußfolgerungen wären bereits dazu geeignet, das Interesse einer kleinen Gesellschaft auf sich zu ziehen, sollten jedoch im Hinblick auf eine umfassende und genaue Analyse Teil des wichtigen Grundwissens bleiben, das dem Gerüst der gesamten Deutung einen festen Untergrund bietet.

Bis zu diesem Punkt kann unsere Untersuchung also in der Regel vollkommen schweigsam vor sich gehen. Wer die Linien einer Hand deuten will, braucht eine gewisse innere Sammlung. Sie ermöglicht ihm einmal die erhaltenen Informationen zu systematisieren. Zum anderen kann man so den Grad an Konzentration erreichen, der Schnelligkeit in der Wahrnehmung und bei der Zusammenfassung von Erkenntnissen gewährleistet und klare Überlegungen ermöglicht. Oft handelt es sich um widersprüchliche Informationen, die nach und nach miteinander in Übereinstimmung gebracht werden müssen. In dieser Phase der Handdeutung muß man so klar und methodisch wie möglich vorgehen, um wichtige korrektive Elemente rasch aufspüren zu können. Auf diese Weise erreicht man die größtmögliche Genauigkeit im Verständnis der Einzelelemente, die man Stück für Stück während der Deutung zusammenträgt.

Eine Hand, wie einfach sie sich auch immer darstellen mag, ist der Spiegel einer komplexen Persönlichkeit, und ein Zeichen kann um so bedeutsamer sein, je geringer die Anzahl der Linien auf der Handfläche ist. Ein unscheinbares Zeichen kann einen wichtigen Sachverhalt darstellen und das bisherige Gesamtbild der Deutung tiefgehend ändern. Man muß deshalb immer alle möglichen Bedeutungen jedes einzelnen Elements bedenken.

Der Wert dieser ersten Untersuchungen liegt besonders auf theoretischem Gebiet, er informiert uns über die Fähigkeiten des Menschen sowie auch über seine Möglichkeiten. Allerdings werden all die verschiedenen Einflüsse noch außer acht gelassen, denen ein Individuum ausgesetzt ist, das als Familienmitglied in einer Gemeinschaft lebt. Von nun an müssen wir uns bemühen, die Beziehungen zwischen dem Menschen und seiner gesamten Umgebung kennenzulernen. Die perfekte Kenntnis des Gesundheitszustandes kann höchst aufschlußreiche Hinweise auf die Gründe bestimmter Verhaltensweisen und Entscheidungen geben. Vergangene oder gegenwärtige gesundheitliche Störungen haben mit Sicherheit irgendein Zeichen hinterlassen und einige Wesenszüge des Menschen verändert, vielleicht haben sie sogar die Lebensweise des Betreffenden entscheidend geprägt.

Bei dieser Frage erweist sich die Zeitbestimmung als sehr nützlich, weil man sich oft Menschen gegenübersieht, die sich aus Vergeßlichkeit oder einem falsch verstandenen Mißtrauen heraus weigern, gewisse Wirklichkeiten anzuerkennen, die jedoch deutlich in ihrer Hand geschrieben stehen. Die Erfahrung lehrt uns jedoch immer wieder, wieviel Schaden zum Beispiel eine Krankheit psychischen Ursprungs in der Pubertät anrichten kann. Eine Über- oder Unterfunktion der Schilddrüse während der psychophysischen Reifeentwicklung kann auf lange Sicht hin so verändernd wirken, daß man den einstmals vielversprechenden jungen Menschen kaum im erwachsenen Gegenüber wiedererkennen kann. Diese Überlegung macht noch deutlicher, wie sehr sich die tatsächlich eingetretene Wirklichkeit von der möglichen Realität unterscheiden kann, die ein rechtzeiti-

ges Eingreifen gewährleistet hätte. In dieser Phase der Untersuchung sollte auch ein Dialog mit dem Gegenüber nicht fehlen. Zwar werden all unsere Fragen von der Hand viel zuverlässiger beantwortet als von dem Menschen selbst, aber man kann der lebenden Stimme entnehmen, welches Bild der Mensch von sich selbst hat. Tatsächlich wird dieses Selbstbild falsch sein, da man bei jeder Beurteilung von sich selbst ausgehen muß, man selbst aber in diesen Fällen nicht objektiv sein kann. Niemand kann bei der Beurteilung der eigenen Person dem Unabwägbaren Rechnung tragen, der Zukunft, die jedoch klar ersichtlich in den Zeichen der Hand geschrieben steht.

Im Verlauf unserer Analyse müssen wir nun die Beziehung des Menschen zu seiner Arbeitswelt sowie die Art seiner diesbezüglichen Entscheidungen kennenlernen. Dies ist heute ganz besonders wichtig, da auch Frauen in der Arbeit nicht nur eine Möglichkeit sehen, selbst für ihren Unterhalt zu sorgen, sondern sie auch als Mittel zur Selbstentfaltung begreifen. Je harmonischer sich die Beziehung zwischen Mensch, Arbeit und Arbeitswelt gestaltet, desto ausgeglichener werden sich auch seine übrigen Beziehungen im Leben gestalten, seine Beziehungen zur Familie, zum geliebten Partner, zu Freunden. In dieser Untersuchungsphase interessieren wir uns nicht für die finanzielle Seite der ausgeübten Tätigkeiten, sondern nur für die geistige Befriedigung, die der Mensch aus ihnen ziehen kann. Natürlich darf man sich nicht nur auf die wenigen, besonders dankbaren Tätigkeiten konzentrieren, die vom Menschen überdurchschnittliche Begabungen erfordern.

Man muß auch bescheidenere Arbeiten mitbedenken, die zumindest demjenigen, der sie ausübt, das Gefühl geben, in ein Tätigkeitsfeld eingegliedert und produktiv zu sein, Personen zur Seite zu stehen, mit denen ihn eine Beziehung gegenseitiger Achtung und gegenseitigen Respekts verbindet.

Bei dieser Art von Beziehungen muß jeder von uns seine Fähigkeiten unter Beweis stellen, Kontakt mit Personen zu schließen, mit denen man nicht durch die eigene Wahl, sondern vom Zufall für mehrere Stunden am Tag zusammengeführt wird, mit denen man also gezwungenermaßen zusammenlebt. Eine solche Beziehung ähnelt in mancher Hinsicht der zwischen Geschwistern.

Hier tritt eines der Grundelemente unserer Untersuchung auf den Plan: die Existenz der Familie, aus der man kommt. Erwiesenermaßen übt die Familie auf die Entwicklung eines Menschen fast immer einen sehr bestimmenden Einfluß aus, besonders wenn dieser eine nicht allzu star-

ke Persönlichkeit besitzt. Seit einigen Jahren wird verstärkt erforscht, wie sich Menschen entwickeln, die ihre erste Entwicklungsphase in einer familienunähnlichen Umgebung verbringen mußten. Diese Menschen kamen also vorwiegend nur mit Fremden zusammen, so daß es ihnen an gefühlsmäßiger Zuwendung mangelte; dies ist häufig bei Kindern von Geschiedenen der Fall. Durch das Zusammenwirken vieler verschiedener Faktoren unterscheiden sich diese Fälle nicht sehr von solchen, in denen Kinder übermäßig verwöhnt werden. Gerade bei schwachen Charakteren können hier ähnliche Schäden entstehen wie in den erstgenannten Fällen. Das bestätigt, wie wichtig eine unter formalen Gesichtspunkten tadellose, dem jeweiligen Alter angemessene, ernsthafte Erziehung ist.

Ein anderer sehr bedeutsamer Faktor ist die Beziehung des Menschen zur Schule. Welche Ausbildung hat er genossen? Hat er sie auch vollendet? Ist er vielleicht ein Autodidakt? Die Antworten auf diese Fragen gehen mit großer Deutlichkeit aus der Hand hervor und können uns viel über die Gründe sagen, die den betreffenden Menschen zu gewissen Entscheidungen bewogen haben: Lag ein echtes Interesse für den gewählten Beruf vor? Winkte dem Ehrgeizigen eine lohnende Karriere? Möglicherweise können wir auch die Gründe erfahren, die zu einer Unterbrechung der Ausbildung geführt haben: Geschah es aus freiem Willen? Oder haben äußere Gründe den Ausschlag gegeben – eine Krankheit etwa oder der wirtschaftliche Ruin der Familie?

Was Krankheiten betrifft, so sei hier ein kleiner Einschub erlaubt. Ich mußte häufig bemerken, daß die Ausbildung aufgrund einer plötzlich eintretenden Vergeßlichkeit abgebrochen wurde, die es dem Betreffenden versagte, das Gelernte zu behalten. Von dieser meist zeitlich begrenzten Vergeßlichkeit sind fast ausschließlich junge Leute betroffen, die noch in der Entwicklungsphase sind. Auf der Hand wird sie von einer kleinen Insel auf der Kopflinie verkörpert, die sich in einem Bereich befindet, der nach der Zeitbestimmung das Alter zwischen 18 und 20 Jahren repräsentiert. Sie weist auf eine zu rasche oder unharmonische Entwicklung hin, die von einer leichten hormonalen Störung verursacht wurde oder selbst eine solche erzeugt. Wendet man rechtzeitig geeignete Kuren an, so kann alles leicht wieder in Ordnung kommen, so daß die Unterbrechung der Ausbildung mit all ihren unschönen Folgen höchstwahrscheinlich vermieden werden kann.

In diesem Gesamtkomplex von Problemen spielen zwei Elemente eine besonders ausschlagge-

bende Rolle: der Wille und der Ehrgeiz. Ersteren können wir am Daumen ablesen. Das Verhältnis der beiden Daumenglieder zueinander zeigt uns, wie wir den Willen im vorliegenden Fall zu interpretieren haben. Normalerweise kann der Wille allein nicht genügend Triebkraft sein, um jemanden zu schwierigen Studien oder zu einer großen Karriere zu drängen. Der Wille muß vom Ehrgeiz belebt sein. Den Ehrgeiz auf der Handfläche zu erkennen, ist nicht schwierig. Weniger leicht ist es dagegen herauszufinden, welche Form er bei dem betreffenden Menschen annimmt.

Man kann durchaus einen klaren Unterschied zwischen Ehrgeiz und Eitelkeit machen. Im Kopf eines Menschen können sich diese beiden Eigenschaften miteinander vermischen, nicht aber in den Handlinien. Eitelkeit verführt die Menschen oft dazu, sich zu hohe Ziele zu stecken, die dann entweder nicht erreicht werden oder nicht erhalten werden können. Solchen Menschen mangelt es an Intelligenz, dem wichtigen dritten Element, das zur Verwirklichung von Zielen unabdingbar ist. Ein genaues Studium der Kopflinie kann uns zusammen mit den anderen, bisher gewonnenen Erkenntnissen sehr genau verraten, in welchem Verhältnis die drei Grundeigenschaften des Menschen zueinander stehen.

Daraus läßt sich dann ersehen, welches der kürzeste Weg zu den Zielen ist, welche am leichtesten erreichbar sind und wie man sich das einmal Erreichte erhalten kann. Um über ein so wichtiges Thema sichere Aussagen machen zu können, müssen wir auch noch einer anderen Seite der Persönlichkeit nachgehen. Abgesehen von den Knüppeln, die das Leben und die Mitmenschen demjenigen zwischen die Beine werfen, der die Erfolgsleiter hinaufklettern will, sieht sich der Mensch auch noch mannigfaltigen anderen Hindernissen gegenüber. Dies sind die Hindernisse, die er sich selbst in den Weg stellt und die seinen individuellen Wesenszügen entspringen, z. B. seiner Sinnlichkeit.

Nun kommt also die Sinnlichkeit ins Spiel und das Verhältnis, das der Mensch zu ihr hat: Bis zu welchem Punkt kann er sie beherrschen? Bis zu welchem Punkt beherrscht sie ihn? Diesen Fragen muß so eingehend wie möglich nachgegangen werden, weil sie nicht nur für das Studium von Karriere und Erfolg wichtig sind, sondern auch im Zentrum vieler anderer Problemkreise stehen.

Jeder Mensch weist in seiner Sexualität mehr oder weniger starke Abweichungen auf, die nicht immer auf negative äußere Umstände zurückzuführen sind, sondern häufig auf einer Störung des Hormonhaushaltes beruhen, wie z. B.

Oben: Henriette Siret, Dans les lignes de la main, Paris.

die im Klimakterium auftretenden sexuellen Schwierigkeiten. In diesen Fällen können dem Menschen weder Wille noch Ehrgeiz oder Intelligenz dabei helfen, die Situation zu beherrschen, die ihm schließlich ganz aus den Händen entgleitet. Der Deutende wird die Bestätigung dieser Aussage auf dem Venusberg finden können; er wird sich genau in den Bereichen als mehr oder weniger prall erweisen, in denen wir mittels der Zeitbestimmung die Symptome für die Menopause oder für das Klimakterium des Mannes entdecken können.

Die besprochenen Fälle mögen häufig sein, sie müssen aber doch als Sonderfälle behandelt werden. Die Erfahrung zeigt zwar, daß man bei vielen Menschen und in jeder Lebenslage auf den direkten oder indirekten Einfluß stoßen kann, den die Sinnlichkeit auf das jeweilige Verhalten und die augenblicklichen Entscheidungen ausübt. Im allgemeinen aber ist das Verhalten im Kreis der sogenannten »Normalen« annähernd konstant und damit auch relativ gut vorhersehbar – zumindest für eine längere Zeitspanne im Leben.

Links: Bell (Sir Robert Anninq, 1863–1933), La bonne aventure, Paris

Nun können wir mit der Verkleidung des bisher erarbeiteten Rohbaues beginnen. Wir müssen also noch tiefer in die Psyche des Menschen eindringen, um die weniger offensichtlichen, aber dennoch wichtigen Seiten seines Lebens beurteilen zu können. Zu diesem Bereich zählen Verletzungen, die der Mensch im Verlauf seines Lebens erleidet. Sie sind nicht immer leicht aufzufinden, aber die Mühe kann sehr wichtige Ergebnisse ans Licht bringen. Die Verletzungen lassen sich je nach ihrem Ursprung in physische und psychische unterscheiden. Im ersten Fall wurden sie von Unfällen, schweren Krankheiten oder chirurgischen Eingriffen verursacht. Im zweiten Fall liegen verschiedenartigste negative Ereignisse zugrunde, großes Mißgeschick im Beruf oder schwere wirtschaftliche Krisen. Handelt es sich um eine physische Verletzung, so muß man je nach dem betroffenen Organ die Lebens-, Kopf-, Herz- oder Merkurlinie untersuchen. Bei den psychischen Verletzungen beschränkt sich die Nachforschung auf die Kopf- und Herzlinie. Der Schwere der Verletzungen entsprechend wird der betroffene Mensch gezwungen sein, sein gewohntes Verhalten eine gewisse Zeitlang zumindcst zum Teil zu verändern. Im Bogen der Lebenslinie dieses Menschen wird sich also ebenfalls eine Abweichung ergeben. Schwerlich nur können aus einer Verletzung positive Folgen entstehen. Es handelt sich hier um außergewöhnliche Fälle, die die Handlinien peinlich genau offenbaren.

Nun umfaßt unsere Analyse die Hauptlinien beider Hände und den Vergleich der rechten und der linken Hand, wobei die Erkenntnisse immer mit den schon gewonnenen verglichen werden, deren Interpretation nötigenfalls entsprechend abgeändert wird.

Wir haben auf diese Weise ein Bild von der Persönlichkeit des Menschen gewonnen, von seinen potentiellen und seinen tatsächlich verwirklichten Qualitäten. Das Bild ist bereits ziemlich genau. Es umfaßt sowohl die Vergangenheit als auch die Zukunft, aber die Gegenwart wurde bisher noch vernachlässigt. Gegenwart ist jene kurze Zeitspanne, in der sich die Ereignisse entwickeln, die den Menschen in diesem Moment beschäftigen und die ihn offensichtlich zum Besuch beim Chiromanten angeregt haben. Und genau hier ist es dem Chiromanten auch möglich, nutzbringend einzugreifen und Hinweise zu geben, die die Hand offenbart und die es dem Menschen ermöglichen werden, die Schwierigkeiten, mit denen er zu kämpfen hat, in den Griff zu bekommen. Diese Hinweise halten sich freilich in den bescheidenen, aber kostbaren Grenzen des freien Willens.

Zu diesem Ziel muß sich die Analyse nun auf die *Kapillarzeichen* konzentrieren, über die nur wenig gesagt werden kann, da sie eben Folgeerscheinungen aktueller Ereignisse und alltäglicher Begebenheiten sind. Sie treten verhältnismäßig leicht auf und verschwinden wieder, sie verändern ihre Farbe und ihre Tiefe, je nachdem, welchen Verlauf das auslösende Ereignis

nimmt, und sie sind so fein, daß man eine Linse mit starker Brennweite benutzen muß, um sie mit einiger Sicherheit auszumachen. Natürlich müssen sie in den Bereichen und Linien aufgesucht werden, die das fragliche Ereignis betreffen. Bei der Deutung der Kapillarzeichen geht man nach genau festgelegten Regeln vor, aber wegen der Flüchtigkeit dieser Zeichen ist eine richtige Interpretation letztendlich nur durch Erfahrung möglich. Außerdem hängt die Möglichkeit, sich der Kapillarzeichen zur Deutung zu bedienen, sehr von der Sensibilität des betreffenden Menschen ab, da sich die Kapillarzeichen um so leichter bilden, je sensibler der Mensch ist. Dagegen gestaltet sich diese Art der Untersuchung bei ruhigen und weniger empfindlichen Menschen schwieriger, da die Anzahl der vorhandenen Kapillarzeichen stark begrenzt ist. In diesem Fall aber handelt es sich in der Regel wiederum um Personen, die klare Anschauungen haben und sich sehr selbständig bewegen können. Hieraus läßt sich ein weiteres Mal ersehen, wieviel Ausgewogenheit und Weisheit in der geheimnisvollen Bildung der Handzeichen liegt. Wer mit Unsicherheit und psychischer Labilität zu kämpfen hat, weist mehr von den Elementen auf, die einige Probleme deutlich erkennen lassen und so eine Lösung nahelegen.

Jetzt ist das Bild vollkommen. Bevor Sie sich jedoch verabschieden, sollten Sie noch einen letzten Blick auf die Gesamterscheinung der Hand werfen, so als wollten Sie den ersten Eindruck noch einmal erleben. Lassen Sie jenes geschilderte anfängliche Überstürzen der Gefühle jetzt im Licht der erworbenen Erkenntnisse auf sich einwirken. In ganz seltenen Fällen wird dieser letzte Blick bewirken, daß Sie einige der gemachten Aussagen noch einmal modifizieren und korrigieren müssen, meistens aber wird er Ihnen die erhoffte, befriedigende Bestätigung all Ihrer Mühen bringen.

Se Vend Paris Chez F. Guerard rue St Jacques   Avec privilege du Roy.

Dame de qualité faisant dire sa bonne Avanture

De ces deux femmes occuppée,   Car l'une cherche à estre trompée,
Les soins sont bien different.   Et l'autre ne cherche que l'argent.

*Die berühmte Chiromantin
Albane de Siva bei der Ausübung
ihrer Kunst.*

Vier Fallbeispiele der Handlesekunst

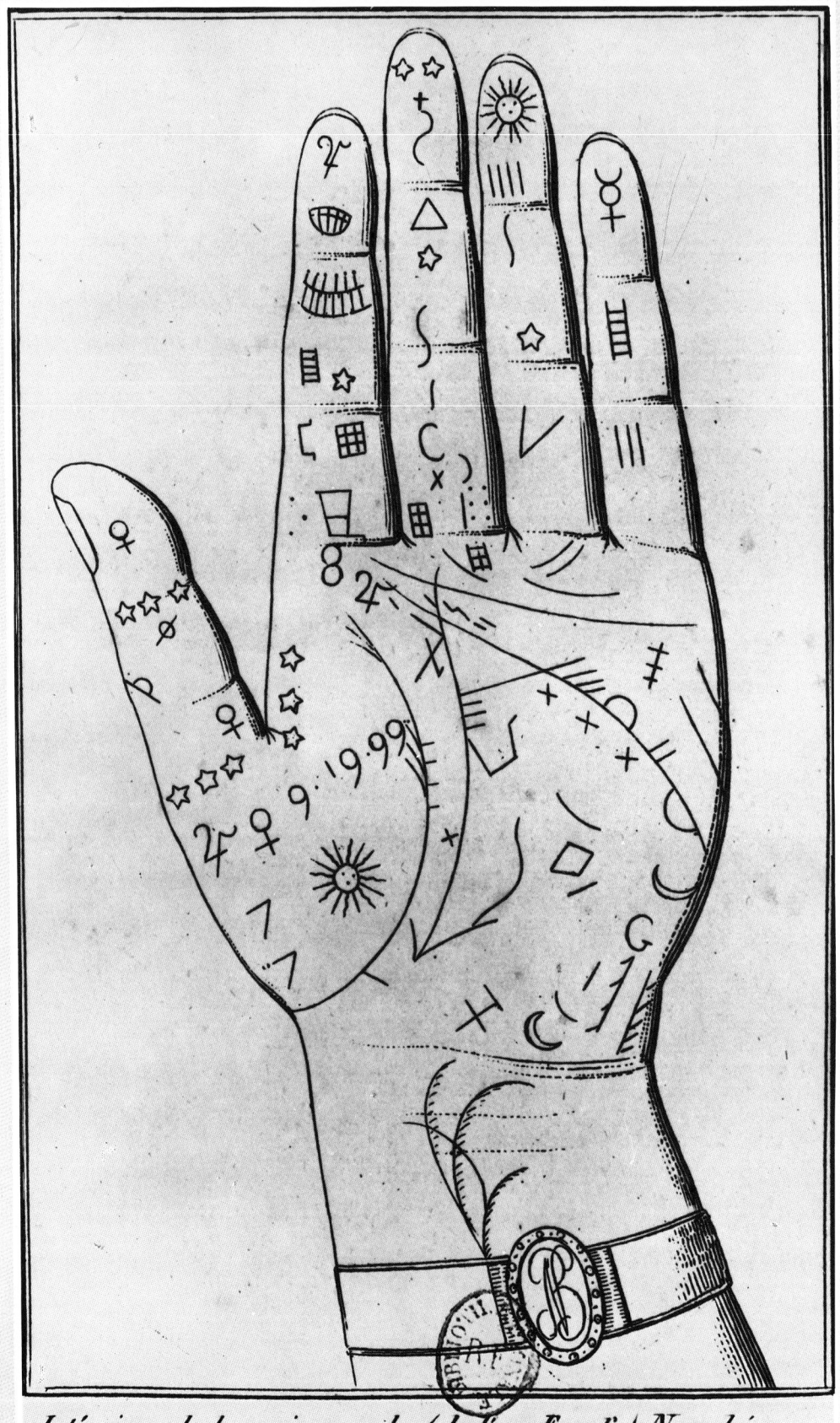

Intérieur de la main gauche (de l'ex Emp.r) Napoléon – Buonaparte.

Ein zweiundsechzigjähriger Mann

Wir haben als Fallstudie die Hände eines 62jährigen Mannes ausgewählt, der Rechtsanwalt, verheiratet und Vater eines Sohnes ist.

Beginnen wir mit der Betrachtung beider Handrücken und beider Handinnenflächen. Unschwer ist zu erkennen, daß die Hände dem konischen Handtyp zuzuordnen sind; in der Gegend des Handgelenks sind sie etwas breiter als auf der Höhe des Bogens.

Dieser Mensch steht mit beiden Beinen fest auf dem Boden, er kostet das tägliche Leben voll aus und akzeptiert auch die negativen Seiten, da er sich sowohl in seinem Arbeitsleben als auch im sozialen Umfeld ausreichend zu verteidigen weiß.

Der *Gipfel* der Handkante liegt sehr tief in der Gegend des Mondberges, was unsere erste Vermutung bestätigt: Die Lebensenergie ist deutlich physischer Art. Betrachten wir nun den Bogen, also die Linie, die die Fingeransätze ergeben. Wir erkennen den Typ, den wir als *unregelmäßigen Bogen* bezeichnet haben. Allerdings setzt der Jupiterfinger auf gleicher Höhe mit dem Saturnfinger an, was die beiden entsprechenden Berge einander gegenüberstellt. Das deutet auf zeitweilige Krisenmomente hin, die zwischen der Aktivität und der Persönlichkeit des Menschen bestehen, da letztere nicht immer bereit ist, den Anforderungen der ersteren nachzukommen.

Insgesamt ist die Hand nicht sehr biegsam, was jedoch zumindest teilweise am Alter des Menschen liegen könnte. Auffällig biegsam sind diese Hände allerdings wohl nie gewesen, wie wir zulässig aufgrund vieler kleiner Hinweise schließen dürfen. Also ist dieser Mensch zwar fähig, sich an die Lebensumstände anzupassen, aber er muß es sich einige Mühe kosten lassen. Dies ist auch aus den anderen bis jetzt untersuchten Elementen zu ersehen.

Die *Finger* sind eindeutig *lang* und kompakt, was darauf hinweist, die kleinen Freuden des Lebens und die alltäglichen, wohltuenden Befriedigungen genießen zu können, für die es sich zu kämpfen lohnt. Und genau auf diesem Weg erfüllt sich dieser Mensch auch seine geistigen Bedürfnisse.

An verschiedenen Stellen der Finger befinden sich *Knoten*; sie sind als Folgeerscheinungen von Arthritis zu betrachten, abgesehen von einem Knoten, der sich an dem Gelenk zwischen oberstem und mittlerem Fingerglied befindet und einen kritischen, fast unbarmherzig scharfen Verstand verrät, der sich manchmal auch gegen den eigenen Besitzer richtet. Unter Berücksichtigung dieses Hinweises läßt sich zusammenfassend sagen, daß dieser Mensch tiefverankerte Einstellungen hat und erst nach langer Überlegung bereit ist, Neues oder Neuerungen zu akzeptieren.

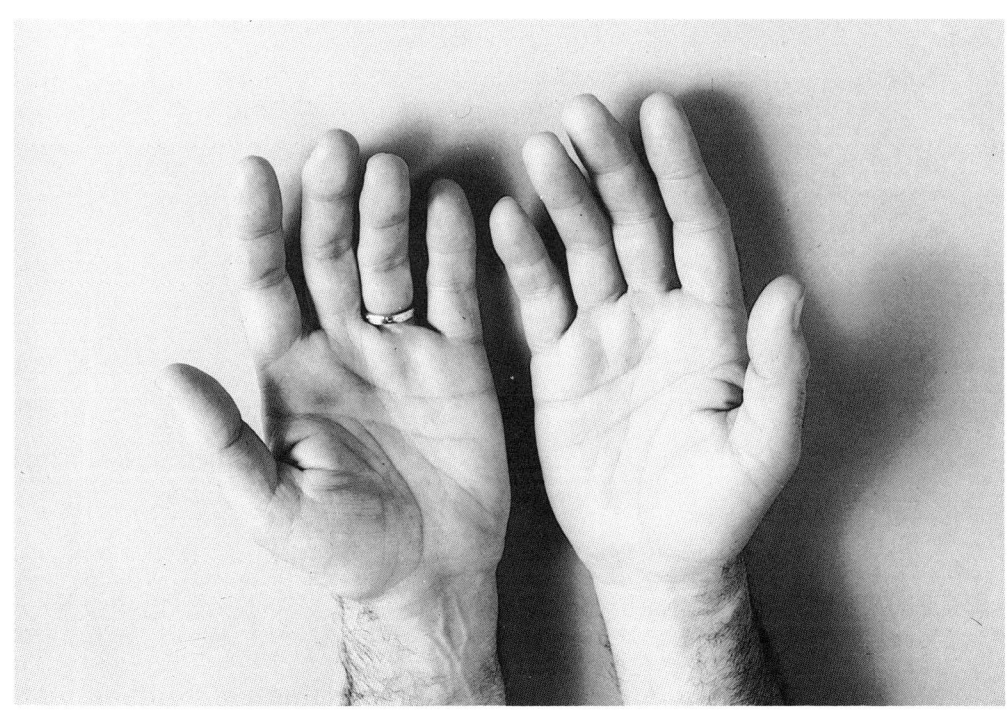

Links: Die linke Hand von Napoleon Bonaparte mit den Zeichen, die die Kartenlegerin am Hof, Marie-Anne le Normand, eingezeichnet hat, und die von ihr selbst veröffentlicht wurde in Souvenirs prophétiques *(Paris, Nationalbibliothek).*
Rechts: Die Hände des 62jährigen Mannes.

Die Farbe der Handfläche ist ziemlich intensiv, hält sich aber in den Grenzen des Normalen. Obwohl die Haut dick und fest ist, ist ihre Oberfläche zart, angenehm und elastisch. Ihre Geschmeidigkeit spricht von einer starken Persönlichkeit sowie von einem ausgeprägten Willen, Situationen und Probleme anderer zu verstehen. Hinzu kommt noch ein beachtliches Maß an Intuition, die das ihre zum Verständnis der besagten Probleme beiträgt.

Der Handteller bietet ein recht wirres Gesamtbild, da er von vielen Linien durchzogen ist, die kompliziert, aber nicht unentwirrbar miteinander verflochten zu sein scheinen.

Das Erscheinungsbild dieser Hand reißt den Deutenden jedoch nicht in einen Strudel sich überstürzender Gefühle, wie es sonst manchmal geschieht. Die Persönlichkeit des Menschen ist – physisch und psychisch gesehen – komplex. Diese Komplexität wird aber nie ein solches Ausmaß erreichen, daß sie pathologisch genannt werden müßte. Die Gegensätze und Widersprüchlichkeiten im Wesen und in der Persönlichkeit des Betroffenen, die die Komplexität mit sich bringt, werden wir recht häufig antreffen.

Untersuchen wir nun die Finger im einzelnen.

Jupiter-, Saturn- und Apollofinger enden leicht eckig: Allmählich zeichnet sich das Bild eines praktischen Menschen ab, der auf Ordnung und Disziplin achtet und Konventionen einhält. Letztere akzeptiert er wahrscheinlich eher in formaler als in substantieller Hinsicht, das Resultat ist jedoch dasselbe: Praktischer Verstand und Realismus lassen den Menschen die Nützlichkeit der gesellschaftlichen Spielregeln anerkennen. Außerdem versteht es dieser Mann, sich mit seiner Arbeit gut zu arrangieren und methodisch vorzugehen.

Da sowohl der *Kleine als auch der Große Marsberg* deutlich ausgeprägt sind, können wir bei dieser Person physischen Mut und hohe Opferbereitschaft voraussetzen. Die Nägel der drei vorher betrachteten Finger sind annäherungsweise eckig, was zusammen mit den beiden Marsbergen auf eine spärliche Phantasie und auf Mißtrauen gegenüber allem, was nicht solide und praktisch ist, schließen läßt.

Gehen wir nun zu den *Fingerenden des kleinen Fingers und des Daumens* über. Sie können dem konischen Typ zugeordnet werden. Dies bestätigt uns einige bisher aufgedeckte Widersprüchlichkeiten: Der Mensch hat einen kultivierten Lebensstil und liebt das Bequeme. Für Kunst ist er sehr empfänglich, was er aber nicht gerne zeigt, als ob diese Eigenschaft verachtenswert wäre. An der Form des obersten Gliedes des kleinen Fingers der linken Hand läßt sich be-

greifen, warum dieser Mensch den Regeln des alltäglichen Lebens sklavisch ergeben ist: aus Bequemlichkeit, da er ihren Nutzen für das praktische Leben anerkennt, obwohl er sie gleichzeitig wegen ihrer starren Leere verachtet. Der kleine Finger ist sehr nahe des Ringfingers zu finden. Diese Position zeugt von einer ungewöhnlichen intuitiven Behendigkeit, die wir auch schon aus anderen Elementen unserer Nachforschung ersehen konnten; der Betreffende selbst macht jedoch nur sehr sparsam Gebrauch davon.

In bezug auf den Daumen mit seinem konisch zulaufenden Nagelglied können wir folgern, daß dieser Mensch sich nicht durch einen starken Willen auszeichnet, sondern eher unbeständig ist. Der Winkel zwischen Daumen und Zeigefinger beträgt bei größter Dehnung praktisch 90°; der Mensch kann sich also ganz gut beherrschen, aber den eigenen Wünschen gegenüber, die von den anderen Fingern der Hand oder von den entsprechenden Bergen widergespiegelt werden, nicht immer standhaft bleiben. Der Daumen ist etwas kürzer als der Mittelfinger; auch das spricht nicht gerade für einen starken Willen, besonders da die konische Form des Nagelgliedes diese Tendenz noch unterstützt. Zum Ausgleich ist das mittlere Daumenglied etwas länger als das oberste Daumenglied, was auf die Fähigkeit zum Nachdenken und damit auch zur Ausübung von Macht verweist – wenn auch nur in kleinerem Umfang, des schwachen Willens wegen. Weiterhin ist am Daumen *auf der Höhe des Nagels ein Knoten* zu bemerken: Zeichen für eine gewisse Dickköpfigkeit, die den mangelnden Willen manchmal ersetzen kann.

Die *Nägel* sind überwiegend eckig, ihre Farbe ist rosa; der Mensch hat seine Reizbarkeit unter Kontrolle. Sein Zorn muß lange reifen, bevor er sich explosionsartig entlädt. Die konvex gewölbten Nägel lassen eine Anfälligkeit für Bronchitis vermuten.

Die *Berge* der Handfläche heben sich deutlich hervor, besonders der Jupiterberg, dessen Gipfel weiter unten in der Nähe des Saturnberges liegt.

Risikoreiche Situationen üben auch im Berufsleben einen so starken Reiz auf den Menschen aus, daß er unter bestimmten Umständen die Gefahren außer acht läßt und sogar die Verantwortung für die eigene Familie vergißt. Weiterhin lassen sich im Bereich des Jupiterberges einige besondere Zeichen feststellen, die sich in unregelmäßigem Verlauf vom Zentrum des Berges aus zur Handkante hin bewegen. Sie könnten als ein sehr unvollständiger *Salomonring* gedeutet werden, aber es ist sicherer, sie als *Gitter* auszulegen und ihnen die Bedeutung von

Hindernissen zuzuschreiben, die sich den ehrgeizigen Plänen des Menschen in den Weg stellen. Er wird zwar seine Vorhaben verwirklichen können, aber nur wenn er sie mit viel Zeit, Methode und Ausdauer angeht.

Der Saturnberg zeigt uns die Freude, die es dem Betreffenden bereitet, Geld auszugeben. Es handelt sich nicht um Verschwendungssucht, sondern nur um eins der kleinen Vergnügen, wie sie zum Bild eines Menschen passen, der dem Leben einige angenehme Seiten abzugewinnen weiß. Hinzu kommt das Bewußtsein, daß man sich ja jederzeit durch die eigene Arbeit wieder zu Geld verhelfen kann. Was hingegen den Merkurberg angeht, so kann man aus seiner Lage und aus der Anwesenheit einiger Kapillarzeichen, die auf dem Foto nicht zu sehen sind, schließen, daß dieser Mensch redegewandt ist und seine Argumente je nach Gesprächspartner überzeugend auszuwählen weiß.

Anhand der bisher gewonnenen Teilerkenntnisse können wir eine Zwischenbilanz erstellen. Starke physische Lebensenergien ermöglichen dem Mann, sich gut in die Realität einzufügen, auch wenn es ihn etwas Mühe kostet, sich an die alltäglichen Lebensnotwendigkeiten anzupassen. Er bevorzugt die kleinen Freuden des Lebens und verschafft sie sich, indem er – wenn auch ungern – Kompromisse eingeht. Er besitzt eine komplexe Persönlichkeit, die nicht frei von Widersprüchen ist. Den Mangel an Willen kann er durch Überlegung, Organisation und Dickköpfigkeit ausgleichen. Er ist sehr intuitiv veranlagt und hat seine Gefühle unter Kontrolle. Er liebt das Risiko.

Hinzu kommen nun die Erkenntnisse, die wir aus einer Prüfung der *Lebenslinie* gewinnen können: die Beziehungen zu Eltern und Geschwistern, die ersten Kontakte mit der Welt. Der Anfang der Lebenslinie fällt mit dem der Kopflinie zusammen, ein Zeichen für große Sensibilität, aber auch für Reizbarkeit, besonders bei unwichtigeren Angelegenheiten. Bei wichtigen Dingen ist der Mensch fähig, alle Kräfte zu sammeln, um günstige Gelegenheiten zu nutzen und ungünstigen Ereignissen wirksam entgegenzutreten. Er verfügt über beachtliche Fähigkeiten und Reserven, die ihm nicht plötzlich und ohne sein Zutun zugeflogen sind. Es war ein mühsamer Weg, auch weil er, um Kraft zur eigenen Entfaltung zu gewinnen, die Anerkennung seiner nächsten Umgebung brauchte und in gewissem Maß noch immer braucht.

Lebens- und Kopflinie teilen sich noch ein beträchtliches Stück des Weges, was darauf hinweist, daß der Mann lange gebraucht hat, um das schützende Dach seiner Familie zu verlassen. Der Grund hierfür könnte in den vorangegangenen Ausführungen liegen, es könnte sich aber auch um eine Mischung aus Gefälligkeit und Faulheit handeln. In dieses Gesamtbild der Dinge gehört auch der schwierige Fortgang seiner Ausbildung. Hier tritt seine nicht allzu große Willenskraft deutlich zutage. Bis zum Abschluß seiner Studien bereiteten ihm erst die grundsätzliche Wahl, dann die Umstände viele Schwierigkeiten. Nach dieser Phase beschreibt die Lebenslinie einen regelmäßigen Bogen, der bis zur Raszette hinter dem Venusberg reicht. Die Linie ist tief und deutlich eingekerbt. Daraus lassen sich Hinweise auf das Verhalten gegenüber der eigenen Familie ablesen. Dieses Mal geht es um die Familie, die er sich selbst aufgebaut hat. Tatsächlich haben sich die Bande der Zuneigung mit der allmählichen Entfernung von der ersten Familie nicht gelöst; die Distanz ist eher formaler Art. Ein paar persönliche Ansichten sind neu hinzugekommen. Geblieben ist die Vorliebe für das häusliche Leben, die jedes andere Verhaltensmuster in den Schatten stellt; das Heim ist nicht nur Stützpfeiler, sondern auch Unterschlupf zwischen einem Problem im Beruf und dem nächsten. Der Wunsch zu reisen war bei diesem Menschen noch nie sehr stark, und der Antrieb, neue Umgebungen kennenzulernen, läßt mit den Jahren immer mehr nach. Weitere interessante Einsichten können uns Einkerbungstiefe, Farbe und Verlauf der Lebenslinie vermitteln: Der Mensch ist zu strenger Objektivität fähig, egal ob es sich um Probleme handelt, die ihn selbst betreffen, oder um die Probleme anderer. Selbst die Probleme von Menschen, die ihm lieb und teuer sind, vermag er objektiv zu beurteilen. In seinen Entscheidungen und Ratschlägen waltet für gewöhnlich die Vernunft.

Auf dem Venusberg, in nächster Nähe der Lebenslinie, kann man auf der linken Handfläche zwei unvollständige *Marsringe* entdecken. Der Vergleich mit der rechten Handfläche ermöglicht die Feststellung, daß sich die beiden Bruchstücke im wirklichen Leben zu einem einzigen Ring zusammengefügt haben, der nun eine sehr positive Bedeutung hat, nicht nur was die Gesundheit betrifft. Er stellt ganz allgemein ein Zeichen für den Zuwachs an Energiereserven dar.

Die Zeitbestimmung wird höchstwahrscheinlich bestätigen, daß die Loslösung von der Familie seiner Kindheit diesem Zuwachs an geistiger Kraft zu verdanken ist, da er nun über die notwendigen Energien verfügte, das Arbeitsleben aus eigener Kraft zu bewältigen. Die geistige Loslösung jedoch hatte schon einige Zeit vor der faktischen stattgefunden, wie man einem Zeichen der Hand entnehmen kann, das sich von der Lebenslinie löst, während diese noch mit der Kopflinie verbunden bleibt. Ein Stück tiefer mündet das Zeichen wieder in die Kopflinie. So bildet sich eine große Insel, der die eben genannte Bedeutung zuzuschreiben ist. Auch über die Berufstätigkeit kann uns die Lebenslinie interessante Informationen geben. Auf der Fotografie fallen zwei Zeichen auf der Handfläche deutlich ins Auge, die beide an der Lebenslinie beginnen und zum Saturnberg hin verlaufen. Das erste hat einen regelmäßigen Verlauf und repräsentiert die Haupttätigkeit, die den Menschen viele Jahre hindurch begleitet hat und bis zur Pensionierung begleiten wird. Das zweite Zeichen liegt etwas tiefer und verläuft unregelmäßig. Es dürfte als Nebenaktivität zu verstehen sein. Sie interessiert den Menschen weniger unter wirtschaftlichen Gesichtspunkten (obwohl sie auch hier Früchte trägt) als vielmehr wegen der geistigen Befriedigung, die sie ihm gibt. Es handelt sich also um eine Art Hobby, das professionell ausgeübt wird und dem jede freie Minute gewidmet ist, die Beruf und familiäre Pflichten übriglassen.

Untersuchen wir nun die *Kopflinie*. Von ihrem gemeinsamen Beginn mit der Lebenslinie haben wir schon gesprochen. Wir beschränken uns also nun auf das frei verlaufende Stück der Linie. In der linken Hand ist es außergewöhnlich lang und deutlich gezeichnet, hat eine normale Farbe und reicht bis zum Großen Marsberg. Nach mehreren kurzen Splitterzeichen oder störenden Zeichen durchquert die Kopflinie geradewegs und zielstrebig fast die ganze Handfläche. Das weist auf einen scharfen Verstand und die Fähigkeit zur Konzentration hin. Einer aufmerksamen Prüfung entgeht auch die ausgeprägte Beständigkeit nicht, die sich in dem Bedürfnis niederschlägt, begonnene Sachen zu Ende zu führen. Diese Neigung ist so stark, daß dieser Mensch niemals Vorhaben in Angriff nehmen wird, bei denen er befürchtet, nicht genügend Wissen oder Können zu besitzen, um sie auch beenden zu können. Diese Tendenz steht nicht im Widerspruch zu dem angesprochenen nicht allzu starken Willen.

Auch bei der Kopflinie ist der Vergleich beider Hände interessant. An der rechten Hand können wir bemerken, daß sie sich in ihrem Verlauf leicht der Herzlinie entgegenbiegt. Sie ist stärker eingeprägt und hat eine etwas intensivere Farbe, ihr Ende zeigt unter dem Großen Marsberg die Tendenz, wieder leicht nach oben zum Merkurberg zu streben. Der Unterschied zwischen beiden Händen muß folgendermaßen verstanden werden: Das alltägliche Leben hat das ursprüngliche Zeichen und die von ihm verkörperte Intelligenz in bestimmte Bahnen gezwun-

gen, d.h. der Mensch mußte auf Ausdrucksmöglichkeiten verzichten, die aufgrund seiner Intelligenz in seinen Möglichkeiten gestanden hätten. Anfänglich empfand er dies als harten Zwang, aber nach einigen Jahren machten sich auch gute Seiten bemerkbar. Die ursprüngliche Klarheit seiner Gedanken hatte zwar etwas nachgelassen, da er auf einige »Gehirnfunktionen« hatte verzichten müssen. Dafür war jedoch ein Verhalten entstanden, das den Bedürfnissen der Gefühle und den Notwendigkeiten des Alltags eher Rechnung trug. Es ist tatsächlich beeindruckend, wie sehr die Lebensentscheidungen dieses Menschen den ganzen komplexen Bereich des Geistes beeinflußt haben müssen und wieviel sensibler seine Wahrnehmung für die Schwingungen der Umwelt wurde. Dies ist eine erstaunliche Entwicklung, da meist das Gegenteil, also eine Verhärtung des eigenen Egoismus, eintritt.

Möglicherweise hat diese Wandlung etwas vom Weg abgelenkt. Sie hat diesen Mann von den Zielen seiner Jugend entfernt, die er folglich bis heute nicht erreicht hat und nach denen er noch immer strebt. Dieses Streben verlangt nun aber einen anderen Einsatz der Person und erfolgt – chiromantisch gesehen – von einem anderen Winkel aus. Weiter können wir der Kopflinie entnehmen, daß der Mann mit der Familie oder mit Freunden nicht gern über Geldangelegenheiten spricht. Es ist ihm immer gelungen, solche Probleme aus eigener Kraft zu lösen, nur selten sucht er sich den bequemen Trost des Herzausschüttens, er bevorzugt vielmehr den, der im Bewußtsein liegt, sein Bestes für das Wohlergehen der Familie getan zu haben.

Nun richten wir unser Augenmerk wieder auf die linke Hand und betrachten dort die *Herzlinie*. Nach anfänglichem Zögern verläuft die Linie in einem klaren und deutlichen Bogen bis zu ihrem Ende in der Nähe des Gipfels des Jupiterberges. Diese Beobachtung läßt interessante Aspekte des Gefühlslebens ersichtlich werden. Außer Gefühlstiefe im Liebesleben zeigt dieser Mensch auch einen lebhaften Sinn für Freundschaft sowie gegenüber Arbeitskollegen eine gewisse Loyalität. Insgesamt ist er in jeder zwischenmenschlichen Beziehung fähig, etwas zu geben. Allerdings zeigt dieser Mensch seine Gefühle nur ungern. Wird er jedoch dazu gezwungen, so muß er seine natürliche Scham, die ihn befangen macht, erst mühsam überwinden. Wer ihn nur kurze Zeit kennt, hält ihn deswegen leicht für kalt und gefühllos. Gleichermaßen versucht er auch seine Eifersucht zu verbergen, von der er sich nie die Sicht vernebeln läßt, und die mit einem Schlag wie weggeblasen ist, wenn der Verrat offenbar geworden ist. Der Partner, der sich vergangen hat, wird ihm mit einem Mal gleichgültig. In etwas abgewandelter Form passiert ihm dies auch gegenüber Freunden oder solchen, die es sein wollen.

Die Herzlinie weist auch zahlreiche Verästelungen auf, die eine nähere Betrachtung wert sind. Die interessanteste davon befindet sich zweifellos im Endstück der Linie.

Die Herzlinie gabelt sich hier und reicht mit einem Zweig bis zur Gabelung von Jupiter- und Saturnfinger. Das deutet auf eine Liebesheirat hin, wie man übrigens auch aus einigen auf dem Jupiterberg plazierten besonderen Zeichen ersehen kann, die aber auf der Fotografie nicht deutlich genug zu erkennen sind. Man kann auch noch weitere absteigende Verästelungen bemerken, die die Herzlinie mit der Kopflinie verbinden. Hierbei handelt es sich um Liebesbeziehungen verschiedenster Intensität, die uns zeigen, daß dem betreffenden Menschen die alleinige körperliche Teilnahme an einer Beziehung nicht auszureichen scheint, sondern daß er auf verschiedene Art und Weise auch gefühlsmäßig beteiligt sein will.

Nach der Zeitbestimmung entspringen diese Linien einem Bereich der Herzlinie, der in die Jugendzeit gehört. Eine der Linien spricht von einer tiefen Enttäuschung, die er wohl bei seinem ersten Näherungsversuch an das Liebesleben erlitten hat. Zum Glück wurde diese Enttäuschung von einem momentanen Fehlverhalten des Partners hervorgerufen, ohne daß dadurch innerste Gefühle verletzt worden wären. So konnte die Wunde recht gut verheilen und hat keine Narbe hinterlassen. Auf diese Episode folgten weitere Beziehungen. Sie haben angenehme Erinnerungen hinterlassen und stellen somit positive Erfahrungswerte dar. In reiferem Alter kann man noch ein Zeichen bemerken, das von einer leidenschaftlichen Liebe spricht, der jedoch die Umstände entgegenstehen. Und noch ein interessanter Hinweis ergibt sich aus der Prüfung dieser Zeichen: Dieser Mensch wird für einen Großteil seiner Lebenszeit von einem Gefühl begleitet, das eher einer zärtlichen Freundschaft als einer Liebesbeziehung ähnelt und das mit der Zeit nicht schwächer wird, sondern sogar einen immer stärkeren geistigen Inhalt annimmt.

Zurück zur Deutung der linken Hand. Da ist außer den bisher untersuchten noch eine weitere Linie zu finden: die *Schicksalslinie*. Sie nimmt ihren Verlauf sehr stark strukturiert und mit ungewöhnlicher Sicherheit. Aber die größte Überraschung bereitet der Vergleich beider Handflächen. In der rechten Hand finden wir eine mit noch größerer Klarheit gezeichnete Schicksalslinie vor.

Bereits die Tatsache, daß die Schicksalslinie existiert und noch dazu ein so ungewöhnliches Bild bietet, weist eindeutig auf einige besondere Eigenschaften des Menschen hin. Es verdient Anerkennung, daß er selbst in sich Eigenschaften entdeckt hat, die sein Studium und seine Karriere in ihm nicht geweckt hätten. Aber er hat sie nicht nur entdeckt, sondern auch mit Geduld entwickelt, ohne dabei aus den Augen zu verlieren, was seine Familie und das alltägliche Leben ihm abverlangten. Außerdem hat er die Aktionssphäre seiner Haupttätigkeit so weit wie möglich ausgedehnt. Die Schicksalslinie auf der linken Handfläche beginnt am untersten Ende des Mondberges und durchteilt mit einem entschiedenen Schnitt die gesamte Handfläche, überquert die Kopflinie und endet auf dem Saturnberg gleich hinter der Herzlinie. Ein Zweig erstreckt sich bis zur Gabelung von Saturn- und Apollofinger. Dieser eindrucksvolle Verlauf wird durch die Verästelungen in der Marsebene und auf dem Mondberg noch komplexer gestaltet. Dies alles bedeutet, daß der Betreffende das väterliche Haus in einem einmaligen und datierbaren Moment seines Lebens als Gefängnis empfunden hat, dem er entfliehen mußte bzw. das er richtigerweise verlassen sollte. Der langsame, mühevolle Reifeprozeß war nun vollendet, ebenso wie die Studien. Er hatte sich zu diesem historischen Moment nicht gerade den günstigsten gewählt, und so standen objektive Schwierigkeiten bevor, die nicht unterbewertet werden durften.

Nachdem er dies erkannt hatte und sich der Bedeutung des beabsichtigten Schrittes bewußt war, konnte der Mann nur auf eine äußere Gegebenheit warten, die seine Entscheidung rechtfertigen würde. Diese fand er schließlich in einer Begegnung, die seine Gefühle ansprach. Um Mißverständnissen vorzubeugen: Es lassen sich keine Zeichen entdecken, die einen Widerstand von seiten der Familie gegen die gewählte Karriere des Menschen vermuten lassen. Aber es hätten sich wohl solche Zeichen gebildet, wenn der Betreffende anders gehandelt und sich den familiären Gepflogenheiten weniger gebeugt hätte. Eine weitere Bestätigung unserer bisherigen Erkenntnisse finden wir darin, daß die Schicksalslinie genau im Saturnberg endet: Der Wunsch, so schnell wie möglich die Erfolgsleiter hinaufzusteigen, hat den Menschen nicht daran gehindert, sich Freiräume für andere Interessen zu schaffen. Diese Interessen galten aber nicht nur seiner Nebenaktivität, sondern auch seiner Familie und anderen angenehmen Seiten des Lebens, wie z. B. netten Abenden im Freundeskreis. Der Wunsch, den eigenen Weg erfolgreich zu gehen, hat ihn also niemals vergessen lassen, wie wichtig die eben beschriebenen Beziehungen für ein normales Gleichgewicht sind. Der Zweig, der von der Schicksalslinie zum Apolloberg führt, zeigt deutlich, daß es sich bei der Nebenaktivität nur um eine Kunst handeln kann. Die Schicksalslinie offenbart das Maß an Phantasie und Großmut, das unerläßlich ist, wenn man sich berechtigte Hoffnungen auf eine Karriere der besagten Art machen will. Und letztlich ist es die Mischung von Ausdauer und Ausgeglichenheit, die es diesem Menschen ermöglicht hat, seine Begabung am Leben zu erhalten und noch dazu durch Erfahrung reifen zu lassen.

Farbe und Tiefe der Schicksalslinie der rechten Hand sind ein Maß für den Erfolg im Leben. Wie man auch auf der Fotografie erkennen kann, hat der Mensch sein Ziel voll erreicht. Die leichten Unterschiede der beiden Schicksalslinien legen die Schlußfolgerung nahe, daß die ursprünglichen Ambitionen zurechtgerückt werden mußten, wie die rechte Hand ersehen läßt. Hier waren nicht nur die üblichen kleinen Kompromisse nötig, sondern der Betreffende mußte seine Selbsteinschätzung korrigieren. Zugegebenermaßen ist der größte Vorzug dieses Menschen darin zu sehen, daß er sich selbst stets ohne Beschönigungen beurteilt hat. Er hat positive wie negative Eigenschaften an sich akzeptiert und die richtigen Eigenschaften im richtigen Moment intelligent eingesetzt, so daß sich letztlich alle Eigenschaften positiv auswirken konnten.

Es wäre ein Fehler, die Gunst des Schicksals zu übersehen, das für kostbare Gelegenheiten und Begegnungen sorgte. Dieser Fehler darf bei einer aufmerksamen Prüfung der Schicksalslinie nicht unterlaufen. Aber trotzdem muß gesagt werden, daß unser Mann sich nie eine günstige Gelegenheit entgehen ließ, sondern jede Möglichkeit mit viel Takt, Zurückhaltung und einer großen Opferbereitschaft so gut wie möglich genutzt hat.

Zum Zeitpunkt der Handlesung hat der Mensch längst ein zufriedenstellendes Ziel in seiner hauptberuflichen Karriere erreicht und wird sich nun mit größerer Freiheit seiner Nebentätigkeit widmen können, was man aus den Zeichen ersehen kann, die sicher erreichte Ziele anzeigen. Aufgrund einer aufmerksamen Betrachtung des Jupiterberges können wir feststellen, daß die Nebenaktivität literarischen Charakter haben wird oder zumindest die Welt der Buchstaben betrifft. In diesem Zusammenhang ist ein Ratschlag angebracht: Der Mann vor uns schenkt einer Gruppe vorgeblicher Freunde zur Zeit zuviel Vertrauen. Diese könnten sich aber ihm gegenüber negativ verhalten und die normale Entwicklung seiner künstlerischen Aktivität unterbrechen. Da der Mann von Natur aus über große Ausdauer, nicht aber über einen starken Willen verfügt, ist es schwierig für ihn, eine derartige Situation zu bewältigen. Er sollte besser kein Risiko eingehen, sondern diese gefährlichen Personen durch Diplomatie unschädlich machen. Wenn der Betreffende also die Ergebnisse vieler Jahre geduldigen Opferns in keiner Weise gefährden möchte, so sollte er von der Möglichkeit, nach freiem Willen einzugreifen, Gebrauch machen und die Gefahr rechtzeitig beseitigen.

Auf der linken Hand können wir noch eine Reihe von Linien ausmachen, die nicht miteinander verbunden zu sein scheinen, die aber in Wirklichkeit die Merkurlinie in einer ihrer vielen Erscheinungsformen darstellen. Sie erstreckt sich hier von der Lebenslinie bis zum Merkurberg, wobei der Mondberg überquert wird. Dies besagt, daß den Menschen deutliche Botschaften aus dem Unbewußten erreichen; er verfügt also über ein beachtliches Maß an Intuition, die ihm bei der Lösung verwickelter Probleme oft äußerst hilfreich war.

Diese Form der Merkurlinie verrät aber außerdem, daß die Gesundheit zumindest in dem Moment der Handdeutung etwas angegriffen ist. Es handelt sich nicht um eine näher bestimmbare Krankheit, sondern um eine allgemeine Schwächung der Abwehrkräfte, weswegen der Mensch zur Zeit für grippale Infekte und bronchiale Erkrankungen anfällig ist.

Eine dreißigjährige Frau

Die Hand, die wir nun lesen werden, gehört einer dreißigjährigen Angestellten, verheiratet, ohne Kinder.

Beide Hände gehören dem »gemischten Typ« an, da sie Eigenschaften der eckigen und der konischen Hand aufweisen. Diese Frau ist besonders verantwortungsbewußt und aufrichtig, sie hat eine schnelle Auffassungsgabe.

Die Hände sind sehr groß, aber in sich gut proportioniert; dieser Mensch ist von Grund auf gut und ausgeglichen, und er hat Zivilcourage. Beim Betrachten der »Handkante« stellen wir fest, daß der *Gipfel* oben, d. h. kurz unterhalb des Großen Marsberges plaziert ist. Dieses positive Zeichen steht für die Harmonie von körperlicher Widerstandsfähigkeit und Charakterfestigkeit, was auf die Fähigkeit hinweist, nötigenfalls entschlossen und zielstrebig von vorne zu beginnen. Das geht auch aus der leicht konischen Form des Handrumpfes hervor, welche auf Realitätsbezogenheit schließen läßt.

Wir beschränken uns jetzt auf die Betrachtung der linken Hand. Der *Bogen*, also der Ansatzpunkt der Finger am Handrumpf, gehört zum *unregelmäßigen Typ*. Der Ansatz des Merkurfingers ist besonders auffällig, da er merklich tiefer liegt als der der anderen Finger. Dies deutet auf einen unabhängigen Geist hin, der sich – oft unbewußt – im Bedürfnis nach Widerspruch äußert oder in der Neigung, selbständig die Initiative zu ergreifen. Daraus resultiert ein et-

was unstetes Verhalten, die Reaktionen erscheinen im Verhältnis zur Situation oft übersteigert, was zum Teil durch die Schüchternheit dieses Menschen gerechtfertigt wird. Um sich einen klaren Überblick über Situationen zu verschaffen und objektiv urteilen zu können, braucht dieser Mensch Zeit. Dieser Frau werden die Sympathien anderer nicht vom ersten Moment an zufliegen, aber man wird ihre ungewöhnliche Großzügigkeit, Güte, Intelligenz und Verständnisbereitschaft allmählich zu schätzen wissen.

Die langen, festen *Finger* zeugen von einer verhaltenen Spiritualität; diese Frau besitzt ausgesprochen hohe Ideale und findet Gefallen an Zukunftsträumereien. Die Träumereien entspringen den Quellen ihrer künstlerischen Fähigkeiten, die auch eine Verwirklichung dieser Vorstellungen durchaus ermöglichen können. Wenn wir uns die Kopflinie vornehmen, die gerade und mit einem leichten Hang zum Großen Marsberg verläuft, können wir tatsächlich einen starken Sinn fürs Praktische ausmachen und somit auf einen inneren Antrieb schließen, Pläne auch zu verwirklichen.

Das Nagelglied des Mittelfingers biegt sich leicht zum Ringfinger hin; der Mensch neigt dazu, seiner momentanen Tätigkeit eine künstlerische Note zu verleihen. Andererseits bedeutet diese Neigung des Saturnfingers auch eine Prädisposition für Darmerkrankungen, die abklingen, sobald dieser Mensch seine Träume in die

Die Hände der 30jährigen Frau.

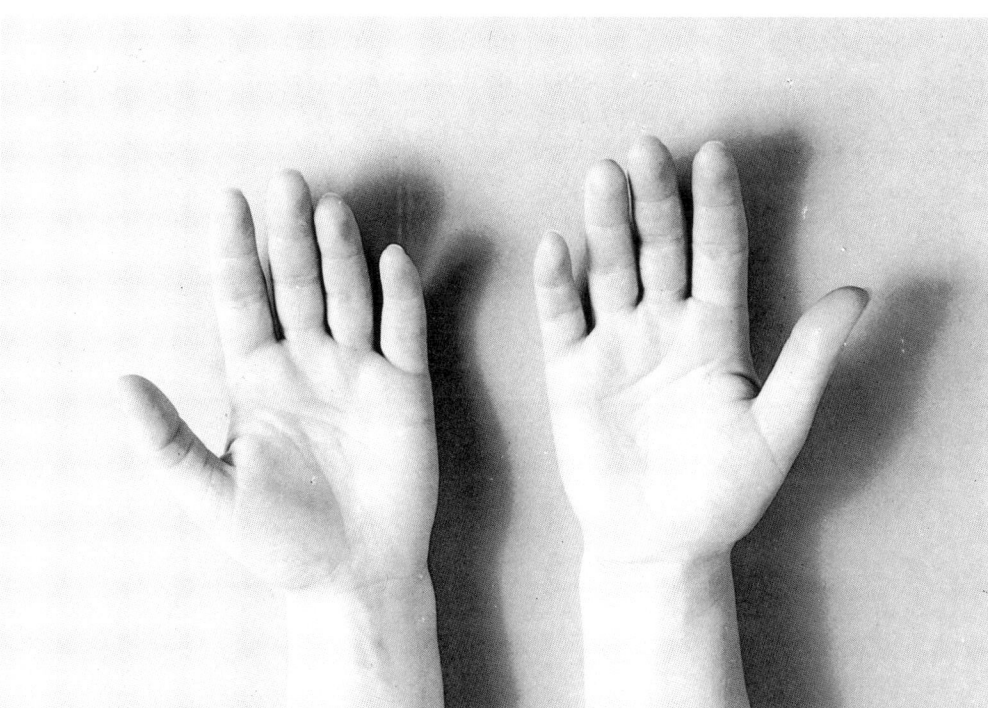

Praxis umgesetzt haben wird, da diese Krankheiten meist nervösen Ursprungs sind.

Die Haut ist zart, fest und elastisch: typisch für Menschen mit bemerkenswerter Sensibilität. Die Zeichen, die auf eine aktive Tätigkeit im familiären Bereich hinweisen, bestätigen nochmals das Bedürfnis nach Ordnung und Harmonie in jeder Beziehung.

Die *nußschalenförmigen Nägel* sprechen von der Rationalität dieses Menschen, von seinem Bedürfnis, immer konkrete Ergebnisse zu erlangen. Die Farbe der Nägel war wegen einer Lackschicht nicht auszumachen; da jedoch alle Nägel hart und konvex sind, läßt sich eine Anfälligkeit für Bronchialerkrankungen vermuten.

Die *Handfläche* ist rosarot und wird von zahlreichen *Linien* durchfurcht. Neben den Hauptlinien (Lebens-, Kopf-, Herz- und Schicksalslinie) sind weitere Linien, nämlich Merkur- und Apollolinie, allerdings nur in der rechten Hand, zu finden. Nach der ersten kurzen Einordnung des Menschen betrachten wir nun den Anfang der Lebenslinie. Hier springt uns sofort das Anzeichen für ein starkes Trauma ins Auge, welches das Leben und das Wesen dieses Menschen entscheidend verändert hat. Die Zeitbestimmung sagt uns, daß dieses Ereignis in der Zeit um das 18.–20. Lebensjahr stattgefunden hat. Es hat sich sogar auf die Entwicklung und die Gesundheit dieser Frau ausgewirkt. Es handelt sich um ein Geschehnis in der Familie, welches eine Veränderung der bisherigen Lebensgewohnheiten mit sich brachte und sie zwang, auch das gewählte Studium zu wechseln. Das war ein harter Schlag für ihren Ehrgeiz, wie die tiefe Senkung auf dem Jupiterberg am äußeren Rand bei der Handkante der linken Hand bezeugt. Das Zusammentreffen verschiedener belastender Ereignisse hat zu erheblichen Schwierigkeiten in der Lebensbewältigung geführt. Der Streß hat eine Krankheit ausgelöst, die diese Frau dank ihrer Willenskraft und dank der Eigenschaften überwunden hat, die wir bereits am Anfang unserer Untersuchung kennenlernten. Heute sind von diesem tiefen Trauma nur noch schwache Erinnerungen übriggeblieben. Die Bestätigung hierzu erhalten wir aus der gleichzeitigen Betrachtung beider Hände; in der rechten Hand ist von den Zeichen, die das bisher Gesagte beweisen können, fast nichts mehr vorhanden. Die problematische Zeit hat diese Frau psychisch reifen lassen. Unter dem Druck der Ereignisse war sie gezwungen, sich besonders schnell zu entwickeln. Um sich in dieser neuen

Realität ohne Ressentiments und ohne Haß zurechtzufinden, mußte sie auf all ihre vorhandenen Gaben wie Güte und Verständnis zurückgreifen. Damit und mit der Hilfe des praktischen Verstandes und des Realismus konnte sich jene tiefe Menschlichkeit in ihr entwickeln, die sie durch andere Lebensumstände sicher nicht erreicht hätte.

Die Unterbrechung des Studiums und die Notwendigkeit, schnell zu handeln, führten zur Wahl einer Schulbildung, deren Niveau niedriger lag als das der vorhergehenden. Diese schwere Entscheidung hat diese Frau nicht daran gehindert, ihre Ausbildung so schnell wie möglich zu beenden, um Nutzen daraus ziehen zu können.

Im gleichen Zeitabschnitt tauchen gut sichtbar die künstlerischen Neigungen auf, die sie jedoch momentan nur vermindert und auch mehr zugunsten der anderen als für sich selbst einsetzen kann. Wenn man jedoch die Form des Apolloberges und die Anwesenheit der gleichlautenden Linien in der rechten Hand in Betracht zieht, so könnte diese Frau in nicht allzuferner Zukunft neben ihrem Beruf von Zeit zu Zeit noch eine ordnungsgemäß bezahlte künstlerische Tätigkeit ausüben. Um dies zu erreichen, muß sie sich selbst jedoch viel mehr Zeit widmen und vermeiden, sich ihren Nächsten und vor allem der Familie gegenüber zu großzügig zu zeigen.

Die Herzlinie ist in beiden Händen lang und gebogen. Sie endet mit einer Verzweigung, die zur Gabelung von Zeige- und Mittelfinger strebt; trotz ihrer Intelligenz neigt diese Frau also dazu, eher der Stimme ihres Herzens als der der Vernunft zu folgen.

Gerade ihre Fähigkeit, mehr für andere als für sich selbst da zu sein, hat ihr jedoch geholfen, das schwere Trauma in der Jugendzeit so bemerkenswert gut zu überwinden. So hat diese Fähigkeit auch erheblich zur Entwicklung ihrer heutigen Persönlichkeit beigetragen. Außerdem hat sich diese Art von Großzügigkeit auch auf die sexuelle Ebene ausgewirkt: Der Venusberg ist in seiner unteren Hälfte flacher als in der oberen, eine Befriedigung ist also nur bei einer starken emotionalen Beteiligung möglich. Daß die Auswahl auf diesem Gebiet Schwierigkeiten bereitet, macht der Merkurfinger deutlich, der dazu tendiert, sich von den anderen Fingern zu trennen. Die Form des Venusberges deutet außerdem auf mögliche Eierstockbeschwerden vor den Wechseljahren hin.

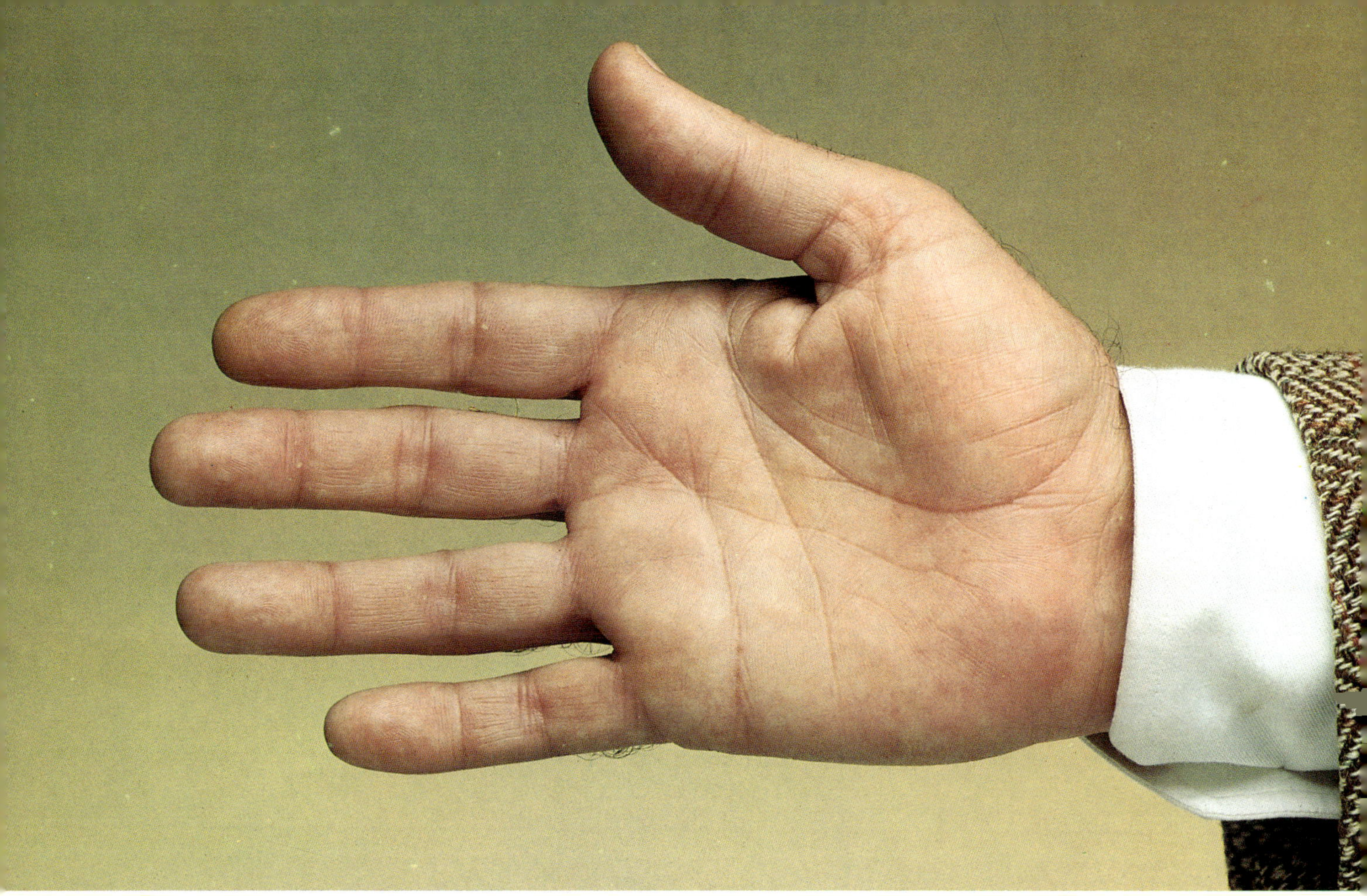

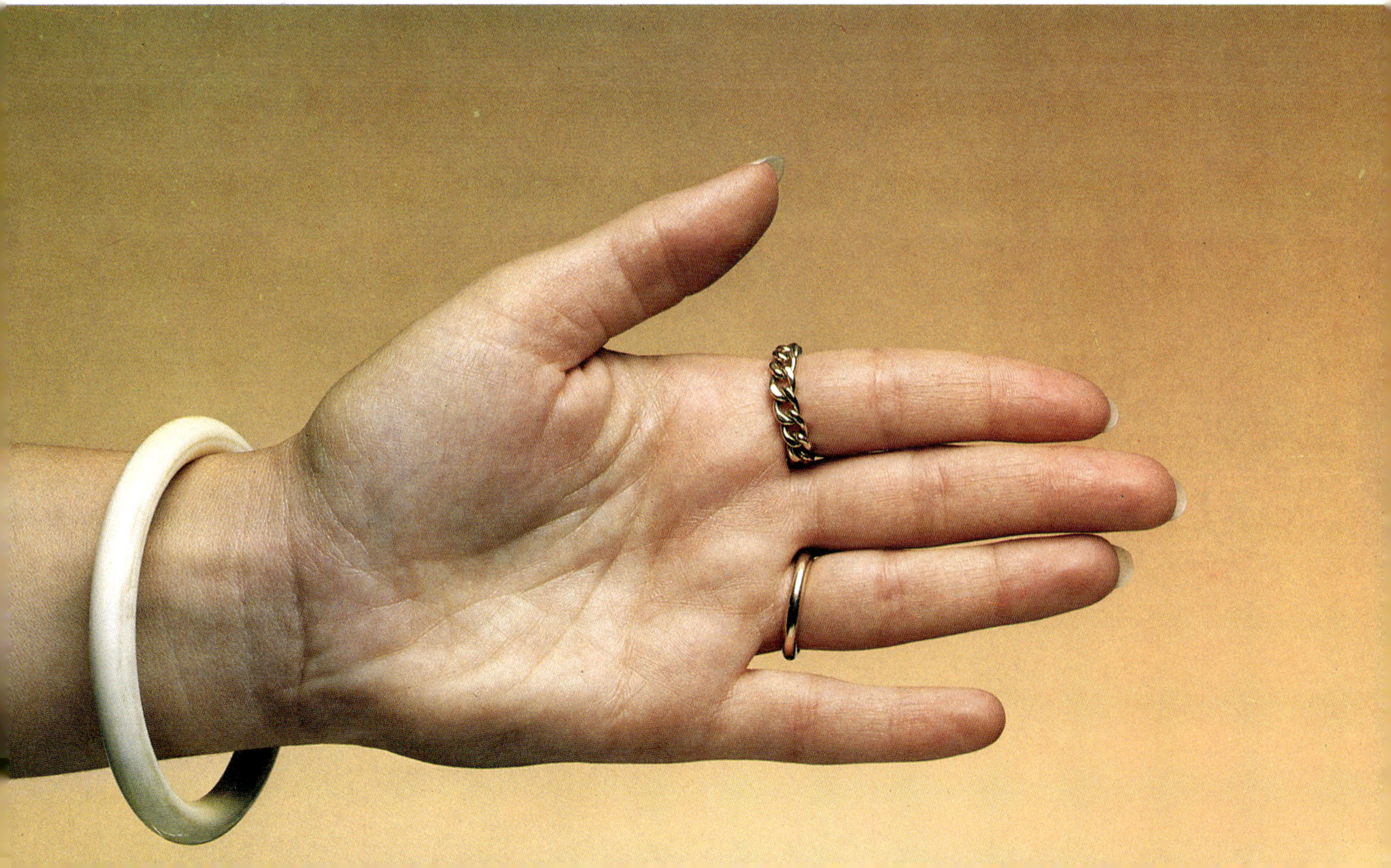

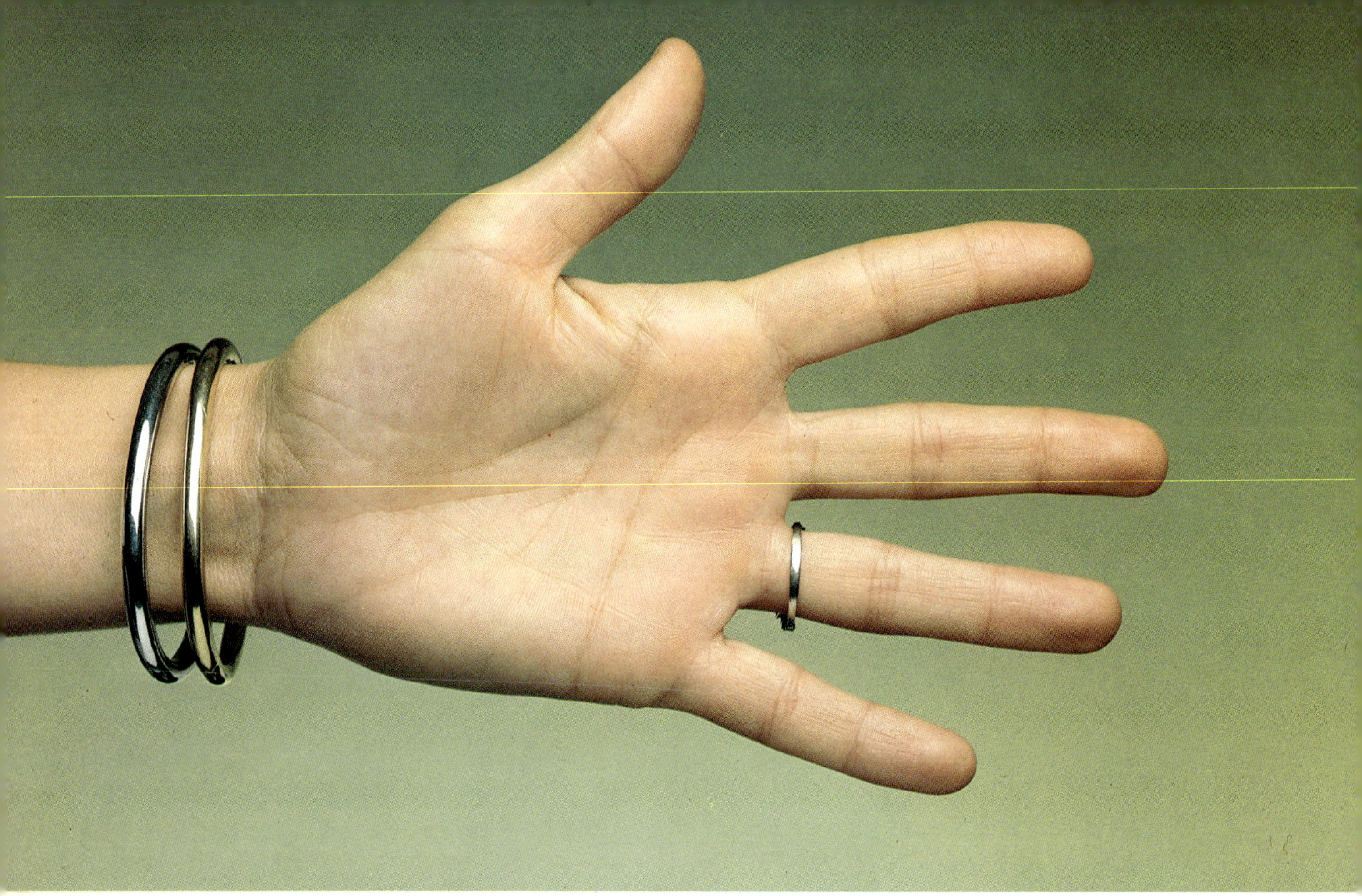

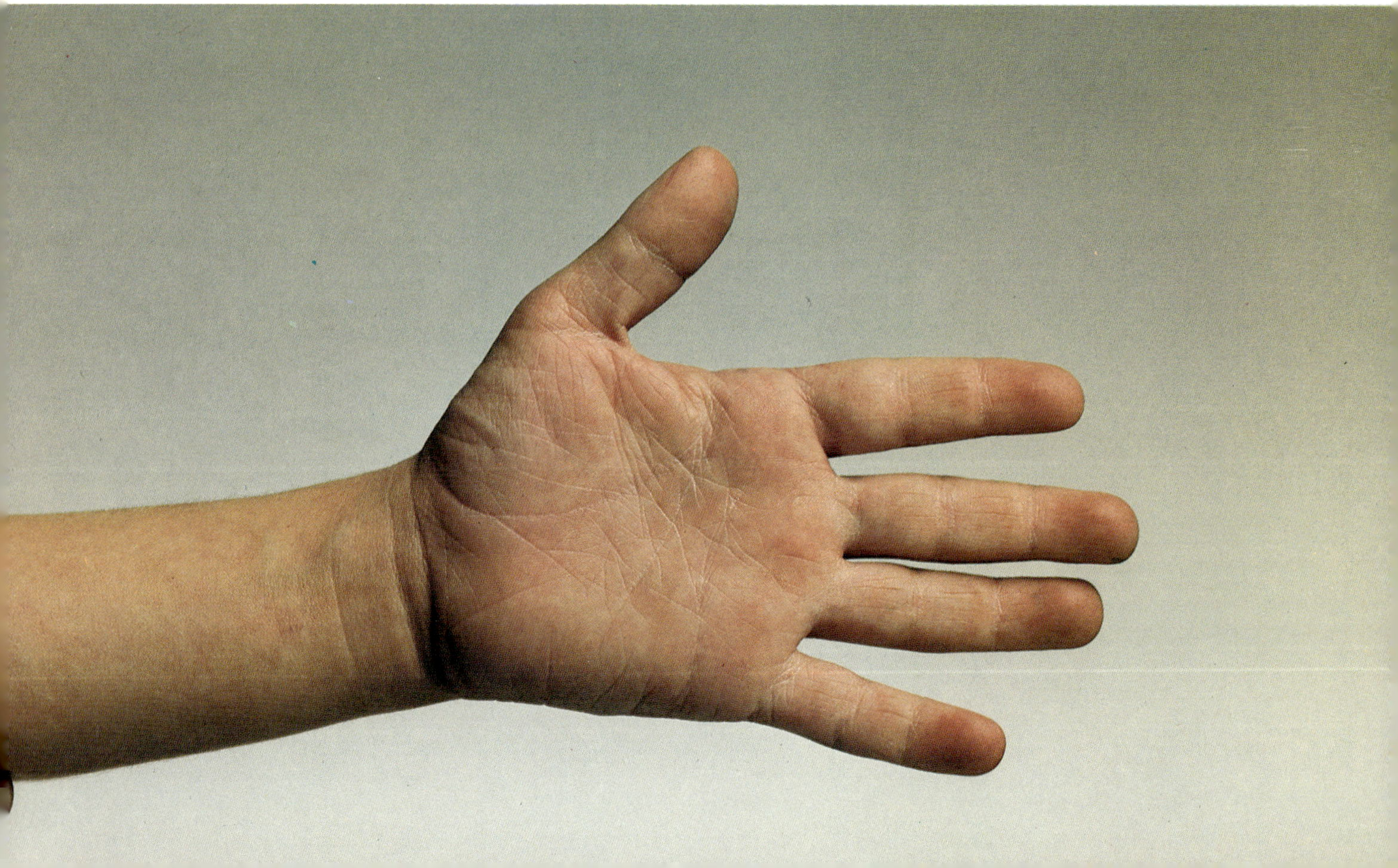

Eine vierunddreißigjährige Frau

Dieses Fallbeispiel wurde aus zwei sehr interessanten Gründen ausgewählt, auf die wir im folgenden unsere besondere Aufmerksamkeit konzentrieren möchten. Auch in diesem Fall werden wir die einzelnen Handteile nicht systematisch durchgehen, wie es eigentlich geraten wird, da dies dem Leser keine neuen Erkenntnisse bringen würde. Wir begnügen uns vielmehr mit der Betrachtung jener wenigen Elemente, die für eine ziemlich genaue Beschreibung der Persönlichkeit des betreffenden Menschen ausreichen und die beiden anfangs erwähnten Gründe mit einschließt, mit denen wir uns ganz ausführlich beschäftigen möchten.

Die Hinweise, die wir der Handstruktur entnehmen können, deuten auf einen Menschen hin, der außergewöhnlich praktisch veranlagt und fähig ist, Ideen und Phantasien in die Tat umzusetzen. Dazu kommen der Daumen, das Verhältnis seiner beiden äußeren Glieder zueinander sowie die Länge und die Krümmung seines Nagelgliedes, die diese eben gemachte Aussage unterstreichen und ihr noch Intelligenz und Charakterstärke hinzufügen. Der kleine Finger, der im Verhältnis zu den anderen Fingern sehr lang und spitz ausgefallen ist, weist auf den hohen Grad an Intuition in diesem Menschen hin. Auf seiner Fingerbeere entdecken wir einen *Wassertropfen*; dieser Mensch verfügt also über eine beachtliche, auch taktile Sensibilität.

In beiden Händen findet man tief eingeschnittene Linien, die trotz ihrer großen Anzahl dennoch nicht chaotisch wirken; man sieht sofort, daß sie immer so tief eingekerbt sind, aber zum Zeitpunkt des Handlesens tritt diese Eigenschaft besonders deutlich hervor, was auf eine momentane nervöse Erschöpfung zurückzuführen ist, die auch die Färbung beeinflußt. Diese Erschöpfung tritt beim Abtasten der Hand ebenfalls deutlich zutage; die Hand erscheint im großen und ganzen zwar fest, in der Gegend der Marsebene jedoch etwas nachgiebig. Das Gesamtbild dieser Betrachtungen erlaubt uns die Diagnose, daß dieser Mensch an neurovegetativen Störungen leidet. Dadurch werden die Leber und der Magen in Mitleidenschaft gezogen, Organe, die an sich gesund sind, aber Funktionsstörungen aufweisen. Die psychische Verfassung des Menschen während des Handlesens kann als vorwiegend melancholisch bezeichnet werden.

Wir kommen nun zu der Kopflinie, die in der linken Hand gekrümmt ist und entschlossen auf den Mondberg zuläuft, ohne ihn allerdings zu erreichen; sie enthüllt damit eine reiche schöpferische Phantasie, die manchmal Gefahr läuft, sich in leere Hirngespinste zu versteigen, sofern der praktische Verstand nicht regulierend eingreift. Das verschwommene Ende der Kopflinie verrät, daß in der Seele des Menschen eine

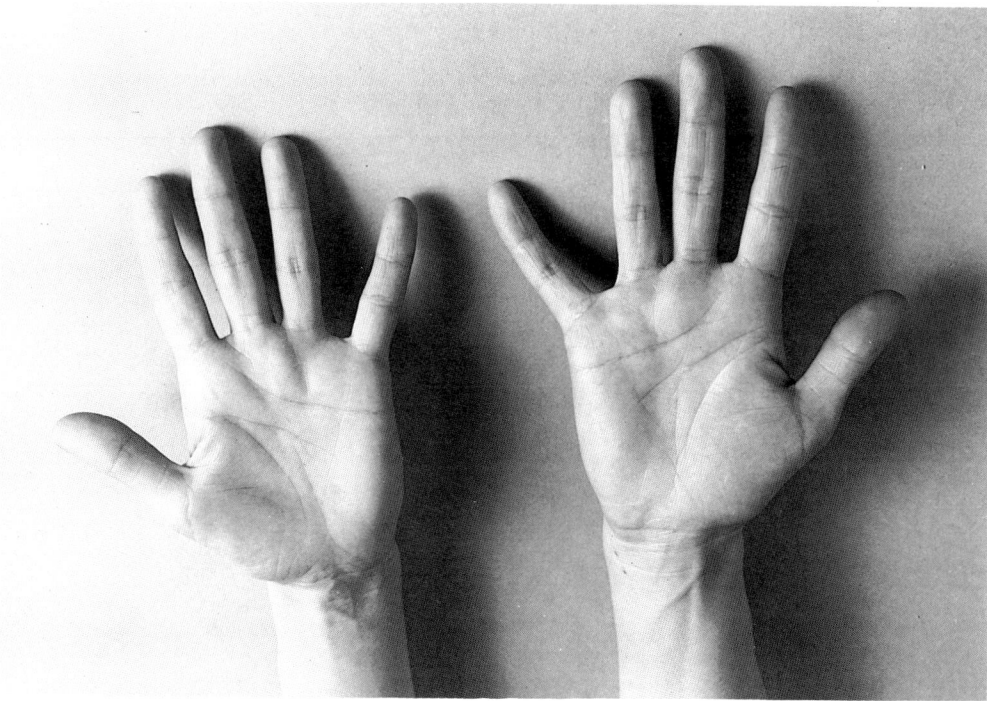

Rechts: Die Hände der 34jährigen Frau.
Links: Die linke Hand der 34jährigen Frau und die des vierjährigen Mädchens.

leichte Bitterkeit verborgen liegt, die von einem bewußten Verzicht im Berufsleben herrührt und auch die Ursache für die schwermütige Haltung bildet, die manchmal – wie auch gerade zur Zeit des Handlesens – zum Vorschein kommt.

Eine Bestätigung dieses Verdachts liefert ein Vergleich der beiden Handflächen. Aus der rechten Hand kann man besser ersehen, wie wichtig die Entscheidung war, die dieser Mensch einmal getroffen hat. Damals mußte er die Wahl treffen, sich entweder völlig einem Beruf zu widmen, um daraus volle, auch materielle Befriedigung zu ziehen, was in der linken Hand klar eingezeichnet ist, oder sich zu einer Lebensform zu entschließen, die das Umsorgen einer Familie und die Liebe zu ihr als wichtigste Aufgabe ansieht. Diese Frau hat die zweite Alternative gewählt, im klaren Bewußtsein, sich damit eine bestimmte Art von Befriedigung zu versagen, die ihr viel bedeutete. In der rechten Hand kann man als Folgeerscheinung oder als Vorhersage dafür tatsächlich eine Unterbrechung der Kopflinie feststellen, die auf einem Zusammentreffen mit der Schicksalslinie beruht; die Kopflinie nimmt ihren Weg danach mit einer zum Saturnberg strebenden Verzweigung wieder auf.

Als weitere Konsequenz dieser Entscheidung tauchten emotionale Probleme und familiäre Schwierigkeiten auf, über die die Herzlinie genauen Bericht erstattet. Diese Linie ist sehr lang und zielt in der linken Hand auf den Gipfel des Jupiterberges; damit sagt sie die Befriedigungen im Beruf vorher, auf die diese Frau verzichtet hat zugunsten der Freuden von Heirat und Mutterschaft, die wiederum in der Herzlinie der rechten Hand festgehalten sind. Hier neigt die Herzlinie dazu, in der Gabelung zwischen Zeige- und Mittelfinger zu enden.

Dies alles weist daraufhin, daß die von der Frau getroffene Entscheidung auch eine Umorientierung ihres Ehrgeizes hervorgerufen hat. Sie hat es sich nun zur – sehr gefährlichen – Aufgabe gemacht, diesen Ehrgeiz auf die Erziehung der eigenen Tochter zu richten, die nun im Mittelpunkt all ihrer neuen Interessen steht. Diese Erziehung ist nun der ständige Auslöser für Meinungsverschiedenheiten in der Ehe, die sich nebenbei bemerkt nach anfänglichen Schwierigkeiten eine ziemlich stabile Basis geschaffen hat. Die erzieherische Aufgabe bildet nun aber ein ernstes Problem für diese Frau. Entsprechend dem Zeichen, das auf dem Merkurberg auftaucht, besitzt die Tochter ein aggressives Temperament; in ihre sehr starke Persönlichkeit und herausragende Intelligenz mischen sich eine beträchtliche Dosis an Dickköpfigkeit sowie die Tendenz, von ihrer Umgebung Besitz zu ergreifen. Dazu ist noch zu bemerken, daß es aufgrund des starken Charakters dieses Mädchens sehr schwierig ist, den Zeichen zu entnehmen, ob es sich um einen Jungen oder ein Mädchen handelt; auf den ersten Blick treten die männlichen Eigenschaften stärker hervor. Die Erziehung eines solchen Temperaments stellt natürlich große Anforderungen, was auch aus der Schicksalslinie abgelesen werden kann. Es wird diese Frau unendlich große Mühe kosten, ihre Ziele zu erreichen. Sie wird sich nie entspannen können und keinen Moment der Schwäche zeigen dürfen, um nicht in einem Augenblick alles wieder zu verlieren, was sie so mühsam geschaffen hat. Die Aufgabe, die Tochter in die richtige Richtung zu lenken, wird einige Jahre lang ihre gesamten Energien aufsaugen und somit auch den Bestand ihrer Ehe gefährden. Es wäre für diese Frau sehr ratsam, nicht ihre gesamten Kräfte in dieses schwierige Unternehmen zu investieren. Sie müßte weitere Interessen entwickeln, und zwar sowohl in bezug auf ihre Arbeit als auch auf ihre Gefühle. Sonst besteht die Gefahr, daß die Mutter einsam, ohne Partner und ohne neue Aufgabe zurückbleibt, wenn sie ihr vordringliches Ziel erreicht und die Tochter auf den richtigen Weg gebracht hat, auf dem sie dann ihrem eigenen Schicksal entgegengeht.

Ein vierjähriges Mädchen

Die erste Frage, die bei der Idee auftaucht, eine Kinderhand zu lesen, lautet: Wie ist es möglich, daß sich bereits in den Händen Neugeborener jene Hauptlinien eingeprägt haben, die sie das ganze Leben hindurch begleiten werden? Diese Linien sind ganz offensichtlich keine Folgeerscheinungen der Bewegungen der Hand selbst, wie manchmal fälschlicherweise angenommen wird, sondern sie müssen andere Ursachen haben, die wissenschaftlich noch nicht definiert sind. Sie haben jedoch schon immer das Interesse derjenigen geweckt, die sich mit der Chiromantie beschäftigen. Der tiefe Wunsch, hinter die wirkliche Natur dieser Linien zu kommen, hat dazu geführt, daß im Laufe der Jahrhunderte die unwahrscheinlichsten Hypothesen aufgestellt worden sind. Die Zeichen in der Hand entsprechen der graphischen Darstellung eines Elektrokardiogramms oder eines Seismogramms. Das heißt, sie signalisieren in lesbaren Symbolen eine Reihe von Phänomenen, die im Inneren des Körpers und in der Psyche des Individuums auftauchen. Wer sie zu interpretieren weiß, kann ihre laufende und fortschreitende Entwicklung verfolgen, die unter dem Einfluß der inneren und äußeren Kräfte stattfindet, die auf den Menschen einwirken.

Sie könnten also von der Summe aller elektromagnetischen, erblichen Kräfte des Menschen hervorgerufen sein, die zusammen mit der Wirkung der Astraleinflüsse im Moment der Empfängnis und der Geburt wirksam waren, das ist eine beeindruckende astrologische Hypothese. Sie könnten aber auch ein Äquivalent der biochemischen Formel sein, die bei der Geburt des Menschen ein einzigartiges und unwiederbringliches Gleichgewicht in der Kombination der mineralischen Salze nachweist; solch ein Gleichgewicht wird ja auch von der Summe der psychophysischen Eigenschaften eines jeden Individuums gebildet. Ein fachmännisches Handlesen ähnelt also einer Röntgenaufnahme, die nicht nur den Körper, sondern auch den Geist eines Menschen erfaßt. Wie es dem Arzt mit Hilfe einer solchen Röntgenaufnahme möglich ist, die Ursachen einer Störung des Gleichgewichtes zu erkennen, so ermöglichen die Zeichen dem Chirologen, den Grund der psychischen oder physischen Störung auszumachen, die das Gleichgewicht eines Individuums ins Wanken bringt. Durch seine Ratschläge können die Folgen begangener Fehler oder bestimmter Situationen teilweise gemildert werden. Diesen doch eher bescheidenen Handlungsspielraum, der aber ausreicht, um schlimme Auswirkungen mancher Situationen abzuschwächen oder den Ausbruch einer Krankheit zu verhindern, nennt man den »freien Willen«. Diese Aussagen stehen im Gegensatz zum Konzept des Schicksals und der Fügung, das niemandem erlaubt, sich

Die Hände des vierjährigen Mädchens.

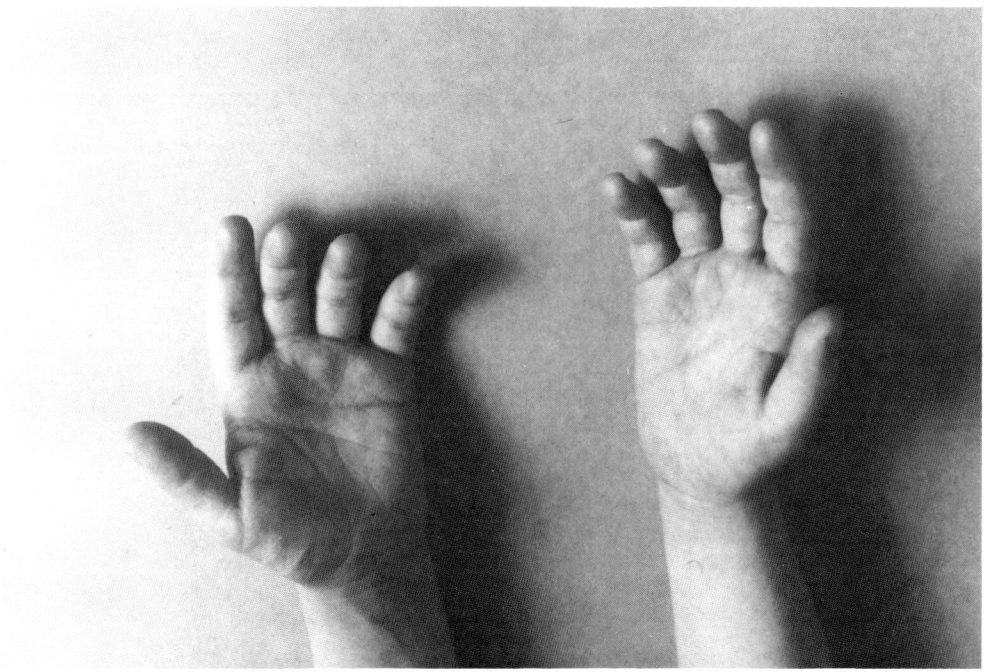

seinen unerbittlichen Gesetzen zu entziehen. Das Schicksal wird seit dem frühesten Altertum als ein alter Blinder dargestellt, der aufgrund seiner Behinderung nicht zu unterscheiden weiß. Aber es ist niemals bewiesen worden, daß diese Darstellung, nur weil sie uralt ist, auch Gültigkeit besitzt. Selbst die katholische Kirche sieht die Rettung der Seele durch einen Akt des Willens vor; jeder Mensch hat das Recht einer freien Entscheidung, die ihm niemand aufzwingt oder aufzwingen könnte. Das Bußsakrament schließt, wenn es von Priestern abgenommen wird, die sich der Bedeutung ihrer Aufgabe bewußt sind, die Möglichkeit ein, daß sich der Beichtende von seinem Kummer befreit – und zwar nicht nur durch den Sündenerlaß, sondern auch durch eine Hilfestellung, wie zum Beispiel durch einen aufgeklärten Ratschlag im Hinblick auf die schweren Entscheidungen in einer immer schwieriger werdenden Welt.

Die Chiromantie erhebt zwar nicht von vorneherein den Anspruch, aber indem sie unklare Zusammenhänge mancher Situationen aufrichtig darlegt, ermöglicht sie es dem Hilfesuchenden, seine Lage genauer und objektiver einschätzen zu können und folglich Entscheidungen zu treffen, die seinen persönlichen Interessen Rechnung tragen. In dieser Lage befinden sich etwa auch Eltern, die sich der Erziehung eines Kindes widmen, das dann ab einem bestimmten Alter anfängt, neugierig zu werden und die ersten Fragen stellt. Hier beginnt die eigentliche und wahre Erziehung, und man kann den Eltern keinen Vorwurf machen, wenn sie unabsichtlich einen falschen Weg einschlagen. Um antworten zu können, muß man den fragenden Menschen wenigstens »ein bißchen kennen«. Und wer kann guten Gewissens behaupten, sein vierjähriges Kind »ein bißchen zu kennen«? Für eine Abhandlung dieser Themen müssen wir unsere absoluten Urteile über gut und schlecht, richtig oder falsch vergessen. Solch eine oberflächliche Beurteilung wäre der feinen Nuancierung und der Komplexität des tatsächlichen Sachverhaltes in keiner Weise angemessen. Nur wer möglichst viel über sein eigenes Kind weiß, kann die Antworten auf seine neugierigen Fragen so dosieren und formulieren, daß sie eben für dieses Kind gut sind, während sie für andere gleichaltrige Kinder mit unterschiedlichem Temperament sowohl in der Form als auch im Inhalt ganz anders ausfallen könnten. In dieser entscheidenden Phase der Erziehung sollte man die Denkweise eines Kindes nicht in eine bestimmte Richtung drängen, sondern ihm möglichst erschöpfend Auskunft über ein Thema geben, damit es später eine Entscheidung bewußt treffen kann. Es ist daher ziemlich wichtig zu wissen, wie weit sein Verständnis und seine Intelligenz entwickelt sind, und was für ein Temperament es hat.

Das folgende Beispiel möchte klären, welche Erkenntnisse man beim aufmerksamen Lesen einer Kinderhand gewinnen kann; in unserem besonderen Fall handelt es sich um ein vierjähriges Mädchen, dessen Eltern beide arbeiten.
Die Hinweise, die sich aus der Form der Hand ergeben, sind aufgrund des Alters nicht sehr zuverlässig, da sich hier durch das Wachstum noch erhebliche Veränderungen zeigen können. Die Grundform ist und bleibt jedoch eindeutig eckig und sagt uns, daß dieser Mensch ziemlich praktisch veranlagt ist und bereits jetzt ein gewisses Maß an Verantwortung übernehmen kann. Die nußschalenförmigen Nägel zeugen von dem angeborenen Egoismus dieses Menschen, der versucht, mit geringstem Aufwand möglichst weit zu kommen, was ihm auch regelmäßig gelingt. Die schöne, rosafarbene Haut ist zart, aber ziemlich dick und verrät somit, daß dieses Mädchen vom Charakter her reifer ist, als es sein Alter vermuten läßt. Der ziemlich starke und energische Jupiterfinger ist fast so lang wie der Ringfinger, was auffallenden Stolz, ausgeprägte Egozentrik, Herrschsucht und Ehrgeiz verrät. Dieser Mensch wird folglich im Laufe der Jahre ständig bemüht sein, das positive Bild, das er von sich hat, noch weiter zu verbessern, mit all den Folgen, die ein solches Verhalten zwangsläufig mit sich bringt.
Der kleine Finger oder Merkurfinger weist eine seltsame Eigenschaft auf: Das Nagel- und das Mittelglied streben vom nebenstehenden Sonnenfinger weg. Die Bedeutung ist aus ethischer Sicht positiv; das Mädchen ist mit einer bemerkenswerten Beobachtungsgabe ausgestattet, die es ihm erlaubt, alles, was zu Hause passiert, aufzuschnappen und selbst die feinsten Einzelheiten wahrzunehmen. Ihrem aufmerksamen Auge wird so gut wie nichts entgehen. Auf den Körper bezogen weist diese Eigenschaft auf nervöse Zerbrechlichkeit und geringe Widerstandskraft sowie auf Anfälle von Ungeduld und Gereiztheit hin. Diese Hinweise geben zwar keinen direkten Anlaß zur Besorgnis, sollten jedoch immer im Auge behalten werden.
Weitere wichtige Angaben kommen aus der Form und der Lage des Daumens, der im Verhältnis zum Jupiterfinger sehr tief angesetzt ist, woraus eine sehr persönliche Sicht der Dinge hervorgeht. Früher oder später im Leben wird dieser Mensch das Bedürfnis verspüren, seine Art zu fühlen auch nach außen hin mitzuteilen. Der Daumen ist außerdem lang, kräftig und fest, was bedeutet, daß wir eine sehr vielschichtige

Persönlichkeit vor uns haben, die die Neigung besitzt, anderen ihren Standpunkt aufzwingen zu wollen. Es ist offensichtlich, daß dieses Mädchen weiß oder sehr bald wissen wird, was es will und wie es seinen Willen durchsetzen kann.

Beim Betrachten der Handkante stellen wir fest, daß der Gipfel sehr weit oben angelegt ist. Er befindet sich oberhalb des Großen Marsberges; dieser Mensch verfügt also eher über psychische denn über physische Kräfte.

Im Vergleich zum Handrumpf sind die Finger lang und fast alle dem eckigen Fingertyp zuzuordnen: Der Mensch erlebt leicht Enttäuschungen. Schon die geringste Abänderung eines Planes, den sich das Kind ausgedacht hat, oder eine hinausgeschobene Einlösung eines Versprechens genügen, damit das Kind sich übervorteilt fühlt. Es handelt sich um schnell vorübergehende Gefühlszustände, die die Kleine aber schon bald geschickt einzusetzen weiß.

Kommen wir nun zu einer Analyse der Handfläche. Sofort fällt ins Auge, daß der Venusberg hoch und groß ist. Es ist natürlich nicht möglich, definitive Schlußfolgerungen zu ziehen, da die Hand ja noch im Wachsen ist, aber die sexuelle Komponente wird im Leben dieses Menschen immer großes Gewicht haben, weswegen einige der Entscheidungen und Vorlieben unbewußt vom Venusberg geprägt werden – eine Tatsache, deren man sich bewußt sein muß.

Der Jupiterberg ist sehr entwickelt, und sein Gipfel liegt genau im Zentrum. In dem Charakter des Mädchens und der zukünftigen Frau gibt es ein Stück Ehrgeiz, das sie danach streben läßt, in allem unter den ersten zu sein, auch in den Dingen, denen sie wenig Bedeutung beimißt. Dieser Ehrgeiz ist aber nur Selbstzweck und grenzt manchmal an Exhibitionismus. Im jetzigen Alter des Mädchens ist ein solches Verhalten verständlich, aber es ist leider nicht gesagt, daß das Phänomen vorübergehender Natur ist. Verschiedene Elemente deuten sogar eher darauf hin, daß es sich um ein andauerndes Charaktermerkmal handelt.

Ein flüchtiger Blick auf den Saturn- und auf den Apolloberg deutet bereits an, daß dem Mädchen die eigenen künstlerischen Anlagen nur dann sinnvoll erscheinen, wenn es ihnen eine praktische Form geben kann, da es eine ganz bestimmte Art künstlerischer Begabung besitzt und nicht eine allgemein künstlerische Tendenz. Lassen wir den Blick nun zum Merkurberg wandern, so werden wir eine leichte Vorliebe für Geld angedeutet finden. Es wäre übertrieben und verfrüht, von Geiz zu sprechen, aber die Tendenz, Geld als Garantie für vieles anzusehen, ist schon klar erkenntlich. Es ist aber nicht auszuschließen, daß sich das Mädchen diese Betrachtungsweise aufgrund von Gesprächen, die sie in der Familie mitgehört hat, angeeignet hat. Kopf- und Lebenslinie beginnen gemeinsam und bleiben noch für ein kurzes Stück ineinander verflochten. Die Ereignisse, die uns hier beschäftigen, fallen in dieses kurze Stück. Aber wir können auch bereits vorhersehen, daß sich das Mädchen zumindest psychisch schon ziemlich früh von seiner Familie lösen wird, dies wird sich auch bereits in einigen Jahren zeigen. Die faktische Ablösung von der Familie erfolgt aber erst später und nur, wenn sich gewisse Umstände ergeben, die weiterhin den gewohnten Wohlstand gewährleisten. Das Mädchen ist nicht bereit, einer Kurzschlußhandlung wegen Opfer zu bringen, auch wenn es seine Umwelt glauben machen möchte, ein unbezähmbarer Drang habe es zum Handeln veranlaßt. Die Kopflinie biegt sich zielstrebig dem Mondberg entgegen, was eine gesunde Intelligenz verrät, der es jedoch etwas an Flexibilität und Geschmeidigkeit mangelt. An einmal gewonnenen Einstellungen, seien sie positiv oder negativ, hält dieser Mensch lange fest, und es ist und wird nie ein leichtes Unterfangen sein, ihn von etwas anderem überzeugen zu wollen. Es wird nützlich sein, das Vertrauen des Kindes zu gewinnen, indem man ihm gutes Vorbild ist. Nicht, daß es nicht fähig wäre zu verstehen, es will nicht verstehen; eine schnelle Meinungsänderung kommt bei ihm nur vor, wenn es einen Vorteil für sich wittert. Bei anderen Gelegenheiten liegt es an seiner Dickköpfigkeit, daß Zeit verloren wird. Um jedoch erklären zu können, worin diese Dickköpfigkeit begründet liegt, wäre eine sehr eingehende Analyse der verstecktesten Winkel der Psyche notwendig. Die Herzlinie nimmt einen recht unsicheren Verlauf und endet unterhalb vom Saturnberg. Das Mädchen liebt schöne Dine und weiß diese zu würdigen. Aber die Freude an diesen Dingen dringt nicht sehr tief. Die Herzlinie offenbart uns auch, daß sich das Kind, obwohl es eine hohe Meinung von sich hegt, nicht befriedigt fühlt. Es ist immer auf der Suche nach etwas, das den Tag ausfüllen könnte, damit es sich nicht langweilen muß. Mit manch kleinem Auftrag, einer häuslichen Aufgabe, bei der es die Verantwortung trägt, könnte man ihm in diesem Sinne helfend zur Seite stehen.

Das Mädchen besitzt eine typisch kindliche, besitzergreifende Eifersucht, die aber zumindest zum Teil fest in seinem Wesen verankert ist, wie auch schon anderen Hinweisen zu entnehmen war. Sein sanftes Verhalten hingegen entspringt seiner Leidenschaftlichkeit, die sich eben in gewissen Momenten auf diese Art äußert. Logischerweise erhebt das Kind den Anspruch, daß seine Wünsche so schnell wie möglich zufriedengestellt werden. Anderenfalls explodiert es in heftigen Wutausbrüchen, oder es zieht sich in sich selbst zurück und vergräbt sich in langanhaltender Melancholie. Das passiert hauptsächlich dann, wenn es bemerkt, daß ein Wunsch nicht erfüllt wurde, weil man dem Mädchen selbst nicht das Maß an Beachtung schenkte, das es seiner Meinung nach verdient hätte.

Dem Gesamtbild der Hand kann man entnehmen, daß dem Mädchen das Glück meist zur Seite steht, und man sollte dafür sorgen, daß es oft die Möglichkeit hat, das zu bekommen, was es will. Dabei sollte man aber besser nicht übertreiben und nicht zu nachgiebig sein; man sollte es lieber etwas zappeln lassen, bevor man ihm einen Wunsch erfüllt. Aber man wird in der Hand des Mädchens auch ein Zeichen entdecken, das für seine Zukunft große Bedeutung haben wird und das auch für die Verhaltensweisen verantwortlich sein mag, die zur Zeit seinen Charakter bestimmen. Gemeint ist die Sonnen- oder Apollolinie, die im unteren Teil der Lebenslinie beginnt, die Marsebene durchquert und schließlich den Apolloberg erreicht. Wie gesagt, verläuft diese Linie teilweise in Richtung Saturnberg. Diese interessante Linie ist nicht sehr häufig, man trifft sie nur in ungefähr 20% der Hände an. Für ihren Besitzer stehen die Chancen gut, auf künstlerischem Gebiet Erfolg

zu haben. In unserem besonderen Fall ist es noch nicht möglich festzustellen, welche künstlerische Richtung das Mädchen einschlagen wird, da in diesem jungen Alter noch zu viele Möglichkeiten offenstehen. Gewiß aber wird die Kunst für dieses Kind ein leicht begehbarer und günstig liegender Weg zur Selbstbestätigung sein.

Abschließend können wir sagen, daß wir die Hand eines problematischen Menschen untersucht haben, der ein recht beachtliches Temperament besitzt, der geführt und zur Selbstdisziplin erzogen werden muß. Anderenfalls würde ihn seine Impulsivität mehr als einmal und in den verschiedensten Situationen zu Fehlern verleiten.

Das Leben kann mit derselben Wahrscheinlichkeit sehr interessant oder sehr traurig werden, denn dieser Mensch wird selbst dafür verantwortlich sein, ob er seine Fähigkeiten nutzt oder nicht.

Zur Zeit liegt das größte Problem darin, das Mädchen mit irgend etwas zu beschäftigen, für das es sich interessiert und das die künstlerischen Tendenzen in ihm reifen läßt. Es darf jedoch keinerlei Zwang entstehen, da die Kleine ansonsten sofort auf stur schalten und in Opposition gehen würde – natürlich zu ihrem eigenen Schaden.

Ein Dokument
Bibliographie
Stichwortverzeichnis

Ein Dokument

Zwischen dem Oktober 1952 und dem Februar 1955 führte die Autorin dieses Buches im Auftrag und unter der Kontrolle der Italienischen Gesellschaft für Parapsychologie eine Serie von 20 Experimenten über die Handlesekunst durch. Die Ergebnisse dieser peinlich genauen Untersuchung wurden von Dr. P. Cassoli und Dr. E. Marabini zusammengefaßt und in einem Referat auf dem III. Nationalen Kongreß der Parapsychologie vom 12.–14. März 1956 in Rom vorgetragen. Dieser Bericht wurde dann in Minerva medica Nr. 48 vom 16. Juni 1957 veröffentlicht unter dem Titel Dreijährige Erfahrungen in der »Handlesekunst« mit einem Medium aus Bologna: Maria Gardini. *Das Untersuchungsinteresse galt in erster Linie methodologischen Problemen. Der Nutzen der Untersuchung läßt sich anhand des hier von uns publizierten Vorwortes des Berichtes beurteilen.*

1950 hatten wir Gelegenheit, Signora Maria Gardini kennenzulernen. Dieser Name, um den sich das Gerücht rankte, es handele sich um eine »Wahrsagerin«, begann allmählich in einem kleinen Kreis Neugieriger, Gelehrter und an den sogenannten »parapsychologischen« Phänomenen Interessierter bekannter zu werden. Auch wir ließen uns gerne die »Hand lesen« und schickten dem Medium manch einen Verwandten und Freund. Mag sie auch damals von okkultistischen Praktiken in die Irre geleitet worden sein, es war trotzdem nicht schwierig zu begreifen, daß man einen wahrhaft beachtenswerten Menschen vor sich hatte. Hinzu kam außerdem der glückliche Umstand, daß es sich bei diesem Medium um eine hochintelligente Frau handelte, die die eigenen Fähigkeiten weiterentwickeln und vertiefen wollte.

Wir wurden uns bald einig und begannen bei der Lösung unseres ersten Problems, und das war folgende Frage: »Gelingt es Maria Gardini mit Hilfe der Handdeutung tatsächlich, Kenntnisse über die betreffende Person zu erhalten – abgesehen von unserem subjektiven Eindruck und aller oberflächlichen Kasuistik?«

Wir nahmen uns vor, eine umfassende und langfristige Reihe von Experimenten durchzuführen, wozu wir eine Methode verwenden wollten, die Maria Gardinis »Methode« am nächsten käme, bei der sich die zu untersuchenden Phänomene zeigten. Sollte die Antwort auf unsere Frage bejahend sein, so stünde einer Untersuchung nichts mehr im Wege, die sich noch tiefergehend mit den Eigenschaften und der gesamten Persönlichkeit des Menschen beschäftigen sollte.

Die hier vorliegende Arbeit dient also nur dazu, die oben erwähnte Frage zu beantworten. In aufeinanderfolgenden Arbeiten werden die paranormalen Fähigkeiten des Menschen untersucht. Dazu werden die verschiedensten Methoden und Tests angewandt, wie z.B. ESP mit Zener-Karten, der Stuart-Test, abgewandelt von Marabini, die Analyse von Handabdrücken, telepathische Experimente mit Zeichnungen etc. Schließlich wird das ganze abgerundet von einer vollständigen klinischen und parapsychologischen Anamnese, einer ärztlichen Untersuchung, einer Laboruntersuchung und einem erschöpfenden psychologischen Gutachten der Versuchsperson. Am Ende dieser komplexen und vollständigen Untersuchung hoffen wir zwei Annahmen beweisen zu können: 1) Die Versuchsperson hat unter der Aufsicht von glaubwürdigen Test-Parapsychologen bewiesen, daß sie PSI-Kräfte besitzt. 2) Sie hat bewiesen, daß es ihr möglich ist, mit Hilfe der Handlesekunst in die Kenntnis von vergangenen, gegenwärtigen und zukünftigen Ereignissen im Leben einer ihr unbekannten Person zu gelangen. Wenn wir diese beiden Annahmen schließlich bewiesen haben werden, so hoffen wir zur Lösung eines alten Problems einen Beitrag geleistet zu haben: Ist die Chiromantie, wie die Radioästhesie und die Rhabdomantie etc., ein Mittel zur Entfaltung von PSI-Kräften? Und entsprechen die Linien der Hand, wenn sie richtig gedeutet werden, tatsächlich (wir werden es graphisch nennen) realen Situationen und Ereignissen dieses speziellen Individuums?

Die erste mit dieser Versuchsperson (Maria Gardini) durchgeführte Versuchsreihe wäre fast in den Archiven des Instituts für Parapsychologie (Centro Studi Parapsicologici) gelandet, obwohl drei Jahre gewissenhafteste Arbeit darauf verwendet wurden, wenn uns nicht eine andere wichtige Tatsache von der Nützlichkeit einer Veröffentlichung dieser Experimente in all ihrer Unvollkommenheit überzeugt hätte. Wir beziehen uns hier auf die heute sehr verbreitete Strömung unter den angesehensten Gelehrten auf unserem Gebiet, die versucht, die Phänomenologie der Einzelerscheinungen ins rechte Licht zu setzen. In diesem Zusammenhang wollen wir daran erinnern, daß wir schon im Oktober 1953 einen Aufsatz veröffentlichten, in dem wir auf die Notwendigkeit hinwiesen, nicht nur mit den Methoden der amerikanischen Schule, die überwiegend quantitativ orientiert sind, zu forschen, sondern auch qualitativ orientierte Methoden heranzuziehen, die uns näher an das Gebiet der Einzelfallphänomenologie heranführen.

Die Rückkehr des Interesses für die parapsychologischen Einzelfälle hat von neuem die Frage nach der Methodik aufgeworfen. Man benötigt eine Methode, die das Studium und die Beobachtung von einzelnen Phänomenen ermöglicht, die sich objektiven, experimentellen Untersuchungen aufgrund ihrer Natur ständig entziehen.

Heute haben viele die Absicht, die Frage nach der Methode ein für allemal zu klären. Und auch wir werden im Anhang der Protokolle zu den verschiedenen Experimenten unseren kleinen Beitrag zu diesem Problem liefern. Dies wird ein methodologischer Beitrag sein, der aus der heiteren und tiefgehenden Prüfung aller sogenannten »schwachen Punkte« unserer Untersuchungsreihe hervorgegangen ist. Es ist überflüssig zu sagen, daß sich unsere Untersuchung großer Beliebtheit erfreut und daß sie in parapsychologischen Kreisen als zufriedenstellend angesehen wird.

Die Experimente, 20 an der Zahl, fanden vom Oktober 1952 bis zum Februar 1955 statt. Diese lange Zeitspanne war notwendig, um mit absoluter Sicherheit zu gewährleisten, daß Maria Gardini die ihr vorgestellten Personen vollkommen unbekannt waren. Um uns dessen sicher zu sein, mußten wir ziemlich viele Personen aussondern und die übrigen sorgsam auswählen. Wenn diese Bedingung gemäß unseren Voruntersuchungen erfüllt war, brachten wir die »Versuchsperson« (VP) – jedesmal um die Zeit nach dem Abendessen – zum Wohnsitz des Mediums. Wir beschlossen, jede Höflichkeitsregel oder Vorstellung außer acht zu lassen, und die VP wurde angewiesen, sich auf keinen Fall an den üblichen Vorgesprächen zu beteiligen. Um das gleich klarzustellen: In den seltenen Fällen, in denen wir dazu gezwungen wurden, schnitten wir der VP sofort das Wort ab, wenn diese aus Versehen bei unseren Gesprächen mitreden wollte. Wir taten dies ohne jegliche Rücksicht auf Stand und Persönlichkeit der VP.

Das Experiment verlief folgendermaßen:

Das Medium führte mit Hilfe eines Pendels eine radioästhetische Untersuchung an der VP durch; die VP mußte dabei aufrecht stehen, während das Medium nach und nach alle Regionen des Körpers vom Kopf bis zu den Füßen, die Vorder- und die Rückseite, ganz genau »erforschte«. Wir haben das Medium dieses Experiment in jedem unserer 20 Versuche ausführen lassen, weil es uns schien, daß sich so eine Art »psychischer Beziehung« bzw. Kontaktaufnahme oder Einvernehmen zwischen Medium und VP ergab.

Nach der radioästhetischen Untersuchung war die Handdeutung an der Reihe: Für die Radioästhesie brauchte das Medium etwa 10 Minuten, während es für die Handlesung mindestens 20 und höchstens 45 Minuten benötigte. Während der Handlesung durfte die VP auf Fragen des Mediums, nur wenn es absolut unumgänglich war, einsilbig bejahend oder verneinend antworten. Am Schluß dieses Experimentes wiederholte das Medium in Anwesenheit der VP die während der Analyse geäußerten Behauptungen. Damit begann die letzte Phase des Experiments: Jede Behauptung (oder Antwort) des Mediums wurde in ihren wesentlichen Elementen der VP vorgelesen. Die VP mußte uns sagen, ob die Behauptungen ihrem Urteil nach richtig oder falsch wären, oder ob sie das nicht beurteilen könne, wofür sie logischerweise detaillierte Erklärungen geben mußte. Danach begann die Auswertung der so gesammelten Informationen, die mit größter Objektivität ergänzt wurden, wenn nötig durch ärztliche Untersuchungen, durch Laboruntersuchungen und manchmal auch durch psychologische Gutachten, die uns dabei helfen sollten, eine gültige Beurteilung zu finden. Wir hielten es für angebracht, diese Beurteilung zu formalisieren. Wir verwendeten dazu die folgenden Worte: *Ja* = die Aussage des Mediums ist richtig; *Nein* = die Aussage des Mediums ist falsch; *Zukunft* = die Aussage des Mediums bezieht sich auf Ereignisse, die erst noch eintreffen müssen; *Zweifel* = die Aussage des Mediums ist dergestalt, daß zu einer gültigen Beurteilung noch weitere Informationen fehlen. Das kann entweder daran liegen, daß die Aussage zu vage war, oder daran, daß die VP keine Antwort wußte.

An diesem Punkt angekommen, war die Sitzung beendet. Jede Sitzung dauerte mindestens zwei, höchstens aber drei Stunden und dreißig Minuten.

Wir haben also eine Methode angewandt, bei der wir die die einzelnen Aussagen betreffenden Beurteilungen in vier Kategorien eingeteilt haben: *Ja, Nein, Zukunft, Zweifel.*

Insgesamt wurden von dem Medium 506 Aussagen gemacht. Bei jedem einzelnen Experiment hat das Medium mindestens 14, höchstens 38 Aussagen gemacht, das ergibt bei jeder VP einen Mittelwert von 25.

Wir kamen zu folgendem Resultat:
367 *Ja* (72,52%);
24 *Nein* (4,74%);
93 *Zukunft* (18,4%);
22 *Zweifel* (4,34%).

Bibliographie

Alessandro Achillini, *De subjecto chiromantiae et physiognomiae*, Bologna 1503.

Aristoteles, *De historia animalium*.

Beamish, *The psychonomy of the hand*, London 1865.

Charles Bell, *The hand – its mechanism and vital endowment as eving design*, London 1833.

Jean Baptiste Belot, *Instructions pour apprendre les sciences de chiromancie et physiognomie*, Rouen 1647.

William G. Benham, *The laws of scientific hand reading*, London 1922.

John Bulwer, *Philocophus, or the deafe and dumbe man's friend*, London ca. 1660.

Carl Gustav Carus, *Über Grund und Bedeutung der verschiedenen Formen der Hand*, 1848.

Cheiro (Louis Hamon), *Cheiro's language of the hand*, London 1894.

Bartolomeo Cocleo (Andrea Corvo), *Chiromantia – opus rarissima de eadem chiromantiae*, 1947.

Conte di Saint-Germain, *Practical palmistry*, Chicago 1897.

A. R. Craig, *The book of the hand*, 1867.

Cureau de la Chambre, *L'art de connaître les hommes*, Paris 1659.

Casimir-Stanislas D'Arpentigny, *La chirognomie*, 1839.

Adrien-Adolphe Desbarolles, *Les mystères de la main*, Paris 1859.

Adrien-Adolphe Desbarolles, *Révélations complètes*, Paris 1879.

Johann Albert Fabricius, *Gedanken von der Erkenntniss der Gemuther etc.*, Jena 1735.

Fred Gettings, *Il libro della mano*, ital. Übersetzung, Mailand 1969.

Rudolph Goclenio, *Aphorisma chiromantica*, Nürnberg 1592.

Rudolph Goclenio, *Chiromantische Anmerkungen*, Hamburg 1692.

Johannes Hasius, *Praefatio laudatoria in artem chiromanticam*, 1519.

Heron-Allen, *A manual of cheiroscopy*, 1885.

Hoeping, *Chiromantia harmonica*, 1681.

Johann Hortlich, *Die Kunst Chiromantie*, 1475.

Thomas Hyll, *A brief hand most pleasant epitomye of the whole art of physiognomie*, London 1556.

Johann Indagine, *The book of palmestry and physiognomy*, London 1651.

Johann Indagine, *Introductiones apotelesmaticae*, 1522.

Ingeber, *Chiromantia, metoposcopia et physiognomia*, Frankfurt am Main 1698.

Noel Jaquin, *The human hand – The living symbol*, London 1956.

Johann Kaspar Lavater, *Physiognomische Fragmente zur Beförderung der Menschenkenntniss und Menschenliebe*, Zürich 1775–1778.

Ludwig Heinrich Lutz, *La chiromancie médicinale*, Paris ca. 1650.

Mayer, *Chiromantia et physiognomia medica*, Dresden 1712.

Georg von Meissner, *Beiträge zur Anatomie und Physiologie der Hand*, Leipzig 1853.

Adèle Moreau, *L'avenir dévoilé – Chiromancie nouvelle*, Paris 1869.

Georges Muchery, *Traité complet de chiromancie déductive et expérimentale*, Paris 1958.

Nostradamus, *Centuries astrologicae*, 1550–1556.

Nicholas Pompeius, *Praecepta chiromantica*, Hamburg 1682.

Joannes Praetorius von Zeitlingen, *Cheiroscopia et metoposcopia*, Jena 1659.

Joannes Praetorius von Zeitlingen (Hrsg.), *Ludicrum chiromanticum*, Jena 1661.

Ronphile, *Chyromantie naturelle*, Lyon 1653.

Johannes Rothmann, *Chiromantiae theorica practica*, 1595.

Richard Saunders, *Physiognomie and Chiromancie, Metoposcopie*, London 1653.

Richard Saunders, *Palmistry: the secret thereof disclosed*, London 1664.

Julius Spier, *The hands of children*, 1944.

Elizabeth Daniels Squire, *La fortuna nella vostra mano*, Rom 1969.

Johannes Taisniers, *Opus mathematicum*, Köln 1562.

Patrizio Tricasso da Cerasari, *Epitoma chyromantica*, Paris 1560.

Patrizio Tricasso da Cerasari, *Esposizione del libro »Chyromazie« da Bart. Coclés*, Venedig 1531.